一九色鹿一

本书是中华人民共和国香港特别行政区研究资助局项目

"重构西江：明清帝国的建构与土著社会的演变"（项目编号：CUHK1/06C1）

及中华人民共和国香港特别行政区大学教育资助委员会

卓越学科领域计划（第五轮）"中国社会的历史人类学研究"成果

ANCESTOR AND DEITY

*A Social History of
the Construction of Local Religion in
Southwestern Guangdong*

亦神亦祖

粤西南地区信仰构建的社会史

贺喜 著

社会科学文献出版社
SOCIAL SCIENCES ACADEMIC PRESS (CHINA)

序

在珠江三角洲，神是神，祖先是祖先，当地人不会混淆这两个概念。《亦神亦祖》挑战这个看法。高州、雷州与海南距离珠江三角洲不远，明清时期都属广东统辖。但是，那里的雷神又是神，又是祖。冼夫人更多一层复杂关系；作为女神，她的子孙从夫姓，她当然也是祖先。

要了解这些故事，以及更重要的，了解这些故事背后的漫长历史变化，读者需要读这本书。在这篇短短的序言，我谈一下本书的作者贺喜。

贺喜喜欢挑战。她的研究特点，就是从来不会被某个课题"已经有人做过"几个字吓倒。在研究生的时候，很多人"已经做过"的广东宗族历史没有让她退缩；毕业后，她好像特别喜欢研究很多人"已经做过"的题目。她接着《亦神亦祖》的另一本专著——《宗族与共同体（1100—1500）：族谱在江西的发明》，直接面对数位蜚声国际的学者对江西的既有研究。我与她合著的《秘密社会的秘密：清代的天地会与哥老会》（我只写了其中一章）当然也是在面对一个有着丰富成果的历史课题。

研究课题是否"已经做过"并不重要，重要的是新的研究是否具有新的观点。说这句话需要有点勇气，也需要一点诚实。在今时今日的学术环境下，不少"学术回顾"只是片纸虚言，妄论在回顾之上创新。这是题外话。

我对于历史学者称什么为"新"，是有一点意见的。我相信其中存在中西学术传统的分别。中国的学术传统，注重资料考证，"新"的发现是"新"的资料与对资料的"新"见解。18世纪以来，西方学术传统注重于回应问题，所以"新"的学术是"新"的问题与问题的"新"答案。这两种传统并不互相矛盾。没有资料，什么问题与答案都无从判断是错是对；没有问题与答案，也不知道什么叫作资料。但是这两套观点非常影响阅读研究成果的读者。在我看来，很可惜，我们越来越被西方的观点带着走。出版商在这方面可能应该承担很大的责任。以往学者引用的资料大都置于文脉之中。后来，参考了西方的标准，把资料置于注脚。再过来，注脚也不需要引文，只要有资料来源就可以了。这样一来，我们以前凸显资料与问题的关系，起码的标准是历史学者只可以配合资料谈见解。而现在阅读研究成果的标准往往是研究者有没有讲出一个漂亮的故事，却没有多少人在意漂亮故事背后在注脚中有没有实在支撑的资料。

贺喜讲的故事很漂亮，但是她也非常严谨地处理历史材料。她掌握中外前人的研究，她也说得很清楚自己与前人的分别。以这本书为例，她面对我们关于珠江三角洲的研究，提出"您以为神跟祖先一定有分歧吗？看到高雷半岛和海南岛的例子，您需要承认您错了吧！"我当然承认。珠江三角洲的经验可能有其特别之处，但是究竟为何，只有通过比较，才能更好地理解。究竟什么情况下地方上"亦神亦祖", 什么情况下神与祖先截然分开?

　　贺喜并没有停留在"亦神亦祖"的范畴。在雷州所见到的, 是宋朝水利开发带来深远影响的社会; 在海南所见到的, 是黎族社会的历史变化; 在高州所见到的, 还有上岸的水上人。第一个问题, 把贺喜带回她的家乡江西; 第二个问题, 把她引向其后有关五指山黎族的深入田野, 并撰写了数篇文章。至于水上人, 这一与宗族历史有着千丝万缕关系的人群, 他们在《浮生: 水上人的历史人类学研究》中更加清晰地展现。随后, 从宗族的架构进一步实践, 即当秘密取代血缘作为人与人之间的联系的时候, 她关注清代秘密会社。我听说她最近打算走更远的路, 我们静静等待吧。

　　欣然得知贺喜的《亦神亦祖》再版, 庆贺之余, 是为序。

科大卫

2022 年 12 月

自　序

　　第一次到达雷祖祠是 2002 年的一个傍晚，难以置信，二十年过去了。这本小书建基于我的博士学位论文，那一次粤西南的田野之行是我博士阶段的研究起点。当年在写作中留下的悬而未决的问题，又伴随着我毕业之后的学术长路。感谢社会科学文献出版社给予机会，让我再一次回到出发点。

　　这本小书关注"亦神亦祖"的祭祀现象及其所扎根的粤西南社会，主要展示了处于流官与土司制度交界之处的区域在漫长的历史时期如何在礼仪上进行表达。当我认为故事可以收笔的时候，我的老师提醒道，好的写作应该留有余韵。或许，水边社会所引出的家屋结构的话题，就是我想留给读者的一点余韵。小书完成之后，在卓越学科领域计划"中国社会的历史人类学研究"项目之中，我组织了以水上人为主题的研究团队，我们的成果《浮生：水上人的历史人类学研究》也以中英文两种语言出版了。浮生底色中的地缘结构至此更为清晰。

从这本小书引出的另一个问题是，本书所讨论的区域在宗族推广的历史过程中相对于其他区域，比如珠江三角洲，更迟一步，因此，所展示出的历史过程主要是制度的援引以及改造。那么，珠江三角洲所实践的制度又是如何发明出来的呢？对于这个问题的追溯，是我这十年主要的着力方向，或许也发现了一些关键线索，我将答案放在另一本小书《宗族与共同体（1100—1500）：族谱在江西的发明》（*Lineage and Community in China, 1100–1500: Genealogical Innovation in Jiangxi*）之中。

我和科大卫老师还合作了一本小书《秘密社会的秘密：清代的天地会与哥老会》，乍一看，似乎与长期的学术关怀无关。我们发现这是故事的一面镜子，借此同样可以看到社会结构的发明如何在所谓的"秘密社会"与"日常社会"之中互相呼应。

正如当年的后记所言，这是一段年轻岁月的见证。再版之际，我曾苦恼于是否要对整体设想以及行文进行大幅修改，考虑再三，决定尽量保持原貌，只是对部分文字进行了修订。根据重访田野的经历，增加第八章，作为补充。

这些年我们越来越多地看到，在其他区域存在着，或者曾经广泛存在着"亦神亦祖"的现象。因此，我也越来越认识到，这本小书的确是一条长路的起点，一个学术的初心，将我带向更广阔的领域。如同企水岸边阿婆吟唱的送行歌，时时萦绕，伴我前行。

再一次感谢给予我无数帮助的机构、师友以及田野中的朋友们。再一次感谢我的父母家人。我的父亲曾经非常认真地阅读过这本小书的第一版。他离开了我，与这片土地同在。

贺　喜

2022 年 1 月

_____

绪　论　中国南方的宗族、礼仪
　　　与传统

　　本书的出发点是地方信仰如何在地方社会诞生、延续与演变。我虽然以广东西南冼夫人与雷神信仰作为研究对象，但是我的着眼点是个超越地方史的问题。我希望通过神明故事与信仰的转变，了解中国的一个边缘社会的形成与发展。这一问题与地方行政、经济环境、国家礼仪、大传统的建构以及地方社会参与国家的条件有密切的关系。

一　地方社会是怎样形成的

　　中国的历史学者不会怀疑中国历代大一统文化的存在，但是，由于人类学归根结底是从西方引进的学科，人类学者来到中国则被一个问题深深吸引，那就是：如此广袤而丰富的中国为何能长久地维持着统一？由于人类学学者的方法，是从地方社会出发，尤其关注那些对于历史学者而言范围很小的社区，因此，人类学学者需要找寻不同社区之间共通的社会架构，通过分类、比较来探讨小社区与整体社会的关系。

为了寻找可以研究的小社区，也因为在 20 世纪 80 年代之前，国外学者进入中国大陆访问有所限制，于是国外的人类学学者以中国香港、台湾以及东南亚华人社区作为他们的田野点。因此，华南地区的社会形态就成为早期国外人类学者对乡土中国的印象。[1] 他们注意到华南地区是个宗族社会。他们不仅考察和描述宗族现象，还把宗族制度置于社会结构的层面来进行分析。他们探讨地方社会如何形成，以及地方社会与国家有怎样的关系。在这个视野之下，宗族是社会架构中核心的环节，是地方社会与国家结合的表现。

在华南与东南宗族研究方面，长期以来历史学主要注重对宗法理论、族规、族谱进行讨论。但是，近年来，不少中国历史的研究者深受人类学学者的影响。在人类学学者弗里德曼（Maurice Freedman）的影响之下，历史学者也开始从地缘而非血缘的社会关系出发对宗族进行研究。

弗里德曼的理论主要集中在两本研究华南宗族的著作中。在 1958 年出版的《中国东南的宗族组织》中，弗里德曼认为："我们在中国东南地区所看到的这种宗族当然是政治与地方组织。假如我们不能认识到这点，并且认为它是膨胀了的家庭的话，我们肯定会惊讶于它们是如何在一个复杂而又存在差别的社会中得以延续。"[2] 这个认识对于宗族研究有革命性的意义。

弗里德曼之所以特别强调宗族不是"膨胀了的家庭"，是为了反驳此前的论说。此前，大家以为通过人口繁殖，家庭膨胀到一定程度便会出现分支，每一分支称为一"房"，统合起来的整体就是族。弗

1　萧凤霞：《廿载华南研究之旅》，收入华南研究会编《学步与超越：华南研究会论文集》，香港：文化创造出版社，2004 年，第 31—40 页。

2　Maurice Freedman, *Lineage Organization in Southeastern China*, London: Athlone Press, 1958, p.2.

里德曼则认为这个过程是不可能的。其理由在于，从祭祖的仪式来看，家户祭祀的祖先，不包括距离家长四代以上的死者，超过了四代的祖先的神主牌位会被移出家庭的神龛。因此，在家户的祭祀方式下，追根溯源不超过四代。

祠堂祭祀则不然。弗里德曼认为，一旦祖先的牌位放入祠堂，祖先就成为宗族仪式中心的一部分。他说，祠堂中的祖先拜祭仪式基本上是集体行为。祖先牌位一代一代地加入祠堂，集体的规格也一代一代地扩充。这个集体，即通常所说的"房"。在祠堂拜祭的层面，随着时间推移，房的代际也不断增加，拜祭的对象也随之增加，所以房可以在很长的谱系上追根溯源，并在结构上维持稳定。

弗里德曼指出，宗族不是扩大的家庭，而是利用谱系关系建构的团体。但是，祠堂的维持直接依赖于经济资源，所以，没有土地或者其他财产予以支持，"房"不可能产生和维持。因此，弗里德曼用控产集团（corporation）来描述这类团体。也就是说，这些利用谱系关系建构的团体，共同控产，就是"房"。由此，拜祭祖先的礼仪活动，就变成了控产的办法。[1]

从血缘谱系与地缘关系来看，弗里德曼认为"房"可以分三类。第一类是地方宗族（local lineage）。地方宗族不论规模大小，都是居住在同一个村落，或者是相邻的村落的群体。在其之上，有包括不同的地方宗族的中层宗族（higher-order lineage），这是第二类。中层宗族以追溯共同的始祖为基础，尽管居住地不同，但是归根结底还是以祠堂或者其他的财产作为群体整合的核心。第三类宗族则是以相同姓氏为基础的更大范围的联宗。这类宗族基本源自族谱所造成的假象，其成员几乎没有任何共同的利益和活动。所以，并不是所有的宗族都控产。第三类宗族只是在系谱上的建构，并不是实际的组织。[2]

这个常常被引用的弗里德曼的分类假设华南社会是一姓一村。关

1　Maurice Freedman, *Lineage Organization in Southeastern China*.

2　Maurice Freedman, *Chinese Lineage and Society: Fukien and Kwangtung*, London: Athlone Press, 1966, pp.20−24.

于这一点，在《中国东南的宗族组织》中有很确定的说明。他说，福建和广东两省宗族和村落明显地重叠在一起，以至许多村落只有单个宗族。到 1966 年，他出版了第二本关于华南宗族的论著《中国的宗族与社会：福建与广东》，弗里德曼还是坚持这个出发点，他说："我想我们必须假定，在这个系统内一个乡村范围内的人渴望形成单一的宗族。"[1] 但是，尽管如此，这个简单的出发点，在弗里德曼第二本书中遭遇了挑战。他发现，以香港新界为例，华南不只有宗族，还普遍存在被称为"约"的乡村联盟。这一类的乡村联盟，或同姓，或杂姓，其组织的核心不是共同的祖先和祠堂，而是神庙。[2] 所以，假如地方上除了宗族，还有以其他的方式组织的地方联盟，单一宗族是不是并非必然的地方社会最基本的单位，宗族本身是不是也只是地方联盟的一种形式？要回答这些问题，需要参考与他同时代的另一位研究华南的人类学者——华德英（Barbara E. Ward）的研究。

华德英同样关注大一统与地方社会的关系，但是她另辟蹊径。[3] 华德英的问题与弗里德曼不同，她更关注当地人怎样在思想上建构自身与正统，以及自身与他者之间的关系。她认为正是思想层面的建构使得大家认同统一的"中国"，同时也正是由于这种建构在思想上进行，所以实际的地方社会必然保留着丰富的多样性。

华德英认为，她的出发点是回应列维－斯特劳斯（Claude Lévi-Strauss）一篇有关意识模型的文章。[4] 转述华德英所引用的例子或许能最简单地说明她的立场。在华德英研究的香港新界渔民乡村，她注意到当她跟当地人提到寡妇不能再醮的时候，村民们的回应是："也许您弄错了，这可能是你们外国人的俗例禁止她们再婚吧，我们中国人当然会让寡妇再婚。"

1　Maurice Freedman, *Chinese Lineage and Society: Fukien and Kwangtung*, pp.8.

2　Maurice Freedman, *Chinese Lineage and Society: Fukien and Kwangtung*, pp.82–96.

3　Barbara E. Ward, "Varieties of the Conscious Model: The Fishermen of South China," in Barbara E. Ward, *Through Other Eyes: An Anthropologist's View of Hong Kong*, Hong Kong: The Chinese University Press, 1985.

4　Claude Lévi-Strauss, "Social Structure," in A. L. Kroeber, ed., *Anthropology Today*, Chicago: University of Chicago Press, 1953, pp. 526–527.

很多学者听到同一句话，大概会认为就是这些水上人误解了大多数中国人的习俗。华德英虽然也承认很多文本的记录证明中国有歧视寡妇再醮的传统，但是，她从这个例子得出的结论，并非否认水上人的看法，而是认为当地人所认为的中国传统的模式，可能就是跟很多人不一样。

早在20世纪50年代列维－斯特劳斯提出在建构土著社会的时候要把当地人如何看自身社会纳入研究的范畴。当地人怎样看自己，列维－斯特劳斯称之为意识模型（conscious model）。华德英赞同列维－斯特劳斯的见解，但不满意他简单地认为当地人只有一种模型来表达自身认同。她认为，每一个中国人的脑海里都至少有三个意识模型：第一，对自身的社会以及文化制度的构想［自身模型（immediate model）］；第二，对正统社会与制度的构想［意识形态模型（ideological model）］；第三，对周围其他的社会文化社群的构想［局内观察者模型（internal observer's model）］。换句话说，就是水上人对水上人的看法，水上人对中国习惯的看法，水上人对旁边的人的看法。这三个看法都不一定等同于外人对水上人的看法［局外观察者模型（external observer's model）］。

华德英认为，因为种种理由，自身模型与意识形态模型会越拉越近，但是，自身模型与局内观察者模型则会越变越远。当地人对正统社会与制度的构想，为他们提供了何谓正统的标准。他们一方面不断追求，另一方面亦明知永难达到。同时，对于其他社群的构想，不是用来指导行为或者作为准绳，反而是批评的对象。也就是说，不同社群都在用与正统拉近而与他者推远的办法表达自身的认同。因此，一个社会如果能显露出持久而又普遍的同一性，其程度的大小则取决于不同社群之间对正统社会与制度构想的相似度，他们对自身构想与对正统构想的差距以及这两种构想与实际情况的差异。

在传统中国，华德英认为由于读书人在官僚制度、科举考试以及行政体系中的实际优势与社会声望，读书人的生活方式往往作为不同社群的人建构正统构想的依据。因此，多变的地方社会还是可能发展出统一的表达。

弗里德曼把宗族看成社会结构的一环，从功能的角度回答了宗族如何整合社会；华德英则发现意识形态模型对于形塑社会的重要性所在，这个重要性主要在于礼仪的层面。回顾弗里德曼假设"乡村范围内的人渴望形成单一的宗族"一句，我们可以回应，这个"渴望"只代表自身模型向意识形态模型的追求，以为一姓一村是典型的自身模型，不一定在实际上是一姓一村。在一姓一村的自身模型下，不同地方的社会结构还是可以有相当的分歧。

科大卫、刘志伟、萧凤霞等研究珠江三角洲的学者就是在这个基础上推进的。他们的研究范围，就是弗里德曼和华德英一直关注的区域。但是，他们的研究重点不再囿于静态的、凝固的社会结构，而是长时段的区域社会的历史发展与结构过程（structuring）[1]。在他们看来，珠江三角洲的宗族其实是明代才发展出来的新制度。

这个过程受到几方面的影响。第一，明清时期珠江三角洲大规模开发沙田，地方社会需要有效的控产机制。第二，在宋代，政府要求各府设立府学。直至明中期，《朱子家礼》所提倡的"四礼"（婚、丧、冠、祭），才开始在珠江三角洲的乡村普遍流传，这就是当时国家支持下的正统。第三，明初"户"是征收赋税的标准。明中叶以后，"户"的性质改变，成为所有宗族成员可以享有的一种身份资格的证明。第四，正如弗里德曼所说，建立和维系宗族，不仅依赖于编修族谱，还需要修建祠堂。弗里德曼没有注意祠堂在建筑形式上的变化。华南研究者特别探讨的，是明朝法律规定的，有中门、两阶、三进等特征的家庙形式的祠堂。修建家庙规制的祠堂在明初只是品官之家的权利，至明末清初普及开来，甚至"其大小宗祖祢皆有祠，代为

---

1 David Faure, *Emperor and Ancestor: State and Lineage in South China*, Stanford, California: Stanford University Press, 2007; 科大卫、刘志伟：《宗族与地方社会的国家认同——明清华南地区宗族发展的意识形态基础》，《历史研究》2000 年第 3 期，第 3—14 页；刘志伟：《地域社会与文化的结构过程——珠江三角洲研究的历史学与人类学对话》，《历史研究》2003 年第 1 期，第 54—64 页；Helen Siu & Liu Zhiwei, "Lineage, Market, Pirate and Dan: Ethnicity in the Pearl River Delta of South China," in Pamela Kyle Crossley, Helen F. Siu, Donald S. Sutton, eds., *Empire at the Margins*, Berkeley, Los Angeles, London: University of California Press, 2006, pp.285-310。

堂构，以壮丽相高"。[1] 家庙普及化的过程折射出乡村礼仪秩序的演变趋势。

　　对于以上几个方面，科大卫、刘志伟、萧凤霞的研究既各有发明，又一以贯之。科大卫的书追溯了长时段礼仪改变的脉络。他认为，16 世纪的礼仪改革，彻底改变了珠江三角洲的社会。因为家庙作为一种制度而获得普及，是从明朝历史所谓"大礼议"的宫廷斗争才开始的。嘉靖十五年（1536）朝廷接纳夏言的奏折，庶人也可以于冬日祭祀始祖。此后修建家庙形式的祠堂逐渐在地方社会普遍化。由于新礼仪引进了祠堂，乡民必须积累田产才能维持长久的祖先祭祀，因此，这套新礼仪也就使宗族组织成为控制财产的组织。科大卫认为，明王朝县级政府的行政改革，再加上家庙普及的礼仪改革，造就了宗族社会。[2]

　　科大卫提到的县级政府的行政改革，主要指编订里甲册籍。刘志伟秉承梁方仲对一条鞭法的研究，认为一条鞭法推行以后，政府征税实现了力役转向土地税的变化，在这个过程中，地方的官府可以放松对力役的管制，转而加强对田土登记册籍的依赖。因此，户籍与赋税脱钩，政府不再需要严谨登记户口内的人数，反而多个家庭共同使用一个户成为普遍的现象。并且，编户齐民的正统性身份与合法占有土地以及参加科举考试相联系。因此，共同使用某个特定的"户"的，多是一个宗族或其支派内的成员。[3] 科大卫总结道，明王朝通过法律创造里甲，而宗族则通过礼仪来继承里甲。[4]

　　萧凤霞特别关注珠江三角洲疍民身份的流动性问题。在沙田地区，没有地权的人其实是与社会地位低微的疍户身份相关联的。当这

1　屈大均：《广东新语》卷 17《宫语·祖祠》，北京：中华书局，1974 年，第 464 页。

2　参见科大卫《祠堂与家庙——从宋末到明中叶宗族礼仪的演变》，《历史人类学学刊》第 1 卷第 2 期，2003 年，第 1—20 页；常建华：《明代宗族研究》，上海：上海人民出版社，2005 年，第 12—22 页；〔日〕井上彻：《中国的宗族与国家礼制：从宗法主义角度所作的分析》，钱杭译，上海：上海书店出版社，2008 年，第 87—127 页。

3　刘志伟：《在国家与社会之间——明清广东里甲赋役制度研究》，广州：中山大学出版社，1997 年，第 252—260 页。

4　David Faure, *Emperor and Ancestor: State and Lineage in South China*, p.8.

些人在陆地上争取到居住的权利后，他们的身份随之改变。修谱建祠往往就是改变身份的一种手段。可以说，身份的过渡与礼仪的创造是一个互动的过程。[1]

科大卫、刘志伟、萧凤霞的研究非常注重地方宗教仪式。如刘志伟讨论番禺沙湾的北帝出游[2]，科大卫研究佛山祖庙的变迁[3]。他们不是宗教研究者，他们对地方宗教的兴趣，在于期望透过宗教仪式的演变，重构地方社会的变化。萧凤霞对广东中山小榄镇菊花会的研究，是其中的代表作。[4]在六十年一届的菊花会上，小榄镇的大姓赛菊、演剧。萧凤霞发现这个仪式集中反映了各个宗族在沙田的地位与权利。其他的华南历史研究学者，例如蔡志祥、罗一星等，多年来也对地方宗教仪式进行了可观的研究。[5]可以说，从仪式表演寻觅历史是他们的研究特点之一。

科大卫、刘志伟、萧凤霞等学者虽然注重宗族以外的仪式，但是他们都认为在珠江三角洲，乡村组织以宗族为核心，以地方拜祭系统为辅。珠江三角洲以外，中国南方的其他地区却并不一定符合这个通则。郑振满早期的研究，精辟地阐释了福建莆田的家族制度。[6]但是，当他和丁荷生（Kenneth Dean）研究莆田江口平原的水利制度时，发现当地明显以神明祭祀来划分地域的范围和层级结构，并以此作为地方动员与整合的根据。与珠江三角洲相比较，不论在祠堂建构，还是在地方管理层面，莆田社会都更加突出神明祭祀的形式。可以说，在

1　Helen Siu & Liu Zhiwei, "Lineage, Market, Pirate and Dan: Ethnicity in the Pearl River Delta of South China," in Pamela Kyle Crossley, Helen F. Siu, Donald S. Sutton, eds., *Empire at the Margins*, pp.285–310.

2　刘志伟：《神明的正统化与地方化——关于珠江三角洲地区北帝崇拜的一个解释》，中山大学历史系编《中山大学史学集刊》第 2 辑，广州：广东人民出版社，1994 年，第 107—125 页。

3　David Faure, "What Made Foshan a Town? The Evolution of Rural-Urban Identities in Ming-Qing China," *Late Imperial China*, 11: 2 (Dec.) 1990, pp. 1–31.

4　萧凤霞：《传统的循环再生——小榄菊花会的文化、历史与政治经济》，《历史人类学学刊》第 1 卷第 1 期，2003 年，第 99—131 页。

5　蔡志祥：《打醮：香港的节日和地域社会》，香港：三联书店，2000 年；罗一星：《明清佛山经济发展与社会变迁》，广州：广东人民出版社，1994 年。

6　郑振满：《明清福建家族组织与社会变迁》，长沙：湖南教育出版社，1992 年。

莆田，神明的拜祭系统是核心，宗族为次。郑振满认为，进入明代，以里甲和祠堂作为标志的国家与地方社会的整合，其实是建立在宋代就已经开始形塑的地方文化上。他还以莆田的江口平原为例，说明水利的开发与神明系统的演变是相配合的，并展示出由此形成的社会空间秩序。因此，祭祀神祇一方面是地方上的团体活动，同时又是对所有权的确认和管理。可以说，是以供奉神明为名义建立的控产机构。[1]

郑振满和丁荷生所提出的有关神明信仰与地域社会关系之课题，可以追溯到20世纪60年代人类学学者的关怀。当时，武雅士（Arthur Wolf）等人类学学者已经在台湾的研究中关注神明拜祭以及神明会在控产中的作用。[2] 其后，韩森（Valerie Hansen）、祁泰履（Terry F. Kleeman）、太史文（Stephen F. Teiser）等学者研究过不同的地方神明在士大夫文化推进过程中的统一化等问题，尤其是关注到宋代对地方神明册封的活动及其对地方宗教的影响。[3] 华琛（James Watson）关于天后的研究同样展现了一个神明标准化（standardizing the gods）的过程，他认为通过朝廷对神祇的封敕，可以达到正统祭祀的传播。在这个过程中，国家以一种潜移默化的方式介入了地方，民间信仰由此呈

---

1 郑振满：《神庙祭典与社区发展模式——莆田江口平原的例证》，收入郑振满《乡族与国家：多元视野中的闽台传统社会》，北京：生活·读书·新知三联书店，2009 年，第 210—237 页；Kenneth Dean, "Transformations of the She (Altars of the Soil) in Fujian," *Cahieers d' Extrême-Asie,* 10 (1998), pp.19–75。

2 Arthur P. Wolf, "Gods, Ghosts and Ancestors," in Arthur Wolf, ed., *Religion and Ritual in Chinese Society,* Stanford: Stanford University Press, 1974.

3 多位学者都已讨论过国家的承认（例如敕额、封号）可以把原来地方的神祇或鬼怪变成系统化的神祇。也有学者关注到，在地方神得到国家承认的过程中，原本的祭祀礼仪仍然延续，由此引致了神明形象与祭祀礼仪的分化。参见 Valerie Hansen, *Changing Gods in Medieval China, 1127–1276,* Princeton, New Jersey: Princeton University Press, 1990; Terry F. Kleeman, *A God's Own Tale: The Book of Transformations of Wenchang, the Divine Lord of Zitong,* Albany: State University of New York Press, 1994; Stephen F. Teiser, *The Ghost Festival in Medieval China,* Princeton: Princeton University Press, 1988; Richard Von Glahn, *Sinister Way: The Divine and the Demonic in Chinese Religious Culture,* Berkeley Calif.: University of California Press, 2004；蒋竹山《宋至清代的国家与祠神信仰研究的回顾与讨论》，《新史学》（台北）第 8 卷第 2 期，1997 年，第 187—219 页；皮庆生《宋代民众祠神信仰的研究》，上海：上海古籍出版社，2008 年，第 80—96 页。

现出介于国家和地方社会之间的交差重叠的文化意义。[1]此论说在近年来引致两种理论上的反驳。[2]反驳的论点认为：其一，地方上接纳封敕的神明，可以只是"新瓶旧酒"，即在名义上而非行为上的转变；其二，朝廷敕封的神明，不一定可以取代地方神祇。

其实，不论华琛还是其反驳者的见解，都只是把历史变化放到短时段内考虑。在长时段的历史空间内，国家的影响并不止于朝廷的敕封，制度性的变化也并不限于敕封的神明与地方神明名义上的转换。地方借助国家礼仪制造正统，往往使国家礼仪重叠在地方习俗之上。就是说，地方的习俗，不会因为国家礼仪出现而完全被排除。但是，不管名义上神祇有没有被取代，在长时段内，尤其是牵连到文字应用的制度性创新，例如用文字书写历史，用文字记录祖先的姓名，用神主牌位代表祖先的存在，建墓或建祠以供奉祖先或神明，把财产控制权联系到祖先或神明的祭祀，都会对地方风俗与国家礼仪的重叠造成关键性的影响。所以，重点不在于一个神祇代替了另外一个神祇，而在于，如华德英的论点所阐述的，地方与国家在礼仪上是否越拉越近。

科大卫、刘志伟、萧凤霞把珠江三角洲与莆田江口平原在地区社会结构与形态上的分歧，归咎于两个区域与王朝整合的时间和过程有所不同：莆田于南宋开始整合进入王朝的礼仪，而在珠江三角洲，宋王朝的影响非常有限，其大部分地区是在明代才普遍实践国家礼仪的。莆田的社会形态体现南宋朝廷以敕封地方神明作为归化地方的重要手段，而到了明代，莆田的宗族制度是建立在这个基础之上。明朝廷推行的户籍登记以及明中后期敬宗收族的风气则成功地奠定了珠江三角洲宗族形态的基础。两者之别，源于地方与王

1　James L. Watson, "Standardizing the Gods: The Promotion of T'ien Hou ('Empress of Heaven') along the South China Coast, 960-1960," in David Johnson, Andrew J. Nathan, Evelyn S. Rawski, eds., *Popular Culture in Late Imperial China*, Berkeley: University of California Press, 1985, pp. 292-324.

2　有关此次争论，参见 Donald S. Sutton, "Special Issue: Ritual, Culture Standardization, and Orthopraxy in China: Reconsidering James L. Watson's Ideas," *Modern China*, Vol. 33, No.1, January 2007;《历史人类学学刊》第 6 卷第 1、2 期合刊，"国家建构与地方社会"专号，2008 年。

朝建立关系的时间不同，以及关系建立时王朝归纳边缘地区的政策不同。[1]

科大卫、刘志伟、萧凤霞、郑振满、丁荷生等学者主张的研究办法，是在详细的地方研究基础上比较区域历史的异同，从而探讨国家与地方关系演变的过程。[2]珠江三角洲与莆田不能完全代表整个华南，有待研究的领域仍有很多；但是，对这两个地区的细致研究，起码勾勒出一个可以与其他区域进行比较的初步概况。例如，尽管珠江三角洲与莆田江口平原的社会形态在宗族和神庙两个系统上各有侧重，但是，因为这两个地区纳入国家系统时，王朝主要是把它们纳入州县制度之内，所以保留了当时国家应用到地方的礼仪，由此在这两个区域，神明与祖先是被人们清晰区分的两套体系。

这一研究取向和相关结论，对中国西南地区的研究有很大的启发。中国西南广大地区，既是王朝的边缘，也曾经作为"异域"的核心。如湘西、贵州一带是唐与南诏、宋与大理政权的中间地带，本身也存在过爨、慕俄格、乌蛮等独立政权。这些独立政权不仅有自己的官僚体系，甚至有自成一格的礼仪、文字和文化传统。在蒙古王朝的武力征服下，地方政权逐渐瓦解。此后，元王朝在这个区域建立土司制度，绵亘元、明、清三代。[3]那么，在地方礼仪的层面，

1　David Faure, *Emperor and Ancestor State and Lineage in South China*, pp.351-368; 科大卫、刘志伟：《"标准化"还是"正统化"？——从民间信仰与礼仪看中国文化》，《历史人类学学刊》第6卷第1、2期合刊，2008年，第1—21页。

2　郑振满教授曾非常精辟地总结过科、刘、萧、郑等学者的研究取向。参见萧凤霞、包弼德等《区域·结构·秩序——历史学与人类学的对话》，《文史哲》2007年第5期，第5—20页。

3　John E. Herman 的研究则从长时段的眼光展示出黔西北在不同时代的政治与文化地位。这个华夏的边缘区域长期处于唐与南诏、宋与大理政权的交界地带，因此，其开发进程与文化受到了不同政权与文化的影响。温春来的研究着重考察了明清黔西北区域的社会制度变革与族群关系，较为具体地描述中央王朝的典章制度在一个具有自己文字、礼仪以及政治、法律传统的非汉族社会推行与表达的过程。结合二者的研究，明清以降，黔西北地区的变革发生在一个曾经受到多种文化和制度影响的区域，并且这个区域亦曾建立自己的政权。参见温春来《从"异域"到"旧疆"——宋至清贵州西北部地区的制度、开发与认同》，北京：生活·读书·新知三联书店，2008年；John E. Herman, *Amid the Clouds and Mist: China's Colonization of Guizhou, 1200-1700*, Cambridge, Mass.: Harvard University Asia Center, 2007。

土司地区是否与珠江三角洲和莆田平原有相应的差异？其中的一种明显分歧体现在神明与祖先的形象上。与珠江三角洲和莆田清楚区别祖先与神明不同，流布于湘西的白帝天王、湘黔交界地带的飞山公等神明都具有亦神亦祖的双重身份。[1] 科大卫在他的珠江三角洲研究之后，提出这个现象可能是因为湘黔区域政治上的变革也反映在宗教形态上，土司的祖灵在改土归流后就以区域地方神明的形式遗留下来。[2]

王明珂以上古史（从周到汉）河套以西地区，农耕社会与游牧社会的互动，来了解华夏边缘族群与地缘的历史（可以笼统称之为羌族的历史），说明问题不在物质文化的差异，而在一个长时段之内，族群概念的变化与认同，与这些论点有异曲同工的意思。唯独因为时间与地域所及与本书分歧很大，所以不再赘述。[3]

本书研究的广东西南部，不是土司统治下的地区，而是介于土司势力范围与珠江三角洲之间。这个处于夹缝中的地带，既显示出王朝力量介入以前当地权利体系的痕迹，也体现出州县制度下，尤其是里甲与科举对当地的影响。同时，这个地区位于北部湾的边缘，在漫长的海岸线上还活跃着与珠江三角洲一脉相承的水上人群体。在这几年的田野考察中，我注意到，这个地区既有土司社会的特征，也有州县统治下的印记。

在祖先拜祭与神明信仰方面，粤西南一带也呈现出祖先与神明叠加在一起的亦神亦祖祭祀现象。在雷州，雷祖集神明与祖先于一身。在高州与海南，冼夫人既是女神，也作为其夫家冯氏的祖先。高雷半岛和海南不见得曾受土司的统治，亦神亦祖的现象

---

1 关于白帝天王的研究参阅 Donald S. Sutton, "Myth Making on an Ethnic Frontier: The Cult of the Heavenly Kings of West Hunan, 1715–1996," *Modern China*, Vol. 26, No. 4, Oct. 2000, pp. 448–500; 谢晓辉《苗疆的开发与地方神祇的重塑——兼与苏堂棣讨论白帝天王传说变迁的历史情境》，《历史人类学学刊》第 6 卷第 1、2 期合刊，2008 年，第 67—109 页。关于飞山公的研究参阅明泽桂《飞山庙》，《靖州文史资料》第 2 辑，1986 年，第 160—163 页。

2 David Faure, *Emperor and Ancestor State and Lineage in South China*, pp.351–368.

3 王明珂：《华夏边缘：历史记忆与族群认同》，台北：允晨文化事业公司，1997 年。

不是源于对土司的祖先崇拜。我写作本书的目的就是希望可以通过拜祭对象——祖先、神祇——了解地方礼仪的特点，这也是为什么要把高、雷、琼三个不同的行政地区放在同一个研究中来探讨。[1]

那么，如何理解这一区域的亦神亦祖的社会形态？本书认为要解答这一问题，需要将目光投向长时段的区域社会开发过程。通过追溯神明崇拜的演变、祭拜群体的变迁、在士大夫文化推行过程中不同群体如何应对、明中叶的身份标签与认同如何演变等问题，从而探求祭祀传统的变化所反映出来的王朝与地方社会的关系。

诚然，很多对中国西南地方宗教的研究，现在仍在进行，能否将西南地区所呈现的亦神亦祖现象归纳为一个类型，言之尚早。但是，从对现有研究的简单回顾可以初步看出，地方社会的礼仪，尤其是在建构意识形态模型的层面，很大程度上受以下因素影响：地方社会与国家体系整合的时间，王朝在边缘地区推行的行政管理手段以及当时的社会风气。这些研究的目的，不只是描述地方的历史发展，而且勾勒和建立一个展示中国社会不同地点的社会结构以及当地人的意识形态模型演变的年表，用以探讨国家扩张所影响的社会形态。如果这些研究获得成功，将有助于历史学者对宋以后国家与地方社会的关系有更为深入的了解。因此，本书可以说是宏大关怀下的一片斑驳的投影。这也正是开篇作者即惶恐地强调本书的目的不仅仅是书写一部广东西南地方史的理由所在。

二　亦神亦祖的话语：广东西南地区的地理、社会形态及史料

在风俗史的层面，不少学者对广东西南地区的民俗风情、民间传

1　我很感谢赵世瑜老师的提醒。在我写作的过程中，他多次提出我应该检讨为何要把这几个地点当作一个区域去了解。

说进行过探讨。[1] 在地方史研究的层面，有学者考察过不同时代岭南地区的开发历程以及"俚人"与汉人的族群融合等问题。[2] 他们确认，早在梁陈时期，高、雷、琼一带已经在相当程度上纳入中国文化的范畴。这些研究给我很多启发，但是本书不是一部风俗史，也不是一部地方史，本书关心的是在大一统的礼仪与文化推广的过程中，不同时期边缘社会如何利用国家的礼仪来塑造"国家"与"地方"的形象与认同。

从地理上而言，本书所讨论的广东西南部地区，主要包括高州、雷州和海南岛（见图 0-1）。高州和雷州位于我国大陆最南端的高雷半岛，与海南岛隔海峡相望。在传统社会，高州、雷州与海南岛之间主要依赖帆船进行交通。可以说，海洋既导致了海南岛与高雷半岛地理空间上的分隔，却又使两地在经济上与交通上连接成为一个整体。

南朝至隋唐时期，这个地域的历史与一个豪酋家族的兴衰息息相关。梁陈之际，冼夫人统率冯氏家族，帮助陈霸先成就帝业。隋仁寿

1　学界关于雷州雷神的既有研究数量不多，主要有陈梦飞《雷州雷祖信仰》及何天杰《雷州与雷神传说考》。陈氏之文试图从雷祖信仰的起源、演变及祭祀活动等方面入手，全面深入地研究探讨雷祖信仰长盛不衰的原因，从中探讨雷州风俗习惯。何氏之文则考察了历代雷神传说的演变。关于冼夫人的研究主要有卢方圆、叶春生主编《岭南圣母的文化与信仰——冼夫人与高州》，张磊主编《冼夫人文化与当代中国——冼夫人文化研讨会论文集》，张均绍《冼夫人考略》，庄昭、高惠冰《巾帼英雄第一人：冼夫人》，刘正刚、刘军《明清冼夫人崇拜与地方经济变迁》等。此外，冼夫人研究也越来越多地受到当地学者的关注。电白、高州以及海南等地都成立了冼夫人研究会。这些研究主要关注的是冼夫人的生卒年代、墓地何在、是否到达海南以及各地祭祀冼夫人的风俗等。这些研究给本书以启发，但不是本书旨趣所在。参见陈梦飞《雷州雷祖信仰》，硕士学位论文，中山大学，2001 年；何天杰《雷州与雷神传说考》，《北方论丛》2002 年第 1 期，第 11—15 页；卢方圆、叶春生主编《岭南圣母的文化与信仰——冼夫人与高州》，哈尔滨：黑龙江人民出版社，2001 年；张磊主编《冼夫人文化与当代中国——冼夫人文化研讨会论文集》，广州：广东人民出版社，2002 年；张均绍《冼夫人考略》，广州：广东省地图出版社，1996 年；庄昭、高惠冰《巾帼英雄第一人：冼夫人》，广州：广东人民出版社，2005 年；刘正刚、刘军《明清冼夫人崇拜与地方经济变迁》，《海南大学学报》2006 年第 2 期，第 157—161 页。

2　胡守为：《岭南古史》，广州：广东人民出版社，1999 年；Edward H. Schafer, *The Vermilion Bird: Tang Images of the South*, Berkeley: University of California Press, 1967; idem., *Shore of Pearls*, Berkeley: University of California Press, 1970。

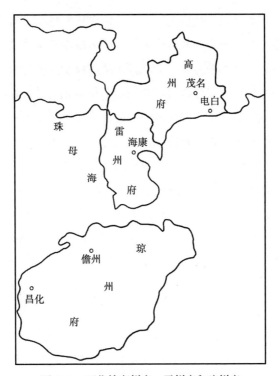

图 0-1 明代的高州府、雷州府和琼州府

资料来源：根据谭其骧《中国历史地图集》之明万历十年广东地图绘制。参见谭其骧《中国历史地图集》，香港：三联书店，1991年，第72—73页。

年间冼夫人死后，冼夫人之孙冯盎继任冯氏家族的首领。其时，高、雷、琼是这个家族势力范围的核心区域。唐高祖武德四年（621），冯盎降唐。降唐之后，冯盎仍挑起战事，扩充势力。魏徵建议"怀之以德"，这一政策缓和了冯氏与唐王朝的关系。此后，冯盎之子多次进京，表达"赤心"。在这样的背景下，魏徵撰写《隋书》，最早为冼夫人立传。可以说，魏徵既是冼夫人历史的书写者，又是朝廷制定对冯氏政策的参与者。

其后，《隋书·谯国夫人传》成为不同时代不同身份的人书写与创造家族历史和地域历史的依据。亦有从事地方史研究的学者以此文本为主要资料，确认早在梁陈时期，高、雷、琼一带已经在相当程度上纳入中国文化的范畴。我以为，冼夫人的时代，这个地域与中央王朝的关系主要围绕以冼夫人和冯氏家族为代表的豪酋家庭展开。从正史的记载来看，唐中后期以后，冯冼家族与朝廷的密切关系就中断了。出于采珠的目的，南汉政权对广东西南一带有相当的关注。由于史料的阙如，我只能通过宋人的追溯去触摸这段历史。宋代，王朝才开始建立有效的行政机制，普及推广正统的礼仪与制度。因此，宋以来这个区域的历史，不只需要参照正史记录所保留的印象，也需要超越这个印象，考察地方社会的具体状况。

相较而论，现存宋代史料中，关于高州的记录寥寥无几，而海南以及雷州因为迁客、贸易、水利开发等原因保留了较多的文字史料。宋人周去非《岭外代答》、范成大《桂海虞衡志》等笔记有篇章描述三地的社会形态。因为赋役的编审，《宋会要辑稿》等官修史书也记载了这一带的情况。丁谓、苏轼、李光、李纲等贬谪官员都曾于客居琼崖时写作诗文。这些诗文反映出亲履其地之人对当地的印象。宋人以为，冼夫人与雷神的信仰于南汉就已发端。南汉政权曾分别敕封过这两位神明，宋代的封号就是在此基础上的承认与追加。

明中期是高、雷、琼社会变革的关键时期。在黎、瑶起义的动荡中，在战乱后重建的过程中，当地的人群产生了身份以及认同的分化。这个时期，也头一次出现编纂地方志的高潮。万历年间编纂了《儋州志》、《琼州府志》、《雷州府志》以及《高州府志》等方志。地方志的编纂其实是与政府编订里甲册籍、征收赋税相配合的。也就是说，官方记录的大量出现本身就反映出政府关注度的加强。明清时期，自称冼夫人以及雷祖后裔的当地人也书写与创造了多种文类的史料，如碑记、族谱、科仪书等。由于三地各有其发展脉络，故分而述之。

明代，海南流官、土官、卫所三套行政体系并存。当地人或"民"或"黎"的身份，是由自身与这三套行政体系之关系而确定，但是，也会随着这种关系的改变而变动。明中叶的黎民起义是长期地方斗争的缩影。获胜的土官或土舍学习士大夫的礼仪；而失势的土官和土舍，则没有与王朝的礼仪衔接。当地社会至今仍保留了原有的峒首崇拜。由于明中叶的不同际遇，曾经都是"熟黎"的地区产生了社会内部的分化与区别。这些人虽然不是用族群的标签来区别他者，但是社会的分野在信仰领域留下了痕迹。

在海南，冼夫人信仰的流布与道路的开通有很大的关系。明中叶，在东西道路没有开通之前，岛中部气势磅礴的五指山山脉将岛的东部和西部隔开。西部沿海地区，如儋州、昌化一线与北部湾有深厚的历史渊源；东部地区则与广州的贸易网络有较多的联系。全岛在文化和经济上并没有形成一个整体。直至清末，中部黎区的道路仍时开时罢。在黎区，没有冼夫人信仰的痕迹。在汉区，冼夫人信仰的分布也不均衡。从高州传入海南的冼夫人信仰，作为汉化与归附的象征，首先在西部扎根，随着道路的开通才逐渐在东部流传开来。

雷州信奉的神祇不是冼夫人，而是雷神。唐代的雷公状类猪、熊。宋代以后，雷祖陈文玉经历了人格化和士大夫化的过程。明中叶，在家族的礼仪在当地社会逐步推广的过程中，称为雷祖后裔的陈姓人，将家族的祭祀叠加到神明的拜祭之上。至清代，陈氏族人意识到以神明为祖先不合乎礼仪，因此努力将陈文玉的神主牌位放入乡贤祠和府学。在地方志的叙述中，陈文玉的身份由"神"转变为"贤"。地方宗教由神明到祖先的发展，一方面与家族礼仪的庶民化相关，另一方面则与雷州的开发，尤其是自宋代以来以水利体系为基础的洋田开发相关。在年例的游神路线上，至今仍能体现水利体系对于地方信仰格局的影响。

高州是冯冼家族的据点，是冼夫人信仰的源头。冼夫人信仰的流布在高州经历了与海南不同的历史过程。明代，随着征讨广西大藤峡瑶民起义，高州受到了军政官员的关注。成化四年（1468）以前，旧电白（今天的长坡村，又称旧城）既是高州的政治中心，也是冼夫人信仰中心。随着韩雍等人平定瑶民起义，州城迁至茂名。官员们在高州府城的新址附近建立起冼夫人庙（又称冼太庙），作为地区信仰的中心。而长坡的冯姓村落则以冯宝的后裔自居，并修建冯宝公祠。作为女性神明的冼夫人，在以男性继嗣为核心的宗族建构中作为祖先的配偶而受到奉祀。

　　唐代同属于冯氏家族统辖范围的高、雷、琼三地，在宋以后的历史过程中发展出了同中有异的信仰形态。研究信仰形态本身不是本书的主旨。我的目的在于透过考察乡民表达信仰的方式，认识创造以及延续历史的载体与动力，尝试在历史脉络里勾勒出地方社会如何在文字书写的层面建构出"正统"。这种"正统"表现在礼仪上就是神明形象的士大夫化和人格化，以及修谱建祠的普遍推广。但是，正如华德英的意识形态模型所展现的，追求"正统"是一个渐行渐近的过程，认同的一致性与表达的多元性并存。因此，本书除了讨论士大夫层面的正统性创造外，也致力于了解信仰扎根的乡土社会。

　　由于我的着眼点是书写上下连贯的历史，所以也必须注意上下连贯的史料。历史学者往往只是利用正史、地方志、文集、笔记等公藏机构的历史文献研究历史。也有学者虽然重视已经出版过的地方资料，却对散处于田野，有待收集的资料视而不见或者怀抱偏见。当然，越来越多的学者意识到，官方的史料反映的主要是政府的政策，或者读书人的一面之词；而民间文书不仅能多向度地展示历史的面貌，而且这一类的资料扎根于乡土，曾经或者至今仍与当地人的生活有密切联系。因此，本书除了运用公藏机构的历史文献，还特别注重利用在田野考察中搜集到的碑记、族谱和科仪书等民间文书进行讨论。

　　从2000年开始，我多次到广东西南地区进行田野考察。在考察的过程中，收集了大量的第一手资料。比如，仅高州冼太庙就保存了二十余通明清时代的碑记，雷州雷祖祠保存了从宋代至今的碑刻四十余通。这些碑刻的内容涉及朝廷封敕、庙产管理、纠纷处置以及钱粮捐献等内容，是研究冼夫人庙和雷祖祠的第一手材料。有些碑记还列出了与两所庙宇相关的村落。通过走访村落，我了解到冼夫人庙及雷祖祠与周边村落的关系。我还搜集了当地冯氏、冼氏、陈氏等姓氏的族谱、年庚流水簿等系谱。通过解读这些系谱，追溯高州和雷州地区冯氏、冼氏以及陈氏等家族的建构过程。此外，道士的科仪书也是我关注的民间文书。我收集到的科仪书包括高州雷垌冼氏举行年例仪式时的神明谱、雷州雷傩仪式的科仪书、高州水上人祭祖朝会仪式的科仪书以及硇洲岛三月坡仪式的科仪书等。这些科仪书启发我透过神明的谱系，探索不同传统的礼仪之间的分歧与互动。可以说，民间文书是活生生的史料。

　　但是，在中国南方的广大乡村，很多民众长期以来没有文字的传统，他们无法在文字的层面来表达自己的声音。历史的鸿爪，除了保存于文献之中，还存留于建筑物的地点和生动的仪式表演中。因此，在田野考察的过程中，我通过访问村民、观察仪式，来了解文字之外的社会。文字记录与田野观察两相参照，我发现：在雷州，文献资料显示人格化和士大夫化了的雷祖陈文玉是当地最重要的神明。但是，雷州广大乡村的雷傩仪式中，主神却是蓝面鸟嘴的雷首。在高州，位于茂名的高州城在明中叶已经取代了长坡行政中心的地位。但是长坡旧城仍然是当地冯氏家族的中心，也是周边冯姓人想象的核心。在海南，北部最重要的新坡冼夫人庙拜祭的冼夫人还有另一重更为久远的身份——梁沙婆。这些资料的意义，远不只是补充文献的不足，更提醒我去思考越来越被遗忘于历史之外的，教化及王朝制度推广前的社会图像。

　　如果地方社会与国家的整合是个历史过程，我们便可以问：这个过程发生前，这个社会是怎样的？问题是，这个过程以前的历史，没有留下多少史料，难以寻踪。在这个困扰之下，2007年我开始走访北部湾沿岸的上岸水上人。通过对上岸水上人祭祖仪式的观察和"考古"，我发现这些水上人的祭祖仪式一方面保留了原有的祭祀痕迹，另一方面也开始吸收岸上人的祭祀方式。这个区域的水上人，以轮流祭祀神明为核心来组织社会，远比以血缘谱系为基础建立宗族历时久远。上岸以后，水上人的社会因其可参照与模仿的对象有所差别，因此呈现出多种演变的可能。

　　水上人的历史，给我们的研究一个重要启示。社会的演变，虽然深受物质条件的影响，但是也凝聚了地方人士的抱负与期待。不是所有的社会，都一定走向宗族；但是，即使在没有条件建立宗族的情况下，宗族仍可以作为一种理想而存在。

第一章　传说的历史

隆庆年间以诗闻名的湖广兴国人吴国伦任高州知府，和众多明代高州的官员一样，他拜谒了高州冼太庙，并题诗八首赞颂冼夫人怀集百越、归顺朝廷的功业。最后一首是这样写的：

> 冼氏骨已朽，百越犹英声。
> 我来刺其郡，枹鼓时一鸣。
> 群丑虽渐削，何当遽销兵。
> 神其眷故土，荡涤蛮烟清。[1]

吴知府笔下的冼夫人是梁、陈、隋三代高凉

1　万历《高州府志》卷 8《诗抄》，据日本尊经阁文库藏明万历刻本影印，北京：书目文献出版社，1991 年，第 2 页上。

地区的豪酋首领。《隋书·谯国夫人传》这样叙述冼夫人的土酋出身："谯国夫人者，高凉冼氏之女也。世为南越首领，跨据山洞，部落十余万家。"作为部落首领之女，冼夫人自幼便"抚循部众，能行军用师，压服诸越"，既有规劝兄长停止侵犯旁郡，止息怨隙的本事，又有让海南、儋耳千余洞归附的功劳。梁大同初，北燕后裔罗州刺史冯融为其子高梁太守冯宝聘冼夫人为妻。隋仁寿二年（602），冼夫人卒，谥号为"诚敬夫人"。[1]

今天，冼夫人成了女神，在广东西南一带受到广泛的崇拜。没有明确的材料显示冼夫人信仰的起始年代，海南与高州可追溯的史料记载也有明显的差别。在宋代，海南儋州的宁济庙（崇奉冼夫人）已受到敕封。[2]在明以前，几乎没有材料显示高州地区的冼夫人信仰有普遍的流布。但是，经过明中叶的社会动荡和秩序重建，在高州，"骨已朽"的冼夫人，成为庙享一方的眷土之神，无论是在海南还是高州，冼夫人信仰都得到了广泛的传播。

明中叶对于广东西南的社会转变是个关键的时期。以高州为例，吴国伦提及的"群丑""蛮烟"主要是指"倭寇"和"叛瑶"，在士大夫的描述下，当时的高州是"潢池绿林殆无宁日"的"炎峤一隅"。吴知府平倭乱，抚瑶众，安郡民，并建南岳书院。[3]在其短暂销兵之时，不忘拜祭在南粤威名赫赫的冼夫人。作为神明的冼夫人至迟在宋代以后就成了表达地方与中央王朝关系的符号，她既是地方的领袖，又是归附的象征。

为什么明代以至今天的人在塑造和书写地方历史的时候需要追溯到八九百年前的这位女首领？要厘清冼夫人信仰的创造与演变，我们首先从冼夫人及其时代宕开笔墨，揭示冼夫人故事本身及其进入正史记录的时代背景。

1　《隋书》卷80《列传·烈女·谯国夫人》，北京：中华书局，1973年，第1801—1803页。

2　（宋）徐松辑《宋会要辑稿》礼20之59，北京：中华书局，1957年，第3页上。

3　（明）袁昌祚：《此山堂记》，万历《高州府志》卷9《文略》，第20页上—21页下。

一　土酋归附

冼夫人的传奇人生曾引起众多历史学者的兴趣，他们针对冼夫人的确切出生年月、是否真的姓冼、墓葬何在、足迹是否亲履海南岛等问题，进行了长期的学术探讨。[1] 之所以出现这些疑问，是因为记载冼夫人生平的基本史料——《隋书·谯国夫人传》——本身语焉不详。即使经过学者们多方考据，这类史实问题仍因资料不足而没有定论。本章的主题是冼夫人形象和形象书写的历史结合。因此，近年的考据，尤其是地方史学者对这类史实的考据，不是本章的核心。本章的主旨是当时的人为什么会用这样的笔调去记录这位出身豪酋的女首领。

唐代编修的《隋书》是为冼夫人作专传的年代最为久远的正史之一。其后的史家撰述冼夫人历史大都以《隋书·谯国夫人传》为本。因此，本节以《隋书·谯国夫人传》为主要材料进行讨论。

冼夫人所生活的梁陈之际为中国历史之一大变革时期。南朝末年的侯景之乱中，南方的土著开始在政局上崭露头角。周一良认为，南朝之宋、齐、梁皆为北方之侨人政权，排南人于政治势力之外，至陈朝则吴人势力取侨人而代之，且三吴以外之南方土著亦崭露头角矣。[2]陈寅恪亦认为，梁陈之交，楚子集团的时期结束了，士族的历史结束了，原来默默无闻的南方蛮族中的土豪洞主，纷纷登上了政治舞台。陈朝便是依恃南方土著的豪族建立起来的。此为江左三百年政治社会的大变动。[3]吕春盛等学者的研究细致地讨论了陈霸先在岭南崛起的过程。他认为，据史书所载，陈朝的开国君主陈霸先在兴起的过程中，广纳各地豪杰，其势力由岭南地区经南川（今赣江流域）北上，如滚

1　王兴瑞：《冼夫人与冯氏家族：隋唐间广东南部地区社会历史的初步研究》，北京：中华书局，1984 年，第 1—16 页。

2　周一良：《南朝境内之各种人及政府对待之政策》，收入周一良《魏晋南北朝史论集》，北京：中华书局，1963 年，第 30—93 页。

3　万绳楠整理《陈寅恪魏晋南北朝史讲演录》，台北：知书房出版社，1995 年，第 241—242 页。

雪球般扩大，但其基本核心仍然是在岭南地区所交结的势力。[1]既往研究说明，陈霸先是在岭南兴起的寒门将领，陈朝的政治与南方土著势力关系密切。许多南方土著首领之所以名垂正史，也缘于这一机缘，冼夫人就是帮助陈霸先成就帝业的力量之一。

梁武帝大同年间（535—545），出身寒微的陈霸先在平定交州土著起义的过程中，成为岭南地区一个有实力的将领。梁武帝太清二年（548）八月侯景反，十月陷建康，三年三月陷台城，梁武帝被饿死。广州刺史元景仲响应侯景反，始兴（郡治在今曲江）等郡亦举兵反。时任高要郡太守的陈霸先攻打元景仲。元景仲败死后，陈霸先迎梁宗室定州刺史萧勃为广州刺史。三年底，陈霸先准备北上勤王。萧勃却意存观望，与盘踞南康郡（郡治在今江西赣州）的地方豪强蔡路养暗相勾结，起兵拦击。梁简帝大宝元年（550），陈霸先从始兴出发，至大庾岭，破蔡路养，进军南康。这里提到的大庾岭是一条横亘广东南雄县（今南雄市）北以及江西大庾县（今大余县）西南的山脉，自秦汉以来就是往来广州与中原诸州之主要交通孔道。曾一民的研究认为，秦汉至隋唐时期，大庾岭道不仅为诸夷由广州北上朝贡及南北商贾往来的交通要道，而且是历代兵家必争之地。秦始皇讨伐南越、赵佗据广州称王，以及汉武帝讨南越王相吕嘉反，均据此地之故。[2]陈霸先北上的第一战也发生在大庾岭。

那么，距离粤赣边界甚远的冼夫人与陈霸先的勤王之役有何关系呢？《隋书·谯国夫人传》记录了在高州将领变乱之危急时刻冼夫人与冯宝支持陈霸先的故事：

> 遇侯景反，广州都督萧勃征兵援台。高州刺史李迁仕据大皋口，遣召宝。宝欲往，夫人止之曰："刺史无故不合召太守，必欲诈君共为反耳。"宝曰："何以知之？"夫人曰："刺史被召援台，

1　吕春盛：《陈朝的政治结构与族群问题》，台北：稻香出版社，2001年，第27—72页。

2　曾一民考察了唐代从"虔州大庾岭路"至长安、洛阳各地的交通路线。参见曾一民《唐代广州之内陆交通》，台中：国彰出版社，1987年，第4页。

乃称有疾，铸兵聚众，而后唤君。今者若往，必留质，追君兵
众。此意可见，愿且无行，以观其势。"数日，迁仕果反，遣主
帅杜平虏率兵入灨石。宝知之，遽告，夫人曰："平虏，骁将也，
领兵入灨石，即与官兵相拒，势未得还。迁仕在州，无能为也。
若君自往，必有战斗。宜遣使诈之，卑辞厚礼，云身未敢出，欲
遣妇往参。彼闻之喜，必无防虑。于是我将千余人，步担杂物，
唱言输赕，得至栅下，贼必可图。"宝从之，迁仕果大喜，觇夫
人众皆担物，不设备。夫人击之，大捷。迁仕遂走，保于宁都。
夫人总兵与长城侯陈霸先会于灨石。还谓宝曰："陈都督大可畏，
极得众心。我观此人必能平贼，君宜厚资之。"[1]

可见，从岭南领兵北上的梁朝部将不止陈霸先，广州都督萧勃、高州
刺史李迁仕都以"征兵援台"为名蠢蠢欲动，他们抢先占据大庾岭路
的重要据点，比如南康之北的大皋口（今江西吉安）。陈霸先虽已攻
破蔡路养，下南康，但前方还遭遇李迁仕的拦截。冼夫人是在这样的
危急局面下支持陈霸先的。

　　这段材料也展示出冼夫人在冯氏家族有着举足轻重的地位。冼夫
人出身南越首领之家。梁代，冯氏与冼氏联姻。冯氏家族本"北燕冯
弘裔孙"，初，冯弘因为不能以国下魏，而投高丽。他投奔高丽的时
候，派遣其子冯业以三百人"浮海归宋，因留于新会"，"自业及融，
三世为守牧"。冯融在梁为罗州刺史，其子冯宝为高凉太守。冯氏在
高凉面临"他乡羁旅，号令不行"的处境。大同初，冯融为冯宝聘冼
夫人为妻，"至是，夫人诫约本宗，使从民礼。每共宝参决辞讼，首领
有犯法者，虽是亲族，无所舍纵。自此政令有序，人莫敢违"。[2]从"号
令不行"到"政令有序"，《隋书·谯国夫人传》的描述凸显了梁陈之
际王朝派遣的官员独自行政与借助当地酋长的力量行政产生的效果截

1　《隋书》卷80《列传·列女·谯国夫人》，第1801页。
2　《隋书》卷80《列传·列女·谯国夫人》，第1801页。

然不同。

同样地，在对待李迁仕的问题上，冼夫人比冯宝更为高瞻远瞩。她正确地做出了支持陈霸先的决定，由此这个家族的命运发生了关键的转变。《隋书》的编纂者浓墨重彩地描述了冼夫人在这个事件中的机智和果敢。她比冯宝更洞悉与明了时势，识破李迁仕计谋，力止冯宝前去。她亲自带兵打仗，设计大破李迁仕军，巾帼不让须眉。事平后，冼夫人又亲至灨石与陈霸先会面。与陈霸先的一面之缘，开启了冯冼家族与未来陈朝皇帝接触的历史。

据《隋书·谯国夫人传》记载，在冼夫人的年代，冯冼家族始终是辅助王朝统治岭南的土著力量。但是，陈朝的历史只有 32 年。陈亡隋兴的时候，对于承接了陈朝的隋，冼夫人仍一心归附。《隋书·谯国夫人传》记录了这个重要的转变：

> 后遇陈国亡，岭南未有所附，数郡共奉夫人，号为圣母，保境安民。高祖遣总管韦洸安抚岭外，陈将徐璒以南康拒守。洸至岭下，逡巡不敢进。初，夫人以扶南犀杖献于陈主，至此，晋王广遣陈主遗夫人书，谕以国亡，令其归化，并以犀杖及兵符为信。夫人见杖，验知陈亡，集首领数千，尽日恸哭。遣其孙魂帅众迎洸，入至广州，岭南悉定。表魂为仪同三司，册夫人为宋康郡夫人。[1]

在政权出现真空的情况下，冼夫人被奉为"圣母"，成为岭南诸郡投靠和依附的对象。隋朝派来平定岭南的官员韦洸不敢贸然踏足广州，直到冼夫人迎其入城，才改变局面。如何确切地验知，旧的政权已经倾覆，新的政权取而代之？在陈朝，冼夫人将扶南犀杖献给陈主。当陈朝败亡的时候，隋朝招降冼夫人，除了示以陈主的书信外，还出示扶南犀杖，表示已经夺得陈的天下。"夫人见杖，验知陈亡"，于是，

---

1 《隋书》卷 80《列传·列女·谯国夫人》，第 1802 页。

在恸哭哀悼陈亡之际，迎接新的政权派来的代表。冼夫人、陈主、隋朝晋王等人看到扶南犀杖都不约而同或者不言自明地领会其所蕴含的政治意义。这说明，作为礼物的扶南犀杖，又充当了信物和凭证。随着扶南犀杖易主，冼夫人转变了忠诚对象，派其孙冯魂迎韦洸进广州，"岭南悉定"。可见，冼夫人所忠诚的不是陈霸先个人以及他所建立的陈朝，而是中央政权。

隋立国初，番禺人王仲宣叛。冼夫人初派遣其孙冯暄出兵平叛，然而冯暄交结叛军，"迟留不进"。冼夫人大怒，执暄于州狱，又派遣孙冯盎平乱。叛乱平定以后，冼夫人护卫隋朝使臣，出巡州县。《隋书·谯国夫人传》描述了这次宣慰岭南的仪式：

> 夫人亲被甲，乘介马，张锦伞，领彀骑，卫诏使裴矩巡抚诸州，其苍梧首领陈坦、冈州冯岑翁、梁化邓马头、藤州李光略、罗州庞靖等皆来参谒。还令统其部落，岭表遂定。高祖异之，拜盎为高州刺史，仍赦出暄，拜罗州刺史。追赠宝为广州总管、谯国公，册夫人为谯国夫人。以宋康邑回授仆妾冼氏。仍开谯国夫人幕府，置长史以下官署，给印章，听发部落六州兵马，若有机急，便宜行事。[1]

冼夫人不是以冯宝夫人的形象出巡，而是再次展示了女将之风，"亲被甲，乘介马，张锦伞，领彀骑"。这样的仪仗最早来自陈朝朝廷的授予。陈永定二年（558），册封夫人为中郎将、石龙太夫人，"赉绣幰油络驷马安车一乘，给鼓吹一部，并麾幢旌节，其卤簿一如刺史之仪"。[2]至隋初，朝廷因冼夫人迎韦洸入城，册封为宋康郡夫人，但是仅给予名号，并没有明确授予仪仗。所以，冼夫人在巡视州县之际，用的仍然是陈朝所赐之"刺史之仪"。这样威风凛凛的出巡形象，一方面向

---

1 《隋书》卷80《列传·列女·谯国夫人》，第1802—1803页。

2 《隋书》卷80《列传·列女·谯国夫人》，第1802页。

诸位首领显示她是朝廷册封、认可并且负有宣慰之责的官员；另一方面，向朝廷派来的诏使显示她的一片忠心，以及在岭南的威望。乱平后，隋承认了冼夫人的"刺史之仪"，"仍开谯国夫人幕府，置长史以下官署，给印章"，还授予她调兵遣将权力，"听发部落六州兵马，若有机急，便宜行事"。[1]材料没有说明"六州"的具体所指，但是，从上下文意思推断，当是指前来参谒的五个州，再加之冯冼家族根据地——高州。

不久后，俚獠起义，王朝没有派使臣南下，冼夫人俨然化身为朝廷的"使臣"，平定地方。"番州总管赵讷贪虐，诸俚獠多有亡叛"，冼夫人上书，言讷罪状。隋高祖降敕委冼夫人招慰亡叛。《隋书·谯国夫人传》是这样描述的：

> 夫人亲载诏书，自称使者，历十余州，宣述上意，谕诸俚獠，所至皆降。高祖嘉之，赐夫人临振县汤沐邑，一千五百户。赠仆为崖州总管、平原郡公。[2]

这次事件的解决主要仰赖于冼夫人。两次平乱的过程中，王朝的参与似乎仅仅在于仪式性地颁布"诏书"以及平乱之后的论功行赏。但是，对于地方首领而言，战乱频仍之际，是非难辨。这一纸诏书的拥有者，却可以声称，自己拥有招抚平乱的权力，获得行军打仗的合法性。因此，冼夫人在宣慰州县之时，时刻都显示自己是诏书的拥有者，如她"亲载诏书，自称使者"。

那么，冼夫人自身如何对朝廷表达归附之情？《隋书·谯国夫人传》记载了每岁大会的仪式：

> 皇后以首饰及宴服一袭赐之，夫人并盛于金箧，并梁、陈赐

---

1 《隋书》卷80《列传·列女·谯国夫人》，第1803页。
2 《隋书》卷80《列传·列女·谯国夫人》，第1803页。

> 物各藏于一库。每岁时大会，皆陈于庭，以示子孙，曰："汝等宜
> 尽赤心向天子。我事三代主，唯用一好心。今赐物具存，此忠孝
> 之报也，愿汝皆思念之。"[1]

当然陈示赐物本身既代表了土酋的归附，也代表着中央王权的认可与褒封。同时，她谆谆告诫子孙"赤心向天子"，行忠孝之道。冼夫人称"我事三代主，唯用一好心"，这样的表述只是把梁、陈、隋的朝代更迭看成三位君主的变换，而不是王朝命脉的消长。进一步地证实，当时冼夫人要尽忠的是掌握中央政权的"天子"，而并不看重究竟是谁家的天下。

《隋书·谯国夫人传》是唐代史家站在隋的立场上书写隋史，冼夫人与陈朝的渊源只是作为历史的背景。因此，这篇传记着墨最多的是冼夫人在隋代的作为以及忠诚。这样的忠诚主要体现在两次平乱以及每岁大会的礼仪上。这样的礼仪有两个层面：其一，是王朝政权与地方首领之间的礼仪。地方首领通过敬献礼物、拥护王朝官员等方式来表达归附之意；王朝则通过颁布诏书、封官赐爵，以及给予印章、仪仗等手段笼络地方首领。在当时的情境下，这样的仪式，与其说是中央政权自上而下的统辖和治理，不如说是对某些地方首领权势的肯定与承认。其二，是地方首领在当地社会所展现的礼仪。几次平乱之后，冼夫人都是以女将形象出巡州县，女将的形象本身就具有岭南地方色彩。当她以王朝赐予的仪仗巡视州县，当她身负诏书，宣述上意，这位土著女首领又身兼王朝使臣的形象。其他州郡的地方首领通过拜谒冼夫人，不仅表示归附他们的岭南圣母，也表示接受王朝的招抚。这样，不仅仅是冼夫人或冯冼家族与中央政权建立了联系，更为广阔的地域与中央政权也建立起了联系。

《隋书·谯国夫人传》塑造了一位岭南的"圣母"，一位"事三代主，唯用一好心"的冼夫人，这位冼夫人超越了部落之间的残酷争

---

1 《隋书》卷80《列传·列女·谯国夫人》，第1803页。

夺，摒弃了和朝廷的一切矛盾，全然是"宣述上意"，向子孙谆谆教训"忠孝之报"的"使者"。然而，在冯冼家族生活的时代，广东西南是一方并不平静的土地。包括冯氏家族在内的部落豪酋长期处于扩张势力的斗争和倾轧之中，不仅如此，冯氏家族对唐朝朝廷也处于时叛时服的状态。那么，唐代的人基于怎样的需要去创造和撰写一位全然作为向化的使者的冼夫人？要理解冼夫人形象塑造与书写的历史，需要将目光投向撰写《隋书·谯国夫人传》的时代背景——唐代冯冼家族与唐王朝的复杂关系。

二　传说的历史

从前文的讨论可见，唐代名臣魏徵主持编修的《隋书》，用褒赏的笔调塑造了三代忠心，能运筹帷幄、行军作战的女将冼夫人。然而，对比同时代的其他几部史书，就会发现，并非当时的史家都以如此欣赏的态度去书写这位南方女首领。

姚思谦和魏徵是同时代史家，姚于贞观三年至十年（629—636）主修《陈书》和《梁书》，魏徵也是这两部史书的监修史官。[1]但是，两部史书都没有专门为冼夫人立传，也极少提及冼夫人。[2]在姚氏的叙述中，瀼石大捷的主角，不是冼夫人，而是陈霸先讨伐侯景的前军大将周文育。[3]魏徵辞世当年（贞观十七年），唐人李延寿开始编修《北史》。《北史》很明显地借鉴了《隋书》，其《谯国夫人传》只是在《隋书》的基础上稍做损益。[4]为什么同时期姚、魏两位史家对冼夫人形象的书写有如此明显的不同？要了解这个问题，我

---

[1] 贞观十年，魏徵奉命主持编写的《隋书》、《周书》、《梁书》、《陈书》、《北齐书》（时称"五代史"），历时七年完稿。

[2] 《陈书》提及冼夫人只有一处。《陈书》卷14《列传·王勇》载："是时韦洸兵已上岭，丰州刺史郑万顷据州不受勇召，而高梁女子（浩）〔冼〕氏举兵以应隋军，攻陷傍郡，勇计无所出，乃以其众降。"（北京：中华书局，1972年，第214页）

[3] 《陈书》卷8《列传·周文育》，第138页。

[4] 《北史》卷91《列传·列女》，北京：中华书局，1974年，第3005—3007页。

们需要明白魏徵与冯冼家族的渊源，冯氏在地方的处境以及其与唐王朝的关系。

隋仁寿初，冼夫人卒，谥号为诚敬夫人。冼夫人去世以后，在平定王仲宣之乱中脱颖而出的孙辈冯盎逐渐成为冯冼家族的主要首领。隋朝，冯盎多次助隋文帝与隋炀帝南征北战，官至左武卫大将军。《新唐书》记载了隋文帝初见冯盎时的情形：

> 隋仁寿初，盎为宋康令，潮、成等五州獠叛，盎驰至京师，请讨之。文帝诏左仆射杨素与论贼形势，素奇之，曰："不意蛮夷中乃生是人！"即诏盎发江、岭兵击贼，平之，拜汉阳太守。从炀帝伐辽东，迁左武卫大将军。[1]

隋末动乱之际，深得隋帝赏识的冯盎并没有勤王保隋，而是奔回岭南，"啸署酋领，有众五万"。[2]当时，岭南各处豪酋世家都卷入了扩充部武与争夺土地的斗争。冯盎投奔崛起自江西虔州、自称南越王的林士弘麾下。[3]在扩张领域的战争中，冯盎并没有因为对手同处于林士弘麾下而留情。番禺、新州豪酋高法澄、冼宝彻杀隋官，据州，附于林士弘。冯盎击破之，得二十州，地数千里。《新唐书》的描述显示了冯盎在岭南一带不战而屈人之兵的威信：

> 番禺、新兴名贼高法澄、冼宝彻等受林士弘节度，杀官吏，盎率兵破之。宝彻兄子曰智臣，复聚兵拒战，盎进讨，兵始合，辄释胄大呼曰："若等识我耶？"众委戈，袒而拜，贼遂溃，禽宝

---

1 《新唐书》卷 110《列传·诸夷番将·冯盎》，北京：中华书局，1975 年，第 4112 页。

2 《新唐书》卷 110《列传·诸夷番将·冯盎》，第 4112 页。

3 在南方，主要有林士弘和萧铣两股大的势力。岭南豪酋，各有向背。宁长真以郁林、始安之地附于萧铣，冯盎以苍梧、高凉、珠崖、番禺之地附于林士弘。交趾刺史汤和，起初拒绝了林、萧双方的招降，当审隋灭后，遂以州从铣。参见《旧唐书》卷 56《列传·萧铣》，北京：中华书局，1975 年，第 2263—2266 页；《旧唐书》卷 56《列传·林士弘》，第 2276 页。

彻、智臣等，遂有番禺、苍梧、朱崖地，自号总管。[1]

经过隋末唐初与其他地方首领的斗争，冯冼家族的势力范围显然比隋时扩大了许多。唐武德四年（621）高祖大定中原之后，派李靖为岭南抚慰大使，招抚岭南各州。武德五年七月，"酋领冯盎等皆以子弟来谒，南方悉定"。唐王朝将冯氏的势力范围分成了八个州。《新唐书》载：

> 武德五年，始以地降，高祖析为高、罗、春、白、崖、儋、林、振八州，授盎上柱国、高州总管，封越国公。拜其子智戴为春州刺史，智彧为东合州刺史。盎徙封耿。[2]

从这八个州的地理位置可见，今天的高雷半岛、海南岛以及广西博白、桂林均是冯盎势力所及。[3]

初唐时期，冯氏在地方上面对的主要威胁是与岭南另一大豪酋宁氏的矛盾。《新唐书·南蛮传》语焉不详地记录了唐高祖武德六年（623）冯暄与宁长真的斗争：

> 有宁氏，世为南平渠帅。陈末，以其帅猛力为宁越太守。……猛力死，子长真袭刺史。……又以其族人宁宣为合浦太守。……武德初，以宁越、郁林之地降，自是交、爱数州始通。高祖授长真钦州都督。宁宣亦遣使请降，未报而卒，以其子纯为廉州刺史，族人道明为南越州刺史。……道明与高州首领冯暄、谈殿据南越州反，攻姜州，宁纯以兵援之。八年，长真陷封山

1　《新唐书》卷110《列传·诸夷番将·冯盎》，第4112页。

2　《新唐书》卷110《列传·诸夷番将·冯盎》，第4113页。

3　胡注《资治通鉴》对这几处地名曾做过考证。高州，高凉郡。罗州，石城郡。春州，阳春郡。白州，南昌郡。崖州，珠崖郡。林州，桂林郡。振州，临振郡。罗州，今化州。白州，今郁林州之博白县。崖、儋、振皆在海上。振州，今吉阳军地。林州，后改绣州。参见《资治通鉴》卷190《唐纪六·高祖武德五年》，北京：中华书局，1956年，第5953页。

县，昌州刺史庞孝恭掎击暄等走之。明年，道明为州人所杀。未几，长真死，子据袭刺史。冯暄、谈殿阻兵相掠，群臣请击之，太宗不许，遣员外散骑常侍韦叔谐、员外散骑侍郎李公淹持节宣谕，暄等与溪洞首领皆降，南方遂定。[1]

这次动乱的起因既有宁氏家族内部的分化，又有冯暄等人的煽动。唐初，宁氏分裂成了两股主要力量。钦州都督宁长真，是岭南一带较早降唐的土著首领，唐王室给予其的地位比另一支——宁宣更为显要。宁越、郁林一带原为长真的统治领域。而在廉州、南越州一带则盘踞着宁宣与族人道明的势力。宁氏两支的地域范围都与冯氏家族统辖地域的西线接壤。从史料可见，冯氏支持道明与长真抗衡，而朝廷则站在了长真这边。由于史料的阙如，我们无法了解冯氏与宁氏的具体恩怨。但是，从地理位置而言，唐代由广州通往广西以及安南的重要路线——容州路的广西段主要位于宁长真的统治领域之内。[2]如果冯氏联合道明反宁长真成功，则可以控制通往越南的主要道路。这次动乱，王朝没有派遣军队前来镇压，冯暄似乎也没有因此而获罪，朝廷以"宣谕"的方式平定南方。

贞观元年（627），唐太宗改变高祖时期"割置州县"以笼络来归豪杰的政策，因山川形便，将全国分为十道。[3]值得注意的是，这个时期，远在蛮烟瘴雨之地的冯盎的举动受到了唐太宗的相当关注，贞观初期，他两次颁布敕书给冯盎。据岑仲勉考证，前一篇敕文发于贞观二年之春初：

言无心信受，又以卿每年恒遣爱子入京，使人朝集不绝，

1　《新唐书》卷222《列传·南蛮下》，第6326页。
2　据曾一民的研究，容州路即由广州逆西江经端州（今广东高要），西上入广西梧州（今苍梧县），西南行，取容州路（今广西北流），出鬼门关，可抵钦州和廉州（今合浦县），然后泛海前往安南。参见曾一民《唐代广州之内陆交通》，第142页。
3　《资治通鉴》卷192《唐纪八·太宗贞观元年》，第6033页。

> 所以虽闻卿有异图，不发兵马。去岁遣刘弘基等纂集，亦有所
> 云，卿已破新州，复劫数县，恐百姓涂炭，无容不即防御。闻
> 卿自悔前愆，令子入侍，更令旋旆，不入卿境。此是朕惜卿本
> 诚，意存含育，卿既有心识，亦应具朕怀。去冬又令员外散骑
> 常侍韦叔谐等殷勤慰谕，想寻达也。比得卿表云，既老且病，
> 寒暑异宜，山川遐阻，岂可令卿冒涉远途，有劳筋力？自今以
> □，但宜在卿家将摄，以自怡养，更不得遣山洞群小钞掠州县，
> 仍年别恒令儿子更番来去，又依式遣使参朝，朕即知卿赤心，
> 自然不畏他人表奏。若其掠夺不止，衅恶日彰，欲人不言，其
> □□也。□至五月末以来宜遣一子，尽心闻奏，若无使至，朕
> 即发兵屠戮卿之党羽，一举必无遗类。今遣朝集使还示卿此旨，
> 宜深识机微，自求多福，春首尚寒，比无恙也。家门大小，想
> 并平□□□□及。[1]

如果从上下文去推想写作这篇敕文时的复杂情势，或者可以勾勒出这样的图景："员外散骑常侍韦叔谐等殷勤慰谕"并没有让冯盎停止扩张的脚步，他已经夺取了梦寐以求的新州。当时有"他人"频繁奏报朝廷冯盎的"异图"，朝廷也要求冯盎赴京。不过，冯盎则上表以"既老且病"为由拒绝前往。在这样的情况下，唐太宗发下这道敕书。它看起来像是对冯盎的一个警告，同时却显示了王朝的妥协。尤其是对冯盎托病不进京所表现出来的容忍，显示出当时朝廷对于岭南鞭长莫及。

　　该敕三次提到有关遣子入朝的事宜，唐太宗两次明确表示之所以听闻冯盎有"异图"，仍按兵不动，主要就是念在冯盎"每年恒遣爱

1　《适园丛书》收录唐许敬宗撰《文馆词林》，于书末附残敕两页，卷数不详，第1页上一下。本书所引之敕文即出于此。岑仲勉在《唐史余沈》中对二则残敕进行了考证，认为前敕可补"贞观二年与冯盎敕"，后敕可题"贞观年中与冯盎敕"。参见《适园丛书》，据1913—1917年刊本影印，扬州：江苏广陵古籍刻印社，1986年；岑仲勉《唐史余沈》，上海：上海古籍出版社，1960年，第12—13页。

子入京"。于敕文末，他再次谆谆督促冯盎"仍年别恒令儿子更番来去，又依式遣使参朝"。看来，对于唐太宗而言，"遣子入朝"就意味着地方首领的忠诚。可以猜测的是，这不是单纯的进京朝贡或朝拜，而是将"爱子"作为人质扣留在朝廷。

贞观五年（631），唐太宗再次向冯盎颁发敕文：

敕。高州都督耿国公冯盎，安州都督府使人周怀义还，及张赟等至，并具来表。省览周环，良以增叹！唯公之识量不喻朕怀，亦由朕之风化未能及远，君臣疏离，遂至于斯。永怀鱼水，望古增愧。朕祗承天眷，□最□中，弘济艰难，抚育黎庶，有生之类，咸思乂安，一物失所，增其就惧。然海隔辽旷，山洞幽深，蛮夷重译之方，瘴疠不毛之地，得之未有所益，失之固无所损，何假殷勤远相征召？但□□□□后朝夕相寻，咸云公心迹未纯，侵掠不已，新州以南，多被毒害。朕既为之父母，须拯艰危，所以聊命偏师，将救涂炭，亦未纵兵威，即入彼境。公又前遣智垲，数命使人，每自申陈，辞请恳切。云刘感构恶，妄相谗毁。朕谓公□□□未相见，无以自明，是以频遣敕书，令公入觐。公尚然疑虑，犹怀偃仰，似矜退阻，未欲朝谒。复有推注，更遣行人，云高州正被兵临，蹊径壅塞，又惧刘感谱诉，投杼为疑。既有此辞□□□□□，命所司尽公本意。刘感既不能绥卫藩服，与公失和，即令真定公齐善行代为郡督，见集兵马，亦各散还。朕之此情可谓贯彻幽显，若犹不为公所信知，复何言如能悉朕虚怀以取富贵？即宜驰传暂至京师，旬日□□□尽心曲，便命旋轸，委以南方，子子孙孙，长缵福禄。倘其必存首鼠，不识事机，积恶期于灭身，强梁不得其死，自取夷戮，断在不疑。大兵一临，悔无所及。纵令巢穴之内数日偷生，□□□□□牙投窜，冤仇非一天罗□举□□□广，何处求安？当深思此理，自求多福。春序已暄，想无恙也，家门大小，并得平安。今令使往，指不多及。[1]

这次的事件，同样交织着复杂的地方政治与恩怨：其一，据王兴瑞考证，安州都督府的都督为宁据，而宁据就是前文提到的与冯暄兵戈相向的宁长真之子。[2]其二，冯盎所憎恶之刘感，在冯暄之乱时，曾镇压与冯暄遥相呼应的冈州刺史冯士翙。冯刘亦为宿敌。安州都督府的使者与刘感在唐太宗面前状告冯盎，可以说是武德六年冯宁矛盾的继续与激化。

不过，从敕文来看，宁据等人表奏冯盎"心迹未纯"，也并非捏造之词。前敕发出五年后，冯盎依然在扩充其控制领域，"新州以南，多被毒害"。没有史料清楚说明，冯盎为什么对新州如此虎视眈眈，三番两次欲收入囊中。但是，从其扩张的路线来看，他似乎致力于打通一条从高凉通往西江的道路。武德末年，与宁氏的斗争失败后，其统治领域西侧的道路不可能为冯氏所掌握。于是，开辟东路尤显迫切。单从地理位置而言，唐宋期间，六条古道与新州江连网，东北通广州、端州（肇庆）、罗定州，西南通高州、春州（阳春）、东合州（雷州）、琼州、廉州，有"八州通衢"之称。初唐时期，这八州之中，有六个州为冯盎所据。更为重要的是，新州江连通西江。从西江经灵渠，入湘水，入长江，是沟通岭南与长江流域的最重要水网。

从以上讨论可知，冯盎生活的时代，广东西南一带的地方政治相当复杂。在两则敕书中，唐太宗均表示，虽然没有真正兵临城下，但都有发兵讨伐之意。在是否出兵攻打冯盎的问题上，魏徵对于扭转局面起着至关重要的作用。事情发生在贞观初，即撰写前敕的时代，据《资治通鉴》记载：

　　岭南酋长冯盎、谈殿等迭相攻击，久未入朝，诸州奏称盎

1　（唐）许敬宗：《文馆词林》残敕之二。

2　王兴瑞：《冼夫人与冯氏家族：隋唐间广东南部地区社会历史的初步研究》，第81页。

反，前后以十数；上命将军蔺謩等发江、岭数十州兵讨之。魏徵谏曰："中国初定，岭南瘴疠险远，不可以宿大兵。且盎反状未成，未宜动众。"上曰："告者道路不绝，何云反状未成？"对曰："盎若反，必分兵据险，攻掠州县。今告者已数年，而兵不出境，此不反明矣。诸州既疑其反，陛下又不遣使镇抚，彼畏死，故不敢入朝。若遣信臣示以至诚，彼喜于免祸，可不烦兵而服。"上乃罢兵。冬，十月，乙酉，遣员外散骑侍郎李公掩持节慰谕之，盎遣其子智戴随使者入朝。上曰："魏徵令我发一介之使，而岭表遂安，胜十万之师，不可不赏。"赐徵绢五百匹。[1]

魏徵因建议"怀之以德"而止息了唐军攻打冯氏的战鼓，从其后的史迹来看，也的确缓和了冯氏与唐王朝的关系。贞观五年，冯盎派遣儿子智戴和使节申陈冤情。而唐太宗则坚持要求犹疑不定的冯盎前来入觐。这就是后敕撰写的理由。冯盎接到敕文终于于同年进京朝贡，并随后破罗、窦诸洞獠叛。《旧唐书》记载：

> 贞观五年，盎来朝，太宗宴赐甚厚。俄而罗窦诸洞獠叛，诏令盎率部落二万为诸军先锋。时有贼数万屯聚险要，不可攻逼。盎持弩语左右曰："尽吾此箭，可知胜负。"连发七矢，而中七人，贼退走，因纵兵乘之，斩首千余级。太宗令智戴还慰省之，自后赏赐不可胜数。盎奴婢万余人，所居地方二千里，勤于簿领，诘摘奸状，甚得其情。[2]

在唐太宗看来，冯盎来朝，算是表明了"心迹"。盎破诸洞獠叛后，太宗令留在京城的智戴回乡慰省。如果联系到土酋之子在政治上的重要性，则不难想见太宗的这一举动不仅在于褒扬盎之功勋，至少

---

1 《资治通鉴》卷192《唐纪八·太宗贞观元年》，第6038—6039页。
2 《旧唐书》卷109《列传·冯盎》，第3288页。

在表面上也宣告了他对冯盎的信任。贞观八年（634），唐高祖宴请西突厥使者，命突厥颉利可汗起舞，又遣智戴咏诗。智戴的诗作得到唐太宗的欣赏，并欣然称赞："胡、越一家，自古未之有也。"[1]

贞观二十年，冯盎卒。盎有子三十人，《新唐书》特别提到的是智戴和族人子猷：

> 智戴知名，勇而有谋，能抚众，得士死力，酋帅皆乐属之。……后入朝，帝劳赐加等，授卫尉少卿。……
>
> 盎族人子猷，以豪侠闻。贞观中，入朝，载金一舸自随。高宗时，遣御史许瓘至洞视其资。瓘至洞，子猷不出迎，后率子弟数十人，击铜鼓、蒙排，执瓘而奏其罪。帝驰遣御史杨璟验讯。璟至，卑辞以结之，委罪于瓘。子猷喜，遗金二百两、银五百两。璟不受。子猷曰："君不取此，且留不得归。"璟受之，还奏其状，帝命纳焉。[2]

可见，直到高宗时期冯氏的族人子猷还是富甲一方的豪强。但是，盎之孙辈就鲜见于历史的记载了。王兴瑞认为，由于南选制度的实施，冯盎后代正和岭南其他豪强家族一样，充任地方要职的是越来越少了。因此在《广东通志·职官表》中几乎见不到冯盎孙辈以下名登仕版。[3]武则天时期，这个大家族遭受了严重的变乱。没有史料说明具体的缘由和经过，我们只能从盎之曾孙高力士的生平中寻得蛛丝马迹。据《新唐书》记载：

> 高力士，冯盎曾孙也。圣历初，岭南讨击使李千里上二阉儿，曰金刚，曰力士，武后以其强悟，敕给事左右。坐累逐出之，中人高延福养为子，故冒其姓。……力士幼与母麦相失，后

1　《旧唐书》卷1《本纪·高祖》，第17—18页。

2　《新唐书》卷110《列传·诸夷番将·冯盎》，第4113—4114页。

3　王兴瑞：《冼夫人与冯氏家族：隋唐间广东南部地区社会历史的初步研究》，第51页。

岭南节度使得之泷州，迎还，不复记识，母曰："胸有七黑子在
否？"力士袒示之，如言。母出金环，曰"儿所服者"，乃相持
号恸。帝为封越国夫人，而追赠其父广州大都督。[1]

可见在高力士幼年的时候就已经遭遇了家庭变故，以致母子离
散。直至力士得势后，这一段尘封的身世才被揭露出来，而其父母也
因力士的关系得到了追封。力士逝世后，时人为其撰写的神道碑这样
讲述其家族源流：

> 公本姓冯，讳元一。则天圣后赐姓高，改名力士，广管潘
> 州人也。冯之先有自北而南者，自宋怀化□业以至于盎，五岭
> 之表，推□名族。皇唐初，盎使持节高州都督、广韶等十八州
> 总管，封耿国公。耿公有三子，智戣为高州刺史，智戴为恩州刺
> 史，智垈为潘州刺史。咸有德义，实为人豪。家雄万石之荣，橐
> 有千金之直。潘州府君生君衡。潘州薨而君衡袭位。象贤之礼，
> 主记守封。且有旧章，斯为代禄。使有辀轩□察者，不知承式，
> 高下在心。因以矫诬罪成，於乎。裂冠毁冕，籍没其家。开元
> 中，天子广锡类之恩，览先贤之状。初赠潘州刺史，又赠广州大
> 都督，公即广州之少子也。[2]

这段材料追溯了冯氏的谱系，冯盎之子智玳[3]生了力士之父君衡，
君衡"因以矫诬罪成，於乎。裂冠毁冕，籍没其家"，此事给冯氏家
族以重大的打击。为君衡所立之《赠广州大都督冯府君神道碑》也语

1　《新唐书》卷207《列传·宦者上·高力士》，第5858—5859页。

2　（唐）韩休：《唐故开府仪同三司兼内侍监赠扬州大都督陪葬泰陵高公（力士）神道碑并序》，收
　　录于《全唐文补遗》第1辑，西安：三秦出版社，1994年，第35页。

3　史料中有"智垈""智玳"两种写法，为行文方便，除史料原文一仍其旧外，其他处皆写作
　　"智玳"。

焉不详地把这一场变故概述为"子幼家艰，丧礼盖缺"。[1] 有众多学者希望考察出冯氏分崩离析的原因，但因为资料的阙如，没有定论。

王兴瑞依据《唐大和上东征传》考证过唐代海南岛曾存在冯氏的割据势力。玄宗天宝年间，鉴真一行人从越州（今浙江绍兴）解缆渡日，中途遇台风漂流至振州江口（海南岛宁远河口），受到了临振郡（今崖县境内）别驾冯崇债的护送，又曾得到万安州（又作万安郡，郡治在今陵水县）大首领冯若芳的迎接供养。[2] 唐中后期，岭南一带的动乱中频频有冯姓人参与，但是没有史料证实这些人是冼夫人后裔。可以说，高力士之后正史中很少再有关于冯氏子孙事迹的明确记载了。

结　语

通过对《隋书·谯国夫人传》冼夫人形象及其文本诞生的时代背景的分析，可知冼夫人传不仅是当时人所撰写的历史，也是当时人怀柔蛮夷政策的反映，因此解读这一文本必须考虑以下几层关系。

其一，作为对冯氏政策的直接建议者，魏徵在《隋书》中为冼夫人立专传。我们难以推测这样的身份和政治取向是否影响到他的历史书写。冼夫人归顺陈隋二朝、尽心事主的事迹与家风显然可以作为冯氏家族忠诚唐王朝的最好宣传，和当时皇帝与土酋间的政治与外交亦相配合。

其二，除了"宦"的层面，可能还须考虑"婚"的因素。参与《隋书》撰写的另一位大臣许敬宗嫁女与冯盎之子。[3] 时人对这桩姻缘

1　《赠广州大都督冯府君神道碑》，收入（宋）李昉等编《文苑英华》卷913，《四库全书》版，上海：上海古籍出版社，1987年，第12页下。

2　王兴瑞：《冼夫人与冯氏家族：隋唐间广东南部地区社会历史的初步研究》，第53页。

3　关于《隋书》的作者，《旧唐书》记载"魏徵等撰"，但是参加《隋书》撰述的人很多，开始以魏徵为其主编，魏徵过世之后，又由长孙无忌续为主编，完成其未竟之事业。许敬宗也曾参与撰写，《旧唐书》评价他"自掌知国史，记事阿曲"。参见《旧唐书》卷82《列传·许敬宗》，第2763页。

是颇有微词的。在当时的舆论中，这桩姻缘不仅是土著攀附权贵，更是许敬宗贪慕冯氏的雄厚财富。在嫁女之际，许敬宗"多纳金宝，为有司所劾，左授郑州刺史"。[1]

　　魏徵的建议收到了"胡、越一家"的效果，得到唐太宗的赏识，经过这样的历史过程之后，皇帝、冯氏家族，或支持冯氏的臣僚都需要塑造一位忠义的岭南圣母。

---

1 《旧唐书》卷81《列传·许敬宗》，第2762页。

第二章 "边"区的贸易、教化与行政

冯氏衰落后，唐中叶至宋代，广东西南一带再没有一个土酋的家族可以取而代之。在近两百年的时间里，这个地区经历了一段文献相对"空白"的时期。当这个家族淡出朝廷的视野，整个地区也沉寂于史家的笔端。

盛唐时代，南方土酋对皇权的臣服与归属主要体现在定期"令子入侍"。在那个时代，虽然冯盎之子可以在高祖与太宗面前吟诗作赋，并得到赞赏，但是，没有迹象表明士大夫的道德与秩序在土著社会教而化之。也就是说，上层土酋家庭的个别子弟直接进入了宫廷生活，但是，王朝没有在地方社会建立一套正规的机制普及儒家的伦理、道德与学说。在文化上进行移风易俗的努力开始于宋代。

要了解宋代广东西南的开发进程，需要将这

一区域置于整个岭南的历史发展脉络下进行讨论。北宋时期，侬智高起义改变了朝廷对于岭南的认识，不宿重兵的两广地区，变成了抵御安南的边陲。朝廷将广西与广东西南诸州划分为"沿边"与"次边"，设计建立地方自保的军事机构和组织。

如果将这个区域置于更广阔的经济交流地图中，可以发现，广东西南一带尤其是海南正处于广州至阿拉伯的长程贸易路线以及沿北部湾内海贸易网络中。[1]宋代，朝野对于香料的渴求使得深藏于黎峒之中的名贵香料进入了朝廷的赋税体系，也诉诸时人的笔端。[2]这个岛屿由于贸易、迁客以及官员的努力，原有的社会结构发生变化。

一 侬智高起义

司马光（1019—1086）《涑水记闻》这样记录侬智高起义的缘起：

> 侬智高世为广源州酋长，后属交趾，称广源州节度使。有金坑，交趾赋敛无厌，州人苦之。智高桀黠难制，交趾恶之，以兵掩获其父，留交趾以为质，智高不得已，岁输金货甚多。久之，父死，智高怨交趾，且恐终为所灭，乃叛交趾。过江，徙居安德州，遣使诣邕州，求朝命为补刺史。朝廷以智高叛交趾而来，恐疆埸生事，却而不受。智高由是怨，数入为盗。[3]

司马光时任馆阁校勘，同知礼院，他对侬智高事件的记录是史

1　林天蔚结合《岭外代答》、《诸蕃志》以及《宋史·四夷传》等宋代史料考证，宋代对阿拉伯的贸易路线仍沿着唐人贾耽《皇华四达纪》描述的旧路。林天蔚依据贾氏路线所绘之海陆图显示，海南岛正位于长程贸易路线上，尤其东南沿线与贸易路线关系更为紧密。参见林天蔚《宋代香药贸易史稿》，香港：中国学社，1960 年，第 92—103 页。

2　宋人记载香药的书籍颇多，洪刍《香谱》、周去非《岭外代答》、范成大《桂海虞衡志》、赵汝适《诸蕃志》都有专篇介绍香药。其中，海南岛所产香药已受到时人的重视。

3　（宋）司马光：《涑水记闻》卷 13，《四库全书》版，上海：上海古籍出版社，1987 年，第 2 页上一下。

家对于同时代事件的观察和评论。他认为侬智高起义最初起因于交趾对黄金的赋敛无厌，导火线则是侬氏家族与交趾、宋廷之间的恩怨纠葛。据冈田宏二考证，广源州属珠江上游的左江，地理上介于宋与交趾两大势力之间，位置相当于今天越南北部高平东北的广源一带。从唐末起，以左江为中心的侬氏势力强大起来。至五代时期，侬氏服属于南汉；宋灭南汉，侬氏于太平兴国二年（977）内附于宋。同时，由于越南势力的崛起，侬氏也服属交趾。侬智高之父侬存福曾称帝建国，即被交趾讨伐，于是"留交趾以为质"。继父位而起的侬智高对交趾亦时叛时降。面对来自交趾的压力，侬智高再三请求内附于宋。但宋廷为避免与交趾交恶，不接受侬智高所请。宋廷"却而不受"的态度，激怒侬智高，遂谋起义。[1]

皇祐四年（1052），侬智高起义。智高"悉发所部之人及老弱尽室，沿江而下，凡战兵七千余"，先攻占邕州，建立大南国，自称仁惠皇帝。随后由郁江而下横、贵、浔、龚、藤、梧、康、封、端诸州。

侬智高之所以能迅速占领大片土地，与朝廷在岭南一带防卫空虚有关。北宋初年，岭南州县筑城者无几，"诸州无城栅，皆望风奔溃"，甚至南方最重要的大城市广州，都没有有效的防卫。全汉昇《宋代广州的国内外贸易》认为，宋代，在沿海各港口中，以广州的对外贸易最为发达，大有压倒其他一切海港的趋势。这从广州因海外贸易而得的税收大于他港，可以推知。[2]广州特殊的贸易地位与藏金纳宝的富庶正是侬智高觊觎的原因所在。侬智高麾下的主要谋士——黄纬与黄师宓均为广州人，"以贩金常往来智高所，因为之画取广州之计"。[3]然而，繁华都市广州只有隘小简陋的州城。司马光描述了兵临城下的情景：

1　参考〔日〕冈田宏二《中国华南民族社会史研究》，赵令志、李德龙译，北京：民族出版社，2002年，第251—252页。

2　全汉昇：《宋代广州的国内外贸易》，收入全汉昇《中国经济史研究》中册，香港：新亚研究所，1976年，第7—10页。

3　（宋）司马光：《涑水记闻》卷13，第3页上。

不二旬，至广州。知广州仲简性愚且狠……先是，广州地皆蚬壳，不可筑城，前知州魏瓘以甓为之，其中甚隘小，仅可容府署、仓库而已。百姓惊走，辇金宝入城，简闭门拒之，曰："我城中无物，犹恐贼来，况聚金宝于城中邪？"城外人皆号哭，金宝悉为贼所掠，简遂闭门拒守。[1]

侬智高围广州五十三日，虽不能陷，然"官军出阵不利"，而未入城者"皆附贼"。侬智高军大掠广州而去，"百年生聚，异域珍玩，扫地无遗矣"。[2]

广州之围后，朝廷相继起用杨畋、余靖、孙沔等人经制广南东西路兵甲，司马光提到"国家于岭南不宿重兵，故贼起三月后而师集"。起初数战皆不利。枢密院副使狄青（1008—1057）请战击贼。宋廷准其请，以狄青为荆湖南路宣抚使、都大提举经制广南东西路盗贼事。狄青认为，"自侬智高寇岭南，而诸将专用步兵以抗乘高履险之贼，故每战必败"，于是，狄青择"蕃落锐军"助战。皇祐五年正月，狄青在昆仑关与侬智高军遭遇，大破之。[3]

侬智高进攻广州所走之路线横亘广东、广西主要水路，即邕、郁、浔三江。邕江的另一端入越南，是中越交通最便捷的通道之一。这个区域在冯冼家族势力鼎盛时，曾对张锦伞、持敕诏的冼夫人表示臣服。但是，从侬智高一路畅行无阻的情况来看，北宋初年朝廷在这条军事和交通孔道上还没有有效的军事驻防，也未见当地首领或部落联盟抗击侬氏军队的记载。

经过侬智高事件，朝廷看待岭南的眼光开始改变。南宋孝宗淳熙（1174—1189）初，曾在静江府（今广西桂林）任通判的周去非（1163年进士），于淳熙五年（1178）撰写《岭外代答》，他记录了这

---

1 （宋）司马光：《涑水记闻》卷13，第3页上—下。
2 （宋）徐松辑《宋会要辑稿》蕃夷5之62，第2页上。
3 （宋）徐松辑《宋会要辑稿》蕃夷5之63，第3上—4页下。

一转变。周去非曰：

> 汉帅府在交州，唐在广州。天宝中，岭南桂、容、邕、交与
> 广，咸属广州采访，昭宗始升桂管为节度。本朝皇祐中，侬智高
> 平，诏狄青分广西邕、宜、融为三路，用武臣充知州兼本路安抚
> 都监，而制经略安抚使于桂州，选两制以上官为知州兼领使事，
> 于是八桂遂为西路雄府矣。[1]

这段文字勾勒出从汉到宋岭南一带政治行政中心的变化。唐昭宗
时代，广西逐渐从广东的管辖中相对独立出来，而确立广西"西路雄
府"地位的就是侬智高事件。

同时，周去非提到当时官员们对广西诸州的定位：

> 广西西南一方，皆迫化外。令甲：邕、宜、钦、廉、融、琼
> 州、吉阳、万安、昌化军、静江府，系沿边；柳、宾、贵、横、
> 郁林、化、雷，系次边。总广西二十五州，而边州十七。

周去非提到依据自身与"化外"的关系，广西诸州划分为"沿边"与
"次边"。这里的"化外"不只是指交趾，还包括广阔的"猺峒"地
区。比如，海南岛与高雷半岛在侬智高起义中相对宁静，没有直接遭
受战乱，但是这个地区也被纳入了"沿边"与"次边"的范围。其
中，海南岛的琼州、吉阳、万安、昌化军被定为"沿边"。原因有三：
其一，地近交趾。"廉之海直通交趾，自廉渡海，曰琼州"。其二，在
当时人看来，岛中广阔的山区就是"化外"之区。"中有黎母山，环
山有熟黎、生黎"。其三，地理上远处海上。"若浮海而南，近则占城
诸蕃，远则接于六合之外矣。"[2]

1　（宋）周去非：《岭外代答》卷1《边帅门·广西经略安抚使》，《四库全书》版，上海：上海古籍
　　出版社，1987年，第17页上—下。
2　（宋）周去非：《岭外代答》卷1《地理门·并边》，第2页上—下。

官员们认为"陛下当以岭南为忧",设计出种种方案,希望能实现岭南一带尤其是广西诸州在朝廷认可与组织下的高度军事化。曾募番将助战的狄青在平乱后立即提出"募土人为乡军"。"自侬智高平,朝廷联一路之民以为兵户,满五丁者以一为土丁,二丁者以一为保丁。"[1] 冈田宏二考证过这种设计的实际效果。他认为,北宋神宗时期,企图强化土丁、保丁和寨丁,但是从其继任者哲宗时期开始,这些设置就逐渐衰退与废惰,直至南宋时期,也未改颓势。[2]

朝廷试图在"边"地推动地方军事化的过程,是与编订版籍、征收赋税、建立学校等政策结合在一起的。这些政策在宋代的实效与乡兵一样值得商榷。关于具体的运作情形,下文将详细讨论之。

二 香与牛

探讨行政上的演变,必须结合该区域的经济发展。早在侬智高事件之前,海南因香料质优已引起朝廷和商人的关注。

丁谓(966—1037)的《天香传》记录了海南黎峒之人采香与贸香的情况。丁谓是宋真宗时代的权臣,在仁宗即位伊始(1023)便遭遇罢相命运,贬谪崖州。丁谓既亲履琼岛,又谙熟香料,因此《天香传》的记录尤显珍贵。丁谓曰:

> 祥符初,奉诏充天书扶持使。道场科醮无虚日,永昼达夕,宝香不绝,乘舆肃谒则五上为礼(真宗每至玉皇真圣祖位前,皆五上香也)。馥烈之异,非世所闻。大约以沉水、乳为末,龙香和剂之。

香料对于宋代朝廷而言,除了满足宫廷"道场科醮无虚日,永昼达

---

1 (宋)周去非:《岭外代答》卷3《外国门下·土丁保丁》,第17页下。
2 参考〔日〕冈田宏二《中国华南民族社会史研究》,第117—130页。

夕，宝香不绝"的需求，还有重要的财政上的意义。林天蔚的研究认
为，宋太宗、真宗两朝，香料每年收入约五十万贯，时全国总收入在
一千六百余万贯至二千六百余万贯，也就是说，香料的收入约占当
时全国总收入的五十分之一至三十分之一。据林天蔚考证，在宋代
三百年中，各国来朝贡香药以真宗时最多，共达四十二次。天禧元年
（1017）三佛齐来贡，单是乳香就达八万多斤，檀香一万多斤。海南
出产的香料当时还不是朝廷香料的主要来源。[1]

丁谓如此记录他对海南香料的认识与观察：

> 上圣即政之六月，授诏罢相，分务西洛，寻遣海南。忧患
> 之中，一无尘虑，越惟永昼晴天，长霄垂象，炉香之趣，益增
> 其勤。素闻海南出香至多，始命市之于间里间，十无一有。假
> 版官裴鹗者，唐宰相晋公中令公之裔孙也。土地所宜，悉究本
> 末。且曰："琼管之地，黎母山酋之，四部境域，皆枕山麓，香
> 多出此山，甲于天下。然取之有时，售之有主。盖黎人皆力耕
> 治业，不以采香专利。闽越海贾，惟以余杭船即市香。每岁冬
> 季，黎峒俟此船，方入山寻采，州人从而贾贩，尽归船商，故
> 非时不有也。"[2]

丁谓关注海南的香料，最直接的原因是罢相之后，"炉香之趣，益
增其勤"。不过让丁谓感到奇怪的是，虽然当时已有"海南出香至多"
的说法，他却买不到香。丁谓请教了裴鹗。裴氏的解释提到两点：其
一，香料"非时不采"，故"非时不有"。只有每年冬季，"余杭船"
来购买香料的时候，黎人才"入山寻采"，且"尽归商船"，因此在
海南当地的市场上并不能轻易买到。其二，裴氏认为海南香料"甲于
天下"与黎人的这种采伐习惯有关。黎人"力耕治业"，"非时不妄剪

1　林天蔚：《宋代香药贸易史稿》，第 356—371 页。
2　（宋）丁谓：《天香传》，收入（宋）陈敬《陈氏香谱》卷 4，《四库全书》版，上海：上海古籍
　　出版社，1991 年，第 29 页下—30 页上。

伐"，"故树无夭折之患，得必皆异香，曰熟香，曰脱落香，皆是自然成者"。丁谓认为"雷、化、高、窦，亦中国出香之地，比海南者，优劣不侔甚矣"。[1] 从丁谓的描述来看，官府尚未介入黎人采香与贸香的活动。

五十年后，官府对于海南各军州的行政干预逐渐加强，这样的转变发生在侬智高起义后朝廷经营岭南的大背景之中。

元丰年间开始，官府频繁地讨论如何在海南编订税籍。据《宋会要辑稿》记录：

> 十二月二日，琼管体量安抚朱初平等奏：海南四州军诸县税籍不整，吏得以增损，乞根括元额，存正数外，欺弊诡伪尽改正，从之。[2]

朱初平，嘉祐二年（1057）进士，元丰三年（1080）任琼管体量安抚使。朱初平希望可以重整海南税籍。同时，他清楚地认识到，海南没有能力动员基层的民户，无法推行"役法"，当时的做法是"以海北诸州宽剩役钱，充海南州军雇役"。[3]

同样是在朱初平为政海南时期，希望针对官府催买海南香料以及商船征税等问题进行改革。元丰三年十二月，朱初平奏报海南四州军香事，曰：

> 每年省司下出香四州军买香。而四州军在海外，官吏并不据时估实值，沉香每两只支钱一百三十文。既不可买，即以等料配香户，下至僧道、乐人、画匠之类无不及者。官中催买既急，香价遂致踊贵，每两多者一贯，下者七八百。受纳者既多取斤重，又加以息耗，及发纲入桂州交纳，赔费率常用倍，而

1　（宋）丁谓:《天香传》，收入（宋）陈敬《陈氏香谱》卷4，第33页上。

2　（宋）徐松辑《宋会要辑稿》食货70之14，第14页下。

3　（宋）徐松辑《宋会要辑稿》食货66之44，原书页码不详，影印本排页为第6229页。

> 官吏因缘私买者不在此数，以故民多破产。海内大患，无甚于
> 此。且广州外国香货及海南客旅所聚，若置场和买，添三二百
> 人未为过也。[1]

这样的记录与五十年前丁谓的观察有明显的区别。到海南买香的不再
是每年一季的"余杭船"，而是低价收购的官府。看来编入版籍的民
户中有一类是"香户"，需要为官府提供香料。具有"香户"身份的
人不一定是采香黎人，"僧道、乐人、画匠之类无不及者"。在这样的
背景下，虽然政府低价收购是全然背离市场的行为，但是当"香户"
要向黎人买香的时候，香价却遵循了市场的规律而"腾贵"。此时的
黎人大概很难再维持"非时不采"的习惯。

南宋宝庆年间（1225—1227），福建路市舶提举赵汝适（1170—
1231）作《诸蕃志》。该书记录了海南各军州的物产风土，尤其关注
海南香料，"海南土产，诸蕃皆有之，顾有优劣耳。笺、沉等香，味清
且长，复出诸蕃之右，虽占城、真腊亦居其次"。[2] 在赵氏的笔下，贸
香成了黎人主要的生计来源之一：

> （海南）环拱黎母山，黎獠蟠踞其中，有生黎、熟黎之别。
> 地多荒田，所种秔稌，不足于食，乃以薯芋杂米作粥糜以取饱，
> 故俗以贸香为业。[3]

林天蔚认为，到南宋时期，香料价格高昂，加之渡江以后，版图日
蹙，收入减少，香药的收入竟占岁入的二十分之一至十分之一。[4] 所以，
南宋时期香料在财政中所占比重比北宋时期高出了许多。在《天香

---

1 （宋）李焘：《续资治通鉴长编》卷310，据浙江书局本影印，上海：上海古籍出版社，1986年，
　第9页下—10页上。
2 （宋）赵汝适：《诸蕃志》卷下《志物·海南》，《四库全书》版，上海：上海古籍出版社，1987
　年，第26页上。
3 （宋）赵汝适：《诸蕃志》卷下《志物·海南》，第19页上。
4 林天蔚：《宋代香药贸易史稿》，第356—371页。

传》中，丁谓对黎人"皆力耕治业，不以采香专利"的印象，两百年后正好颠倒了过来，赵氏认为黎人之"俗"就是"以贸香为业"，而耕种并不是黎人所倚重。当然，我们不能据此就认为黎人风俗真的如此改变。可以说明的是，香料将岚烟瘴雨的黎峒社会和广阔的贸易网络以及朝廷的财政体系越来越紧密地联系起来了。

除了香料，另外一样重要的商品是牛。北宋绍圣四年（1097），苏东坡（1037—1101）贬谪海南，在儋州度过了三年的流放生活。他曾作《书柳子厚牛赋后》，此文反映出高雷半岛的商人带来的牛对海南的影响。苏子曰：

> 岭外俗皆恬杀牛，而海南为甚。客自高化载牛渡海，百尾一舟。遇风不顺，渴饥相倚以死者无数，牛登舟皆哀鸣出涕。既至海南，耕者与屠者常相半。病不饮药，但杀牛以祷，富者至杀十数牛。死者不复云，幸而不死，即归德于巫。以巫为医，以牛为药。间有饮药者，巫辄云："神怒，病不可复治。"亲戚皆为却药禁医，不得入门，人牛皆死而后已。地产沉水香，香必以牛易之黎。黎人得牛皆以祭鬼，无脱者。中国人以沉水香供佛，燎帝求福，此皆烧牛肉也，何福之能得？哀哉，予莫能救。故书柳子厚牛赋，以遗琼州僧道赟，使以晓谕其乡人之有知者，庶几其少衰乎。庚辰（即元符三年，1100）三月十五日记。[1]

海南的牛主要从高州和化州输入，渡海时"死者无数"，而幸存之牛"耕者与屠者常相半"。由于"以巫为医，以牛为药"的风俗，屠牛对于海南人而言是治病的办法。苏东坡敏锐地总结了香与牛之间的关系。商人向黎人购买沉香以供佛，易之以牛；而黎人得牛，屠之祭祀。苏轼认为如此供佛，无异于烧牛肉。

1　（宋）苏轼：《书柳子厚牛赋后》，《东坡全集》卷93《书后二十八首》，《四库全书》版，上海：上海古籍出版社，1987年，第20页下—21页上。

　　高州、化州位于高雷半岛，高雷半岛面临北部湾。以往的研究者对于北部湾的贸易网络关注较少。其实，高、化商人的活动与海南岛的日常生计息息相关。朱初平在《上海南税事疏》中重新制定商船的征税规则，就是为了高、化商船的利益。朱氏曰：

> 海南收税定舟船之丈尺量纳，谓之格纳。其法分为三等，假如五丈三尺为第二等，则是五丈二尺遂为第三等，所减才一尺，而纳钱多少相去十倍。加之客人所来州郡物货贵贱不同，自泉、福、两浙、湖广来者一色载金银匹帛，所直或及万余贯。自高、化来者惟载米包、瓦器、牛畜之类，所直或不过一二百贯。其不等如此。而用丈尺概收税，甚非理也。以故泉、福客人多方规利，而高、化客人不至，以此海南少有牛米之类。今欲立法，使客船须得就泊琼、崖、儋、万四州水口，不用丈尺，止据货物收税讫，官中出与公凭，方得于管下出卖。其偷税之人并不就海口收税者，许人告，并以船货充赏。[1]

　　朱初平按照商人的来源地将其分成两类：一为从泉、福、两浙、湖广来者；一为从高、化来者。这两类商人所进行贸易有所不同，前者从事奢侈品交易，购买香料的商人就属于这一类，"一色载金银匹帛，所直或及万余贯"；后者从事日用品贩运，贩卖牛只的商人则属于这一类，"惟载米包、瓦器、牛畜之类，所直或不过一二百贯"。朱初平强调了这群商人的重要地位，"高、化客人不至，以此海南少有牛米之类"。由于两类商品贵贱悬殊，一律按舟船尺寸量纳是有失公平的，因此朱初平建议"不用丈尺，止据货物收税讫"。

　　香与牛将活跃在海南的两群外地商人连接了起来。他们贸易的货物不同，各自所处的贸易网络和路线也有所区别。闽浙商人与长程贸易路线有关；而高、化商人，包括来自越南的占城商人，则在

---

1 （宋）李焘：《续资治通鉴长编》卷310，第10页上。

北部湾海域交通往来，活动的范围主要在海南岛西部的儋州与昌化军一带。

三 南宋海南的文教与风俗

本节主要从分析《诸蕃志》的记录入手，讨论南宋时期海南的文教风俗。赵汝适的《诸蕃志》对"琼州""昌化""吉阳军""万安军"四州的情况分而论之，故先摘录于下，《诸蕃志》曰：

> 琼州在黎母山之东北，郡治即古崖州也。……今之上衣，无异中土，惟下裳男子用布缦，女子用裙。……丁晋公尝贬为州司户，教民读书著文。庆历间，宋侯贯之创郡庠。嘉定庚午（1210），赵侯汝厦新之。祠东坡苏公、澹庵胡公于讲堂之东西偏，扁其堂曰明道。海口有汉两伏波庙，路博德、马援祠也，过海者必祷于是，得环琼之吉而后敢济。属邑五：琼山、澄迈、临高、文昌、乐会，皆有市舶。于舶舟之中分三等，上等为舶，中等名包头，下等名蛋船。至则津务申州，差官打量丈尺，有经册以格税钱。本州官吏兵卒仰此以赡。
>
> 昌化在黎母山之西北，即古儋州也。……学在东南隅，后迁于西，绍兴间复迁于城东，参政李光为之记。……灵济庙在镇安门内，即儋耳夫人祠也，绍兴间封显应夫人。海外黎峒多窃发，惟儋独全，夫人之力也。城西五十余里，一石峰在海洲巨浸之间，形类狮子，俗呼狮子神，实贞利侯庙，商舶祈风于是。
>
> 吉阳军在黎母山之西南，郡治振州吉阳县基也。……学在郡城之东北，去城十三里。……熟黎峒落稀少，距城五七里许，外即生黎所居，不啻数百峒，时有侵扰之害。
>
> 万安军在黎母山之东南……民与黎蛋杂居……城东有舶主都纲庙，土人敬信，祷卜立应，舶舟往来祭而后行。三郡士子当岁

大比，皆附试于琼管。[1]

赵汝适主要关注到以下几个方面：其一，儒学。他提到，北部的琼州和西部的昌化已经建立了儒学。大比之岁，"皆附试于琼管"。并且，从南宋开始，北宋流放儋州的苏轼逐渐被塑造成开化琼岛的典范。正如《诸蕃志》所提到的，南宋嘉定时期（1208—1224）琼州儒学设有专祠拜祭迁客苏轼与胡铨。

绍兴二十二年（1152）贬谪海南的官员李光（1078—1159）以欣喜的笔调撰写了《昌化军学记》。他提到：

> 唯海南地处遐裔，虽屡更傲扰，而是邦独不见兵革。里闾之间，晏如承平，人知教子，家习儒事，青衿之秀，日以增盛。每诏下，群试于有司者，至三百余人。[2]

在《儋耳庙碑》中他再次欣然提起此事：

> 近年风俗稍变，盖中原人士谪居者相踵，故家知教子，士风浸盛，应举终场者，凡三百人，比往年几十倍，三郡并试，时得人最多。[3]

看来三百余人科考是当时一个重要的转变，"比往年几十倍"。李光把这样的转变归于中原谪居者的到来，他认为正是"中原人士谪居者相踵"，才有"士风浸盛"的局面。

但是，南宋淳熙九年（1182）琼管安抚使韩璧重修琼州儒学明伦堂，求记于朱熹，朱熹所作之《琼州学记》表达了韩璧对于琼州儒教

1　（宋）赵汝适：《诸蕃志》卷下《志物·海南》，第19页下—23页上。
2　（宋）李光：《昌化军学记》，收入李光《庄简集》卷16《记》，《四库全书珍本初集》，上海：商务印书馆，1934年，第9页下。
3　（宋）李光：《儋耳庙碑》，收入李光《庄简集》卷16《碑》，第12页上。

的忧虑，曰：

> 吾州在中国西南万里炎天涨海之外，其民之能为士者既少，幸而有之，其记诵文词之习，又不能有以先于北方之学者，故其功名事业遂无以自白于当世，仆窃悲之。[1]

从《诸蕃志》的描述来看，东部与南部学校的制度仍很疲弱。吉阳军儒学去城十三里，而出城五七里就已生黎盘踞，儒学是否实现了延师授徒，难以断言。

其二，信仰。《诸蕃志》提到了几处庙宇：琼州伏波庙、儋州儋耳夫人庙及贞利侯庙、万州舶主都纲庙。琼州伏波庙于徽宗宣和（1119—1125）中及绍兴五年（1135）九月两次受到敕封。[2] 苏东坡谪儋三年，获还廉州之际，感念居海南三载，"往返皆顺风"，曾作《伏波将军庙碑》以谢神佑。[3]

至于"石峰在海洲巨浸之间"的贞利侯庙，则所存史料甚少。南汉时期曾封峻灵王庙山神为镇海广德王，而该庙主神同样是儋州海上的石峰，神宗元丰五年（1082）该庙还被封为峻灵王庙。[4] 苏东坡北归之时，自念居儋三载"饮咸食腥，陵暴飓雾而得还者，山川之神实相之"，对着神山"再拜稽首，西向而辞"。[5]

儋耳夫人祠，即冼夫人庙。南汉封冼夫人为"永清夫人"，高宗绍兴二十一年（1151）赐额"宁济"，三十二年封"显应夫人"。[6] 李光《儋耳庙碑》，是目前所见的年代最早的有关海南冼夫人庙的碑记，

---

1 （宋）朱熹：《琼州学记》，收入朱熹《晦庵集》卷 79《记》，《四库全书》版，上海：上海古籍出版社，1987 年，第 7 页上一下。

2 据（宋）徐松辑《宋会要辑稿》礼 21 之 23，"忠烈王庙在广南西路琼州，伏波将军邳离侯路博德祠。徽宗宣和中封忠烈王，绍兴五年九月加今封"，原书页码不详，影印本排页为第 862 页。

3 （宋）苏轼：《伏波将军庙碑》，收入《东坡全集》卷 86《碑一十首》，第 15 页下—16 页下。

4 据（宋）徐松辑《宋会要辑稿》礼 21 之 23，"峻灵王庙，庙在广南西路昌化军昌化县灵山神祠。旧号镇海广德王，神宗元丰五年七月封"，原书页码不详，影印本排页为第 862 页。

5 （宋）苏轼：《峻灵王庙记》，收入《东坡全集》卷 86《碑一十首》，第 13 页下—15 页上。

6 （宋）徐松辑《宋会要辑稿》礼 20 之 59，第 3 页上。

故节录于下：

　　昌化军，古儋州也。后汉《四裔传》载："儋耳国，最恭顺。其俗皆镂其颊皮，如鸡肠垂之连耳，因以为号，非自然也。"夫人冯氏生隋末，累世策勋，有平寇之功，建国开府，比古诸侯。夫人讳冼氏，五代伪刘之世封清福夫人，绍兴乙亥（绍兴二十五年，1155）诏封庙额，用太守陈适请。邦人敬事之，过于南海城隍二神。旧城去今庙三十余里，日湳滩常有水患。一夕人见夫人具畚锸躬，率人夫迁之，工毕而人不知。今凡二百余年，地形爽垲，东望黎阜，下临长江，百川灌注，濒海而水易泄，故无旱涝之患。虽地狭民贫，而酒茗皆资之舶舡，土宜薯芋，民资之以为粮，歉岁惟食薯。薯有二种，大者径尺，丰岁几不论钱，故凶年不见丐者。虽无富民，而风俗俭约。妇人不曳罗绮，不施粉黛，女子自小惟绩吉贝为生，故多跣足，富者穿履袜而已。苏子瞻尝有诗云："冯冼古烈妇。至，歌此送迎诗。"近年风俗稍变，盖中原人士谪居者相踵，故家知教子，士风浸盛，应举终场者，凡三百人，比往年几十倍，三郡并试，时得人最多。夫人生有功于国，没能庇其民，天有水旱，民有疾苦，求无不应。每岁节序，群巫踏舞，士女骈辏，箫鼓之声不绝者累日。自郡守已下，旦望朝谒甚恭。必有神灵以镇一方，而为之主宰。旧说二广盖阴中之阳，故男子弱而妇人强，男子多坐食于内，而妇人经营于外，岂其然乎？绍兴辛酉（绍兴十一年，1141）十一月建宁军节度副使李某得罪于朝，三贬而至乎儋。丙子（绍兴二十六年，1156）某月，天子推旷荡之恩，北归有日矣。邦人父老丐予文以记其略，因念谪居之久，蒙冒烟岚，脱于万死，天地神灵实佑之。谨恭诣庙廷，再三稽首，碑而铭之曰："国名儋耳古所传，镂如鸡肠耳垂肩。夫人冯氏忠且贤，锦伞平乱功晔然。爰择休壤美水泉，居人按堵城池迁。黎山拥抱完且坚，邦人敬事久益虔。年丰米贱佳吉蹋，歌诗送迎巫蹒跚。"[1]

李光把儋州风俗的演变与冼夫人的庇佑联系起来。他概括了冼夫人生前"建国开府，比古诸侯"的功勋，并引述苏轼《过冼夫人庙诗》以示赞颂。他认为，儋州向来"虽无富民，而风俗俭约"，近年"风俗稍变"，人知科举求学，这是冼夫人护国庇民的功劳。

李光描述了人们在节序之时热闹的祭祀场面。在他的笔下，这是巫与乡民的狂欢，"群巫踏舞，士女骈辏，箫鼓之声不绝者累日"。在尽显土俗的祭祀中，群巫踏舞的仪式和儒学传统似乎不大一致，但是，官员们亦亲临其地，表达崇敬之情，"自郡守已下，且望朝谒甚恭"。

李光认为官员和乡民对冼夫人的虔敬胜过"南海城隍二神"。究其缘由，除了"民有疾苦，求无不应"之外，这座庙宇还是处理黎人事务的重要场所。《诸蕃志》曰：

> 淳熙元年（1174），五指山生黎峒首王仲期率其傍八十峒，丁口千八百二十归化。仲期与诸峒首王仲文等八十一人诣琼管公参，就显应庙研石歃血，约誓改过，不复抄掠，犒赐遣归。[2]

这段资料展示了土酋归附时首领们如何在冼夫人庙前盟誓。生黎峒首于显应庙研石歃血约誓，不复抄掠；琼管官员加以犒赐。这说明，对于官员而言，冼夫人"累世策勋，有平寇之功"，是朝廷怀柔远人的象征；对于本地土酋而言，他们也认可冼夫人的灵异与神威。双方都认同儋耳夫人庙既可以作为黎人首领之间盟誓的场所，又可以作为黎人向王朝表示归顺的地点。这次归顺正好是《诸蕃志》所断言的"海外黎峒多窃发，惟儋独全，夫人之力也"的佐证。

---

1 （宋）李光：《儋耳庙碑》，收入李光《庄简集》卷16《碑》，第11—12页。
2 （宋）赵汝适：《诸蕃志》卷下《志物·海南》，第25页下。

当时，琼管官员还为王仲期等画像，图其"形状衣裘"以献经略司。赵适汝这样描述了画像：

> 髻露者以绛帛约髻根，或以采帛包髻，或戴小花笠，皆簪二银篦。亦有着短织花裙者。惟王仲期青巾红锦袍束带，自云祖父宣和中尝纳土补官，赐锦袍云。[1]

画像显示了王仲期的与众不同。在官员看来，其他峒首皆奇装异服，而王仲期却官员装扮，身着锦袍。同时，王仲期自称"祖父宣和中尝纳土补官"，锦袍为官府所赐。从装束到言谈都说明，这位生黎峒首已经熟谙与官员的周旋之道，并且巧妙地通过改变外表及申诉家族世代归顺的渊源来巩固与提高自己的地位。对比王仲期与冼夫人，他们在表达归顺的时候都会身着特别的服饰来显示自己与朝廷的密切关系，但是冼夫人本身就是执印开幕府的女首领，宋代土酋的地位早已不能与隋唐时代的冯冼家族同日而语。王仲期只能通过在冼夫人庙前歃血盟誓，自述祖先与官府的联系来说明自己的地位。

前文也提到，高力士的时代结束以后，直至宋代，极少有文献记录冯冼家族，也很少有材料提及祭祀冼夫人的庙宇。南宋的材料说明，儋耳夫人庙在南汉时期曾受到过敕封，当时所拜的神为"儋耳夫人"。难以判断，是否建庙伊始祭祀的"儋耳夫人"就是冼夫人。而且，同一个神明在生峒黎人和宣传王化的官员看来或许具有不同的含义。直至 2002 年，当我们在儋州宁济庙考察时，有学者访问村中老人，询问该庙所拜神明，老人脱口而出"阿婆"。但是，当我们向管理庙务的老妇问及同样的问题时，她带着我们去看正殿写有"冼太夫人"字样的匾额，颇为自豪地说："我们拜的是冼太夫人。"在不同的人心目中，冼夫人有着不同的意义；当地人在面对不同人说话时，"冼太夫人"也在悄然转变着角色。从这个角度而言，王朝的敕封与文字

---

1 （宋）赵汝适：《诸蕃志》卷下《志物·海南》，第25页下。

的记录，对于庙宇历史的重构与讲述有重要的意义——冼夫人的故事被相对地固定下来。

《诸蕃志》的描述反映，与儒学的状况相似，沿北部湾海域的琼州与儋州的庙宇宋代更受朝廷的重视，多有敕封。而东部以及南部庙宇没有在《宋会要辑稿》以及其他宋代史料中留下敕封记录。当然，这不意味着东部与南部没有庙宇或自身的祭祀传统。如前文提到，万州有舶主都纲庙，明洪武三年（1370）官员为舶主请封。称该庙"祀忌豚肉"，又称为"番神庙"。[1] 联系到万州处于长程贸易航道的地理位置，有学者猜测这座庙宇本是舶来品。[2]

另外，有众多学者考证与研究过伊斯兰教传入海南的问题。[3] 基本上，学者们认为传入海南的伊斯兰教有二途：一为阿拉伯贸易，一为占城人宋元间为避乱而来。这些迁居海南的阿拉伯商人或者占城人分布在西部的儋州与南部的万州、崖州。从今天的状况看，南部的三亚地区是伊斯兰教聚落集中的地区，羊栏镇的回辉和回新村全部信奉伊斯兰教。并且，沿陵水到三亚一线发掘了大批唐宋时期的伊斯兰教古墓群。[4] 诸多学者引用清康熙年间敕修的《古今图书集成》这段描述来讨论宋元来琼伊斯兰教徒遗留的习俗：

---

1 《古今图书集成》卷 1380《职方典·琼州府部·琼州府祠庙考》，台北：鼎文书局，1977 年，第 169 册，第 52 页下。

2 黄友贤：《海南"蕃客"——中国最早之穆斯林考》，《海南大学学报》2008 年第 6 期，第 601—606 页。

3 关于海南伊斯兰教的源流问题前代学者多有争论。桑原骘藏在其 1915 年所著之《蒲寿庚考》中认为："海南岛为中国南方门户。宋元时，阿剌伯商人（如非商人则为回教徒）有移居此岛者，其中蒲姓者不尠。"我国学者最早论述海南岛回族并对其族源进行探讨的是罗香林。他在 1926 年所著之《广东民族概论》中说："今日海南岛居民多姓蒲，证以宋史所载大食国人，如蒲希密、蒲麻勿、蒲加心、蒲沙乙等，皆以蒲姓。蒲，即译 abu 之音。大食人姓此最多。粤忽有此姓，知当时阿拉伯人流寓极盛矣。"参见〔日〕桑原骘藏《蒲寿庚考》，陈裕菁译，北京：中华书局，1954 年，第 114 页；廖大珂《海南的海外交通与回族形成》，收入周伟民主编《琼粤地方文献国际学术研讨会论文集》，海口：海南出版社，2002 年，第 268—287 页。

4 姜樾、董小俊主编《海南伊斯兰文化》，广州：中山大学出版社，1992 年，第 27 页；马建钊：《海南回族的历史来源与社会变迁——对海南省三亚市羊栏镇两回族村的历史学与人类学考察》，《回族研究》2001 年第 4 期，第 27—33 页。

（崖州）蕃俗，本占城人。宋元间因乱挈家驾舟而来，散泊
海岸，谓之番邨、番浦。今编户入所。三亚里，皆其种类也。其
人多蒲姓，不食豕肉，家不供祖先，共设佛堂，念经礼拜，其言
语像貌与回回相似。[1]

在这段资料中，"不食豕肉，家不供祖先，共设佛堂"作为奇特习俗被
指出。不过，与其说这是对宋代番人的描述，不如说是清人对番人的
后裔或者自认为是番人后裔的当地人的描述更为贴切。南宋时期，朱
熹等理学家才开始推行家族礼仪，只有特定的官员阶层才有资格建立
祠堂，供奉祖先。华南地区家族礼仪在庶民中扎根并普及是明中叶以
后才开始的。本书将在后面的章节详细论述。

《诸蕃志》所描述的文教与风俗需要结合当时的交通状况来理解。
在赵汝适等人的印象中，海南岛中部群山蜿蜒，黎峒盘踞，直至南
宋，岛内各军州之间的交通仍不通畅。各军州之间的交通仰赖海路。
从岛北到最南端的吉阳军，"琼管虽有陆路可通，然隔越生黎峒，必
再涉海而后至"。[2]周去非也提到："四州军乃海上一洲耳，中有黎母大
山，四州军环处其四隅，地方千里，路如连环，欲历其地，非一月不
可遍。"[3]南宋初，被贬谪到万安的李纲（1083—1140）描述了路途的
艰辛与凄凉：

南渡次琼管，江山风物与海北不殊。民居皆在槟榔木间，黎
人出市交易，蛮衣椎髻，语言兜离，不可晓也。因询万安，相去
犹五百里，僻陋尤甚。黄茅中草屋二百余家，资生之具，一切无
有。道由生黎峒山，往往剽劫。行者必自文昌县泛海，得便风三

---

1 《古今图书集成》卷1380《职方典·琼州府部·琼州府祠庙考》，第169册，第50页下。
2 （宋）赵汝适：《诸蕃志》卷下《志物·海南》，第21页下。
3 （宋）周去非：《岭外代答》卷1《边帅门·琼州兼广西路安抚都监》，第18页上。

日可达，艰难至此，不胜慨然。[1]

在李纲笔下，当时岛北部的琼管已经"江山风物与海北不殊"，不过岛东部的万安则"僻陋尤甚"，且从文昌开始就必须借助海路。文昌位于海南岛的东北部，距离琼管甚近。文昌再往东南，大部分陆路就不畅通了，必须泛海而行。"不胜慨然"的李纲因此赋诗："居民才百数，道里尚艰难。径陆忧生瘴，乘桴畏怒澜。"[2]

道路是否通畅，不仅关系到开路，即是否有路可走，还关系到谁可以走，即道路由谁控制。根本而言，所涉及的就是黎酋与官府的关系。

四　酋与官

今天海南岛的黎族是指以五指山为中心而聚居的少数民族，然而，"黎"这个字的意涵在宋代是指州县系统之外的人。宋淳熙年间周去非在《岭外代答》中说：

> 海南有黎母山，山内为生黎，去州县远，不供赋役。外为熟黎，耕省地，供赋役，而各以所迩隶于四军州。黎质直犷悍，不受欺触，本不为人患。熟黎多湖广、福建之奸民也，狡悍祸贼，外虽供赋于官，而阴结生黎以侵省地，邀掠行旅。居民、官吏经由村峒，多舍其家。[3]

在官员的心目中，"黎"有"生""熟"二种。"去州县远，不供赋役"之"生黎"，若不侵扰，是无须过虑的。官员们关注较多的是

1　（宋）李纲：《梁溪集》卷24《诗二十》，《四库全书》版，上海：上海古籍出版社，1987年，第9页下—10页上。

2　（宋）李纲：《梁溪集》卷24《诗二十》，第10页下。

3　（宋）周去非：《岭外代答》卷2《外国门上·海外黎蛮》，第7页下—8页上。

"耕省地""供赋役"的熟黎。官吏对这些混杂着"奸民"，间或掠地劫道的熟黎虽感到恐惧，却又不得不依赖，甚至在经过黎峒之时，投宿于熟黎的家中。可见，对于远州县的生黎地带官吏们知之甚少，只求无事；对于近州县的熟黎地区，治安与社会控制又非官吏所能操控。

对于这样的"边地"，宋代官府往往是采取"羁縻"的态度。在海南，主要依靠给黎峒首领"授以官职"，通过"以黎治黎"的方式来进行统治。例如，三十六峒首领王氏一族是宋代累世受封的土官家族之一，周去非很生动地记录了女峒首王二娘的事迹：

> 峒中有王二娘者，黎之酋也。夫之名不闻，家饶于财，善用其众，力能制服群黎。朝廷赐封宜人。琼管有令于黎峒，必下王宜人，无不帖然。二娘死，女亦能继其业。[1]

这位家财丰饶、部武强大的王二娘受封"宜人"是承袭母亲黄氏的封爵，而黄氏得封"宜人"则由于她为弹压黎人所做的努力。绍兴二十年（1150）"琼山百姓许益作过"，许益依照"黎法"分发黎箭，发动生黎峒首协同起义。黄氏亲自至黎峒说谕，"化外黎人皆安静，莫肯同徒"。乾道七年（1171），受封"宜人"。[2] 王二娘去世后，女儿吴氏又承母业。吴氏承袭"宜人"封号的时候，琼管安抚司将以官府名义设立的军事要冲大宁寨的管寨权也一并授予她，管寨的重任由王二娘的侄儿即吴氏的表兄黄弼来承担。[3]

虽然黎峒各有首领，但是像"三十六峒"三代女首领这样的土官豪族又有别于一般的村峒首领，他们对于一个较大的地域范围有控制权和统摄权，称得上是群雄之首。官府不仅倚赖他们安靖地方，甚至连政令之下达都需要借助这些财雄势大的土官。

1　（宋）周去非：《岭外代答》卷2《外国门上·海外黎蛮》，第8页上。
2　（宋）徐松辑《宋会要辑稿》蕃夷5之49《黎峒》，第2页下—3页上。
3　（宋）徐松辑《宋会要辑稿》蕃夷5之50《黎峒》，第3页下—4页上。

　　在土官势大的处境之下，宋王朝的官员如何对海南进行治理？名宦李崇矩的事迹或许可以让我们从个案的角度来回答这个问题。太平兴国年间，潞州人李崇矩由邕贵浔宾横钦六州都巡检使移琼崖儋万四州都巡检使。当是时，"麾下军士咸惮于行，崇矩尽出器、皿、金、帛，凡直数百万，悉分给之，众乃感慨"。至于官兵究竟有没有同意上岛，由于文献的缺失，也许是一个谜。李崇矩不仅利诱士兵，而且卖好峒首。他怀抚峒黎的方式就是"以己之财，遗其苗长"。[1]就李崇矩本身而言，尽管身任都巡检使，也没有常驻于岛上，"往来皆一日而渡，未尝滞留"。[2]由此可见，当时海南虽有琼崖儋万四州都巡检使之设置，但是官府衙门的运作实效是很值得商榷的。似乎全岛既无常驻之官军，也无常驻之武将。另外，就选任的官员而言，唐宋时期派往海南的多是遭贬谪的官员。[3]

　　至宋末，岛内完全不由官府控制，各衙门之间互通声息只有依靠海路。万历《琼州府志》载，"至宋末，武略不竞，犬羊梗道，复借途桴海，丁谓所称再涉鲸波是也"。[4]

　　元代至元二十八年（1291）至三十年，王朝派大军深入山区，征剿黎峒。这是元代唯一一次正式派大军征讨琼黎。至元二十八年，元世祖应琼州安抚使陈仲达之请，派兵麾师南征，历时三年。战争结束后，当时的昌化军知军、文昌人邢梦璜曾作《至元癸巳平黎碑记》。邢梦璜认为，这场动用了蒙古军二百人，汉军两千人，顺化新附军五千人，并佐以民兵四万人的军事行动，深入了黎峒的内部并凯旋。

1　此处的"苗长"是颇令人费解的词，宋代海南的文献中还没有出现关于"苗"的记载。前文李崇矩平定的是黎峒的起义，因此这里的"苗长"应为黎峒的首领。

2　嘉靖《广东通志》卷47《列传四·名宦四》，据嘉靖刊本影印，香港：大东图书公司，1977年，第8页下。

3　据万历《儋州志》载，唐代被贬谪到儋州的有李效逸、韦方质、林蕴；宋代被贬谪官员有洪湛、苏轼、苏过、任伯雨、折彦质、葛延之、许珏、许康民、黄子善、王介石、巢谷、世家宝、吉昌、赵起湛。当时，被贬谪的官员及其家人将贬谪琼崖视为死刑。参见万历《儋州志》，地集，据日本尊经阁文库明万历四十六年刻本影印，北京：书目文献出版社，1991年。

4　万历《琼州府志》卷8《海黎志》，据日本国会图书馆藏明万历刻本影印，北京：书目文献出版社，1990年。

元兵在五指山和黎婺岭"登山刊石，昭神武功"。[1]平黎之后，元王朝依然倚仗土官对海南进行统治，在琼设立黎兵屯田万户府。黎兵屯田万户府领海南"十三翼"，即千户十三所。值得注意的是，黎兵万户府不仅是军事机构，还兼管屯田与民政。[2]

元代由朝廷出面组织了黎兵屯田万户府，一个以土豪为官员的军事衙门，控扼全岛。从昌化军的情况来看，元代此地依然是一派豪酋争霸的混乱景象。至正十八年（1358），土豪吉天章逼昌化县尹黄半山，夺其印，自尹其县。二十二年，陈荐官称元帅，追出县印，令部下据昌化县而统辖之。[3]

结　语

与盛唐不同，宋王朝不是着眼并满足于在宫里宫外培植一个土酋的上层社会，而是通过创设学校，修建孔庙，敕封神明，改变礼俗，在基层社会直接建立起沟通化外边民与王朝礼仪的渠道。[4]当然，政策的实效往往值得推敲与商榷，但是，从统治理念来说，在广东西南一带唐宋之变革非常关键——朝廷由笼络与培养贵族土酋家庭转向建立与推广社会整合的机制。真正有一批官员希望在土俗社会贯彻王朝的礼仪与制度。这个趋势在侬智高起义后更加显著。

不过，朝廷对高、雷、琼三地的关注似乎并不一致。海南因其地理位置以及物产而格外受到关注，由此也留下了较多宋代的文献材料。

1　（元）邢梦璜：《至元癸巳平黎碑记》，收入《石刻史料新编》第3辑，地方类（广东省），台北：新文丰出版公司，1977年，第602—603页。

2　（元）邢梦璜：《至元癸巳平黎碑记》，收入《石刻史料新编》第3辑，地方类（广东省），第602—603页。

3　嘉靖《广东通志》卷68《外志五·夷情下》，第13页下。

4　参见 Valerie Hansen, *Changing Gods in Medieval China, 1127-1276*, Princeton, New Jersey: Princeton University Press, 1990；郑振满《神庙祭典与社区发展模式——莆田江口平原的例证》，收入郑振满《乡族与国家：多元视野中的闽台传统社会》，第210—237页。

《诸蕃志》对于海南四军州儒学风俗以及祭祀现象的描述，大体勾勒出了南宋时期海南岛的社会生活图景。岛的北部与西部受到北部湾地区影响较多，洗夫人信仰既可能是本岛一直就有的现象，也可能是高、化客商带入的结果，而岛东部与南部则更凸现出长程贸易路线的影响。当然，由于人口的移动，信仰的范围也处于变动之中。但是在宋代由于岛内道路艰难，地方性的信仰还难以大范围流播。洗夫人信仰的流播主要发生在明清时代，并且与地方社会士大夫化的过程息息相关。而地方社会的士大夫化正是从宋代开始推行的建学校、兴科举的结果。南宋时期，李光已经注意到科考人数剧增的现象。而雇佣为吏也被看成取得权利的途径，人人趋之。周去非描述了这一特别现象：

> 自免役法行，天下无复有乡差为吏之州，独海南四郡不行焉。闻仕于海南者曰，海南名为乡差，实慕人为吏。彼受慕者，已世其业，民间反谓免役为便，愿输役钱而不可得。夫权利之心，人皆有之。地迩京师，则人以功名为权利；去朝廷远，人绝荣望，人知吏之为权利耳。广西州县之吏，皆乡落大姓，能为一乡之祸福，人莫不尊敬之，与江浙之耻为吏者大异。[1]

官员目的在于佥派差役，不同地区的民众对待同样政策表现的态度大相径庭。近于庙堂者，以科举功名为正途，不屑为吏；而远离朝廷的地区，例如海南四军州，科举刚刚起步，如淳熙年间琼管安抚使韩璧所悲叹的那样，海南士子落后于北方，功名事业无法自白于世，"人绝荣望"。由此，充吏成了当地人们获得权利的重要途径。承充者皆为"乡落大姓"，不仅世代为业，甚至"愿输役钱而不可"。获得了"乡差"身份的"乡落大姓"，由官府佥派并认可，是上情下达或下情上传的桥梁，正如周去非所言："能为一乡之祸福，人莫不尊敬之。"

---

1 （宋）周去非：《岭外代答》卷4《风土门·南海役法》，第12页上一下。

　　在外来力量渗入的变局中，黎峒首领利用朝廷所偏好的形象来表述和强化自身的实力，正如王二娘接受"宜人"的封号，王仲期衣锦袍而述家世。宋元时代，豪酋与峒首是地方社会的实际控制者，州县系统仍非常疲弱。在这样的背景之下，明代的历史拉开了帷幕。

第三章　编户齐民与身份认同[*]

对于中国西南地区的土官制度,《明史》从下面一段话宕开笔墨:

> 西南诸蛮……盘踞数千里,种类殊别。历代以来,自相君长。原其为王朝役使,自周武王时孟津大会,而庸、蜀、羌、髳、微、卢、彭、濮诸蛮皆与焉。及楚庄蹻王滇,而秦开五尺道,置吏,沿及汉武,置都尉县属,仍令自保,此即土官、土吏之所始欤。
>
> 迨有明踵元故事,大为恢拓,分别司郡

---

* 本章部分内容曾以《编户齐民与身份认同——明前期海南里甲制度的推行与地方社会之转变》为题,发表于《中国社会科学》2006年第6期。

州县，额以赋役，听我驱调，而法始备矣。然其道在于羁縻。彼
大姓相擅，世积威约，而必假我爵禄，宠之名号，乃易为统摄，
故奔走惟命。然调遣日繁，急而生变，恃功怙过，侵扰益深，故
历朝征发，利害各半。[1]

这段记录反映了时人长期对历史发展的观察：自秦汉以来，源于不同
传统的两种统治力量并存于西南诸蛮的统治格局中，即王朝所设置的
郡县体系与根植于蛮俗社会的土官势力。明代，朝廷对于"自保"的
土官控制区基于"羁縻"的原则设置州县，编派赋役。这段话还很精
辟地说明了羁縻的道理，即朝廷利用土酋大姓之间的矛盾和斗争，用
名位爵禄分化之，使之"易为统摄"。《明史》认为，这样的政策，可
以说是完备了前朝与郡县建制并存的豪酋"自保"制度。

　　尽管如此，《明史》这段话还是将州县与土官体系分开来看。今天
的学者们也认为，"改土归流"是明清时期西南地区政局之大变动，因
此将地方动荡、族群变迁等问题都置于"改土归流"的背景下进行讨
论。这种讨论的前提，在流官体系与土官体系之间划分清晰的界限，
与《明史》的看法异曲同工。很大程度上，文中所提到的"额以赋
役"就是分别身份、表达立场的关键。问题在于，"额以赋役"是如何
推行的。在推行里甲制度的过程中，赋役是额于土司，由土司按照土
俗向族人索取，还是编订里甲，通过户口登记向户主征收，这是截然
不同的。前者，土人没有和朝廷建立直接联系，其身份是土司或土官
管辖下之族众；后者，土人成了王朝的编户齐民，从而根本改变了其
与土司或土官的关系。因此，在王朝势力渗透的大背景下，明代里甲
制度的执行对各地民众——包括边疆地区的少数民族——的身份认同
有深远影响。然而，《明史》这段话一厢情愿地从官的立场出发，只论
及朝廷针对土司而设计的"羁縻"之道，没有考虑地方民众对制度的
回应与利用，以及他们对身份的标签有选择余地。因此，在里甲制度

---

1 《明史》卷310《列传·土司》，北京：中华书局，1974年，第7981页。

推行的过程中，州县统治的治民与土官管辖的土人之间的流动性等问题值得进一步讨论。

历史久远并有着自身固有"土俗"的海南"豪酋"社会，在明中叶也经历了在土著社会编户齐民的变迁。据《明史》记载：

> 琼州黎人，居五指山中者为生黎，不与州人交。其外为熟黎，杂耕州地。原姓黎，后多姓王及符。熟黎之产，半为湖广、福建奸民亡命，及南恩、藤、梧、高、化之征夫。利其土，占居之，各称酋首。成化间，副使涂棐设计犁扫，渐就编差。弘治间，符南蛇之乱，连郡震惊，其小丑侵突，无时而息云。[1]

下文将会说明，这里提到成化间，黎人"渐就编差"，是官府要求他们投靠里甲。从投靠里甲开始，官府管治的里甲，与土官管治的黎人，尽管在法理上仍然分开，在实际上存在很大的流动性。本章希望通过对上述材料所描述的具体历史现象进行深入的探讨，试图展现在"羁縻"的大前提下，编订里甲赋役的政策如何在地方上落实，推行的过程中出现了什么问题，而这类问题又对土官与州县的关系以及民众的族群认同产生了怎样的影响，以期窥见在王朝政治－文化势力向边缘区域推进的大背景下，建基在里甲户籍制度和士大夫文化之上的"正统化"社会秩序，如何在一个离开大陆的地方建立起来，形成新的地方文化传统。

一　从抚黎知府到知府抚黎

朱元璋立国之初，即派兵收服岭南。洪武元年（1368），征南将军廖永忠克师至广州，元守何真降，广东平，"甲辰，元海南海北道

---

1 《明史》卷 319《列传·广西土司三》，第 8276—8277 页。

元帅罗福等遣使来降，海南分府元帅陈乾富亦相继归附"。[1] 洪武二年（1369），置琼、崖、儋、万四州；洪武三年（1370），升琼州为府，领州三，县十三，隶广东布政司。[2] 府、州、县系统由流官组成，其行政运作所需的费用和人力主要依靠征收赋税和派遣徭役。因此，编订里甲，整顿版籍，为府州县官员所重。洪武二年，复南宁军为儋州，领宜伦、昌化、感恩三县。洪武十九年（1386）割感恩县属崖州，正统四年（1440）省宜伦县入州。此后，儋州仅领昌化一县。[3]

　　海南卫所之设始于洪武二年。是年，广西都指挥佥事孙安派兵士前来镇御，置海南分司，镇兵一千余名，受广西都司节制。洪武三年，海南卫改隶广东。当时，州人林炯建议，准许元末黎兵"付有司为民，以征北"，以北征之时溃败的元军充实卫所。当时，海南设立了东、西二所，有军士千余名。洪武五年，改分司为海南卫。洪武六年，立屯田。海南卫旗兵军额共有15927名，但是，和许多地方一样，卫所军兵陆续逃亡。万历《琼州府志》记载：儋州守御千户所，额1126名，逃绝601名；屯军额227名，逃绝195名，仅剩32名。由于士兵大量逃亡，地方一旦有警，官府不得不依靠地方豪酋的武装。[4]

　　洪武年间土官系统主要由海南各地的土官组成。永乐四年（1406）至宣德四年（1429），皇帝曾直接委派一位流官担任抚黎知府，总领土官。土官率其部众，号令黎峒。宣德三年和正统五年（1440）抚黎知府和土官相继废除后，土官系统名亡实存。

　　可见，明代海南三个行政体系并存，分别是州县系统、土官系统和军队卫所系统。讨论地方势力的问题，必然要考虑官府在儋州的力量以及这三个体系之间的关系。

　　和唐宋时期不同，明代朝廷派往海南的官员大都不是贬谪之官。

1　《明太祖实录》卷32，洪武元年六月甲辰，台北：中研院历史语言研究所，1962—1968年，第4页上。本书所引《明实录》均出自此版本。

2　万历《琼州府志》卷2《沿革志》，第6页上—下。

3　万历《琼州府志》卷2《沿革志》，第9页上。

4　万历《琼州府志》卷7《兵防志》，第7页下—13页下。本段所引史料皆出自此。

洪武初，吏部奏：“凡庶官有罪被黜者，宜除广东儋、崖等处。”但是，明太祖对于琼州府官员的人选有自己的看法，他认为：

> 前代谓儋、崖为化外，以处罪人。朕今天下一家，何用如此。若其风俗未淳，更宜择良吏以化导之，岂宜以有罪人居耶！[1]

由于永乐至宣德年间有抚黎知府的设置，派往海南的流官分成两种，一为抚黎知府，一为府、州、县官员。抚黎知府是整个琼州府土官的总领，“专职抚黎”。[2]因此，从行政上来说，琼州知府统领下的州县系统没有和土官发生直接的联系。这样，在琼州府，出现了一地两知府的情况，也就是说，琼州知府控制下的州县衙门与抚黎知府及其统属的土官组成的土官衙门并存。州县衙门致力于编订里甲，征派粮差；抚黎知府的目的也在于“多增部武”。双方对于人户的争夺，导致了“府权”之争。由于时人没有留下更多的关于这一段历史的资料，因此，本书只有采用七十余年后官员的论述来讨论当时的情况。

正德二年（1507），海南临高人王佐（1428—1512）作《朱崖录》，表进于朝。同时，他“出位言事”上奏。在奏折中，王佐详述了永乐四年被任命为抚黎知府的梧州府起复通判刘铭“谋分府权”一事。王佐痛斥，“刘铭因为不管府事，谋分府权”。具体的分权行为是，“私计奏讨本府十三县附近黎山版籍。称为熟黎者，以招抚生黎为由，就便分落所属，据为本管。诱以不当差役，多增所属部伍，以敌偶州县”。看来当时“熟黎”当属于“抚黎知府”统管。但是，如果“熟黎”都投靠抚黎知府名下，那么流官衙门的赋税将大受影响。更重要的是，土官的衙门“诱以不当差役”，而“小人志在投闲，多背本府，去投抚黎知府部下躲差”。这样，州县官员连户籍上的编民都无法控制了。这样一种背州县衙门、投抚黎知府的行为在琼州府不是零星的

1　《明太祖实录》卷48，洪武三年正月壬寅，第5页上。
2　嘉靖《广东通志》卷68《外志五》，第17页上。

现象，王佐称刘铭在永乐十年（1412）"暗分去本府州县人民，立作二万余户，四万九千余名"。[1]并且，刘铭专门设立了新的户籍名目——"黎户"，[2]原来身份为"民"的人，一旦投入抚黎知府的名下，就变成了"梗化黎人"。[3]虽然这些史料都是流官系统之下的官员所写，难免有偏见，却更能显示出流官对抚黎知府不满之所在。

宣德四年革除抚黎知府，此后再没有设置过专职抚黎的流官。革除抚黎流官以后，府、州、县系统开始与土官系统发生直接接触，可以说是从抚黎知府抚黎转变为琼州知府抚黎。在明初至明中叶的儋州，州县官员的处境是怎样的呢？

以儋州为例，从万历年间修纂的《琼州府志》和《儋州志》来看，儋州的多位知州都有兴建学校、官署、市场、桥梁等"惠政"。但是，这些举措大多是成化五年（1469）七方峒（亦作"七坊峒"）动荡平定之后才施行的。景泰年间，儋州"累世反峒"七方峒甚至有土舍逼走知州的行为。七方峒黎符那南"苦于科害，构众谋反，流劫乡村"，土舍符英"不揣井蛙，大张声势，自称赤帝爷刘秀"。在这次动荡中，知州林庆"廉介执法，抚弱锄强"，后因符英等"深忌厚诬"而去任。[4]看来林庆对这次动荡进行了干预，并希望执王法，惩乱黎，但以失败告终。林庆"急于兴利除害"[5]的努力毕竟让我们看到了和宋代官员卖好峒首，仅图羁縻不同的治黎态度。

正统五年，琼州知府程莹奏革抚黎土官集中表达了流官革故鼎新的渴望。[6]这一触动了豪酋利益的法令在当时产生了怎样的影响？时人

1　（明）王佐：《进〈朱崖录〉奏》，《广东文征》卷6，香港中文大学出版部，1973—1979年，第40页。

2　据万历《儋州志》记载："永乐十年，民户一万二千三百十九，口四万五千九百七十五。黎户三千四百一十七，口七千四百二十一。据永乐志，土官知州（府）刘铭奏借熟黎作眼，招抚生黎，因占为本管。于是，有民户、黎户之别。未几，革之。"参见万历《儋州志》，天集，《食货志》，第78页上一下。

3　（明）王佐：《进〈朱崖录〉奏》，《广东文征》卷6，第40页。

4　《乡人陈策平黎策》，万历《儋州志》，地集，《黎岐志》，第83页上一下。

5　万历《琼州府志》卷9下《秩官志》，第84页下。

6　嘉靖《广东通志》卷68《外志五》，第19页上。

丘濬的《世引堂记》正写作于革官法令颁布之后，其撰记者是朝廷的重臣，求记者是儋州的土官，而记文的内容正表达了时人对于土官制度的认识。因此，对这篇记文的解读是恰当的切入点，能帮助我们了解明中叶儋州土官的命运。

二　丘濬《世引堂记》与儋州土舍

明中叶，海南著名学者丘濬（1421—1495）应儋州土官家族的宗孙符节的请求，为其家祠命名，并作《世引堂记》一篇述其始末。[1]这篇文字表达了一位明代学者从士大夫的角度对家乡地方势力的观察。

丘濬，字仲深，海南琼山人。景泰五年（1454）成进士，选入翰林，后任国子监祭酒、礼部尚书等要职，卒于武英殿大学士任上，以《大学衍义补》《朱子学的》等著述闻于世，为明代著名学者之一。丘濬长期在外为官，但一直与其生长的故里保持着密切的人事关系，与诸多游宦中州的琼州籍官员和任职琼州的官员时有诗文往还。其友人符君请丘濬赠文时说："凡吾同郡之士，出自学校，谒选天官者，拜命之时，吾子皆有文赠之。"[2]丘濬在其各种文集中，收录了不少应"乡人"之请而作的赠文。其中清康熙十八年（1679）丘氏可继堂重刻本《丘海二公文集合编》中，有一篇《世引堂记》，就是应儋州土官家族的宗孙符节的请求而作。[3]该记讲述了"古儋大姓"符氏得授土官之源流、符节请求赠名的经过，以及丘濬为之赐名"世引"的深意，反映了自明初至明中叶海南土官制度的诸多历史情况。

其中，符节在谒濬之时谈到了作为土官家族的宗孙对于地方的责

1　本书所据之丘濬《世引堂记》引自《丘海二公文集合编》之《丘文庄公集》，《四库全书存目丛书》版，据中央民族大学图书馆藏清康熙十八年丘氏可继堂重刻本影印，台南：庄严文化事业有限公司，1997年。1973年台北商务印书馆出版的《四库全书珍本四集》中之《重编琼台稿》以及1972年台北丘文庄公丛书辑印委员会出版的《丘文庄公丛书》均未收此记。

2　（明）丘濬：《送乡友富川书知县序》，收入丘濬《重编琼台稿》卷13，《四库全书珍本四集》版，台北：商务印书馆，1973年，第29页下。

3　（明）丘濬：《世引堂记》，收入丘濬《丘文庄公集》卷5《记》，第41页下—43页上。

任与个人的抱负，也可以说是一位已经开始"游宦中州"的土官子孙
对于个人出处所做的选择：

> 节自幼有志世用，潜心经史而专门于《春秋》。初志固欲出
> 一奋，以光大我宗祊也，但以祖父来世官乡土，节忝为宗子，当
> 继其职，而为一坊人所附。土俗，非其宗不属也。不得已舍己之
> 所业，以缔先世之所基。[1]

符节，以俊选进入昌化县县学读书，又以贡生的身份赴京应试，中
例，本可以升进太学。然而，为使所依之民有所依附，符节请求归还
乡里。在符节看来，入朝为官——"荣己之身"和统率族人——"终
祖父之惠"，是不可兼得的两个方面。若不放弃他视为"己业"的出
仕理想，就不可以成就"缔先世之所基"的宗孙责任。

　　在丘濬的笔下，从边僻乡里远道而来的这位土官子孙，俨然是以
深受儒家文化浸染的士大夫形象出现的。他在精通经世之学的儒者面
前敢于自称"自幼有志世用，潜心经史而专门于《春秋》"，显然是对
儒学以及丘濬的旨趣有了相当的了解。并且，符节在请求丘濬赐名的
时候对其家祠的规制有所描述，展现了在所谓黎峒蛮夷的社会，明中
叶土官家庭的建筑形式。他说："恒念自先考无恙时，为屋数楹。中有
黄堂，为祖宗栖托之地；傍有列馆，为会友读书之所。""黄堂"在汉
代指太守之厅事，宋代郡治也称黄堂。[2]可见，它有着官厅的含义。也
就是说，在这个土官家庭，祭祀祖先的厅堂也是处理族务的衙门。不
过，我们可以看到，这时的土官已经模仿了士大夫"会友读书"的生
活方式，还请求同为琼州府人的在京名宦丘濬为家祠赐名，"上述祖

1　（明）丘濬：《世引堂记》，收入丘濬《丘文庄公集》卷5《记》，第42页上。
2　据《后汉书》卷57《郭丹传》载："敕以丹事编署黄堂，以为后法。"李贤注："黄堂，太守之厅
　　事。"（北京：中华书局，1965年，第941页）又（宋）范成大《吴郡志》卷6《官字》载："黄
　　堂，《郡国志》在鸡陂之侧，春申君子假君之殿也。后太守居之，以数火灾，涂以雌黄，遂名黄
　　堂，即今太守正厅是也。今天下郡治皆名黄堂，昉此。"（《丛书集成初编》版，北京：商务印书
　　馆，1939年，第9页上）

德，下示子孙，以为不朽之托。非但符氏一族为幸，凡吾一方之山林草木亦与有光焉"。[1] 符节对于丘濬的仰慕之情溢于言表。

对于符节的选择，丘濬是持赞同与欣赏的态度的。他认为："古来圣贤遭际，不出即处，不仕即农。农者躬稼穑以为养，仕者膺爵禄以为荣。稽乃祖、乃父世袭其官，不出其土，荣矣，养矣。"丘濬为符氏的家祠题名"世引"，取"父子相继为世，引之为言延也，长也，世世而引之，由一世而至千万世"之义，并勉励符节"敬承先志，丕振家声，善而继之，光而大之，引而申之，延而长之，永永勿替，以供汝祖宗之祀事，岂不伟欤！"

丘濬还在《世引堂记》里讲述了符氏之土官源流：

> 古儋大姓符氏，世居其乡之大里，里环其居。数十里间，皆山菁溪峒，其中居民咸依焉以居。符氏之先，系根紫贝，在胜国时曾授符印，为守土官。国朝永乐初，符添庆者，率其人朝阙庭。文皇帝嘉其功，授宜伦县令，以抚其人，世袭其职。及宗孙符节，应世其官。[2]

在丘濬的笔下，符氏在明以前已经有"授符印，为守土官"的历史，而永乐初符添庆又得永乐皇帝嘉功授官的恩赐，符节继承祖业是顺理成章，水到渠成之事。

但在嘉靖年间黄佐（1490—1566）所修纂的《广东通志》中，却有一些记载让我们有必要重新思考丘濬的话。《广东通志》载："宣德四年，以峒黎侵扰不利，革去抚黎流官。"又，"正统五年琼州府知府程莹奏革抚黎土官，黎人自是总归于府，民黎称便"。[3] 正统九年甲子

1　（明）丘濬：《世引堂记》，收入丘濬《丘文庄公集》卷5《记》，第42页上一下。

2　（明）丘濬：《世引堂记》，收入丘濬《丘文庄公集》卷5《记》，第42页下—43页上。

3　嘉靖《广东通志》卷68《外志五》，第19页上。

丘濬举乡试第一，景泰五年中孙贤榜进士，改庶吉士，授编修，[1] 自此开始其官宦生涯。《世引堂记》当作于丘濬在京任官之时，无疑是晚于正统五年的。由此可见，废除土官的命令在前，而此记之写作在后。为什么丘濬在《世引堂记》中对于革除抚黎土官的事情只字未提，还以为符节可以继承祖业，"应世其官"呢？

丘濬身为鼎臣，应当不会不知朝廷法令，为什么在这篇记文中他还高谈符氏家族作为守土之官当"引之又引"，如泉水之出山，"何有终穷"？丘濬自言"予于节之大父元春有一面之雅，知其家世为详"，[2] 这些褒扬励志之词也不是听信符节一面之词后所作，而是深悉其家族历史后的言论。这样，丘濬在这篇记文中对于正统五年废除土官法令所表现出的置若罔闻的态度就更加令人深思了。并且，从符氏的讲述和丘濬的叙述来看，符氏家族对于地方的控制也从未间断。

这两份史料记载互相矛盾之处，会使人产生这样的疑问：明中叶革除土官的法令到底有没有实行？法令颁布以后土官的家庭如何应对？为什么在成化年间符南蛇起义以前，丘濬对废除土官政令置若罔闻的表现和起义以后王佐、唐胄、黄佐等人对于这条法令的一再强调会形成鲜明的对比？要解答这些疑问，需要将目光投向儋州社会的具体历史情境中。

初定海南之时，明朝废除了元代的土官制度，规定"州县各另除官，不用土人，兵屯子孙，尽革为民，以峒管黎"。[3] 在这则材料里，我们一方面看到的是元代设立的土官制度被废除了；另一方面，明王朝虽然不用土人为州县官员，但也没有提出由州县直接管理黎人，而是"以峒管黎"，众多没有受元代土官官衔之累的豪酋，势力没有

---

1 据万历《琼州府志》载，"丘濬……正统甲子首举于乡"，又"（景泰）甲戌复试于礼部，学士商辂主试事。阅论策，即意其为濬。及揭名，果然。廷试当魁，或以貌不扬，已之。乃置第二甲第一。选入翰林为庶吉士者十八人，濬为首"。参见万历《琼州府志》卷10《人物志》，第9页下—10页下。

2 （明）丘濬：《世引堂记》，收入丘濬《丘文庄公集》卷5《记》，第42页下。

3 嘉靖《广东通志》卷68《外志五》，第14页上。

动摇。

　　然而，这样一种充分体现了折中理想的政策只是昙花一现。至洪武二十九年（1396）三月，广东公差大理寺丞彭与民等上奏，希望能在峒首中选择抚黎之能人授以巡检司职事，协助镇抚熟黎，招抚生黎。彭氏谈到了明初海南的严峻形势："民少黎多"，生黎"时常出没，劫掠连年，出镇征剿，为害不息"，"各处熟黎，俱有峒首"，"凡遇公差役，征纳秋粮，有司俱凭峒首催办，官军征捕，亦凭峒首指引"。[1]当时海南岛仍是黎人的天下！彭与民的奏折得到了明太祖的批准，随后，琼州府多处巡检添设副巡检司，金土人充任。一度废除的土官制度在明代打开新局面。

　　永乐朝是明代授土官最为频繁、人数也最多的一朝。[2]符节的先辈符添庆就是在永乐初年得授土官。永乐二年（1404），海南崖州人、太学生潘隆本自请招抚黎人。永乐皇帝授予潘隆本知县之职，赍敕抚黎。三年春三月，潘隆本带领土人数名赴京朝见天颜，同领抚黎敕诏。从敕诏中列出的名字来看，符添庆也是其中的一位。诏书也提到"第因有司不能招抚，无由自达"，说明永乐皇帝相当明白州县系统的疲弱与艰难，只好将招抚黎人的职责交给"土人"。皇帝言明，如果黎人表示愿意归化，就遣代表数人与"使臣"同来朝贡。[3]

　　符添庆等人作为"招主"，招抚黎人的程序是这样的：先阙庭领诏，再归乡宣谕，待得有黎峒归附，又需要引领黎峒之人进京朝贡并领赏。这些"招主"是沟通"炎方外海"的黎峒社会与"九千八百四十里"[4]外帝王与朝臣之间的桥梁，难怪永乐皇帝将他们视为"使臣"。符添庆回到儋州之后的招抚看来是成功的，招到桃花等生黎村峒。永乐四年，皇帝下诏，让黎首与所招之峒数人"相率入

1　嘉靖《广东通志》卷 68《外志五》，第 15 页上。
2　永乐四年，明成祖一次就授予罗显等 33 人土官。参见《明史》卷 319《列传·广西土司三》，第 8272 页。
3　嘉靖《广东通志》卷 68《外志五》，第 15 页下—16 页上。此处收入了永乐皇帝抚黎敕诏全文。
4　万历《儋州志》，天集，《舆图志》，第 14 页上。

朝"。对于黎首，"各验其招抚多寡，受赏除官有差。专一抚黎，不预他事"。当是时，符添庆"以招主受土官主簿"。[1]这样，符添庆就由"土人""黎首"摇身变成了明代的"土官"。土官对于王朝的臣服主要体现在三年一贡的制度上，[2]符节的祖父符元春以及叔祖符应乾都留下了朝贡的记载。[3]前文关于抚黎知府的讨论说明，招抚生黎和增加部武其实是同一个过程。这就是说，明初这些土官在招抚生黎的过程中，势力也在不断地扩充。

至正统五年，嘉靖《广东通志》记录了革除土官的命令。然而，我们找不到任何有关革官原因以及成效的记载。究竟这条法令有没有实行？抑或，程莹的奏折，根本没有成为王朝的法令？王佐在《进〈朱崖录〉奏》中也提到了革官一事。上奏之前，王佐是查阅过户部的相关资料的，"查该户部广东注一百八十号勘，系昌化县申文内称，本县以经具奏，奉行在户部前勘合，仰将原籍黎村即便发回该县当差"。[4]看来为了配合革除土官，户部曾经颁布了将黎人发回州县当差的命令。

既然有了法令的颁布，为什么没有给居庙堂之高，但对于处海上之远的故土依然相当关注的丘濬留下任何记忆？革官之令又在多大的程度上实行了？当我们把目光转向儋州社会的时候，发现土官的确是被废除了，但是与此同时，"土舍"势力开始兴起。"土舍"不是新出现的地方豪酋，而恰恰是这些革官及其子孙。万历《儋州志》称，革官子孙"仍比广西、云南有土儿男，称为土舍，谋管土地人民"。[5]就是说，革官只是革除了朝廷赐予的头衔而已，并无碍

---

1 万历《儋州志》，地集，《黎岐志》，第93页上一下。

2 据《明太宗实录》上谓行在礼部臣曰："黎人远处海南，素不沾王化，今慕来归，而朝贡频繁，殆将困之，非存恤羁之意。自今生黎土官、峒首俱三年一朝，著为令"。参见《明太宗实录》卷177，永乐十六年六月乙亥，第2页上一下。

3 参见《明英宗实录》卷78，正统六年四月壬午，第6页下；卷142，正统十一年六月丁未，第5页上；卷239，景泰五年三月丙寅，第8页下；卷291，天顺二年五月辛亥，第11页下。

4 （明）王佐：《进〈朱崖录〉奏》，《广东文征》卷6，第40页。

5 万历《儋州志》，地集，《黎岐志》，第94页下。

于他们继续拥有守土一方的权力。可见，这些革官子孙没有将统摄土地、人民与得到土官之授视为一体，革除土官之后，他们依然认为自己是"有土儿男"。符节谒澹之时也提到"土俗，非其宗不属"。在土官及其子孙心目中，"土俗"似乎可以游离于王朝法度之外而存在。

　　明王朝又如何看待这些"自称土舍，实是土官"[1]的革官及其子孙？革官之后，皇帝对于这些豪酋的进贡依然是欢迎笑纳的，而原来得有官号的豪酋似乎也没有因为革官而有所抱怨，依然进贡如故。就在程莹上奏革除土官之后的正统六年（1441）和正统十一年，符节的叔祖符应乾[2]都曾上京进贡。《明英宗实录》对于这两次进贡分别是这样记载的："（正统六年四月）壬午……广东儋州昌化县土官县丞男符应乾等俱贡马及方物，赐钞币有差。"[3]"（正统十一年六月）丁未……广东琼州府昌化县土官舍人符应乾……贡方物，赐以彩币。"[4]我们注意到，正统六年符应乾进贡是以"土官县丞"的身份，这就是说虽然正统五年已有程莹之奏，但是正统六年革官的命运还没有降临到符应乾的头上。正统十一年，当符应乾再次进贡的时候身份就已经变成了"土官舍人"。符应乾的原授官职为"昌化县土官县丞"，看来革官之后，符应乾就自称"土舍"了。而景泰五年（1454）和天顺二年（1458）符元春进贡之时的身份仍是"土官县丞"弟[5]和"故土官县丞"弟[6]，而非"土官舍人"弟。

　　如果重现这些历史片段，大概可以这样来叙述：土酋们进贡之时，没有人深究其身份与官职，而是根据土酋的自称进行记录。正统六年，符应乾自称的身份是朝廷赐予的"土官县丞"；正统十一

1　万历《儋州志》，地集，《黎岐志》，第94页下。

2　符元春是作为"土官县丞符应乾弟"或"故土官县丞符应乾弟"进贡的，因此，符应乾当是符元春之兄长。

3　《明英宗实录》卷78，正统六年四月壬午，第6页下。

4　《明英宗实录》卷142，正统十一年六月丁未，第5页上。

5　《明英宗实录》卷239，景泰五年三月丙寅，第8页下。

6　《明英宗实录》卷291，天顺二年五月辛亥，第11页下。

年，革官之后实录里留下了"土官舍人"的记录。至景泰、天顺年间符元春进贡之时，他又打出了兄长已经被革除的官号。但是，当时没有任何人对这个已经废除多年的土官官号的混乱使用有所质疑。由此可见，对革官法令视而不见的不是丘濬一人；对于距儋州"九千八百四十里"的京城的官员和皇帝而言，这些烦琐的名目本身就是一笔糊涂账。也许我们可以这样猜想：正统五年，程莹的奏折和户部的勘合都只不过是让土官将官府的乌纱变成了自命的"土舍"，其地位没有受到任何的影响。

综上所述，至《世引堂记》写作时止，尽管土官制度已经经历了两度废止，但是自宋元以来就已经在地方社会深深扎根的土酋的实际地位没有受到动摇。同时，正如在《世引堂记》中显示的那样，身为土舍的符节已经开始努力地扮演着士大夫的形象，甚至希望用名宦的墨宝来装点"黄堂"的门面。这种幕儒的风气显示出土酋中已经有人开始表现出士大夫化的倾向。新风气的出现，必然给地方社会延续了漫长岁月的土酋制度带来新的变化和冲击。这些变化是与地方社会原有的机制存在抵牾和摩擦的。明中叶，土舍间的仇怨与州县势力对于土酋地位的威胁终于激荡成三次起义。

三　黎峒起义

正统年间知府程莹革除土官的奏折在当时没有引起人们过多的关注，成了一纸具文。但是到了正德、嘉靖年间，不仅嘉靖《广东通志》有所记载，王佐也以此为据痛陈土官、土舍之弊。这道尘封已久的法令在时人眼中忽然变得重要起来，这种认识上的转变与地方社会的变迁原具互动关系。

明中叶的儋州，土舍峒首内部既有"募化"的风气，又有"梗化"的黎情。并且，这两股不相融合的势力常常激荡起地方的动荡与不安。成化、弘治年间儋州经历了三次规模宏大的黎峒起义，官军都曾派兵征讨。学者在考究这些起义的时候往往从王朝与黎人的矛盾，尤其是王朝赋役剥削的角度加以解释。[1]然而，我认为，如果把视角转向此时地方社会各种势力的处境以及土官内部的升降变化，或许会有另一番的景象。

成化五年，儋州七方峒黎符那南起义。这次起义源于土舍符英、黎首符那南与另外一位土舍王赋的矛盾与仇杀。起初，当符那南与土舍王赋"有仇构乱"时，提督两广军务的左副都御史韩雍（1422—1478）曾有警告。韩雍因平定成化年间广西大藤峡瑶民起义而威震两广，为兵部尚书王竑所重，王竑曾云："韩雍才气无双，平贼非雍莫可。"[2]面对七方峒黎民起义，韩雍令其改过自新；而双方"恬不以为意"。后来王赋侵占符那南土地，驱逐黎人，引起诸黎愤恨。符那南趁王赋外出之际逃回，率众劫杀，王赋败走，那南"自号南王"。[3]十一月，都指挥使王瑹统兵征剿符那南。十二月符那南败走。成化六年正月，官军追剿至落贺峒，起义遂平。其后，居住在姜花峒的土舍符英继续与官军相持。成化六年三月，符英被擒，这次起义方才被平息。

这次起义显示出：其一，七方峒与州县的对抗关系。七方峒与州县之交恶由来已久。如前文所说，景泰年间，七方峒起义，知州林庆"秉公执法"而被七方峒峒首诬蔑去任。[4]官府对成化五年起义的干预更加剧了彼此关系的紧张。其二，左副都御史韩雍对于这次起义是有所过问的。韩雍的态度以及官军的出征都显示出此时封疆大吏开始关注海南地方社会秩序的建立。其三，七方峒、落贺峒和姜花峒的土舍、峒首之间当有不错的交情。居住在姜花峒的土舍符英与七方峒的符那南是联合起义的，而符那南败走之时，逃至落贺峒避祸。这一股忤逆官府的力量在儋州相当强大，在成化十一年（1475）和弘治十四年（1501），另一处对抗官府的黎峒——落窑峒与七方峒再掀波澜。

1　参见吴永章《黎族史》，广州：广东人民出版社，1997年，第296—328页。

2　《明史》卷178《列传·韩雍》，第4733页。

3　嘉靖《广东通志》卷68《外志五》，第19页下。

4　万历《琼州府志》卷9《秩官志》，第84页下。

　　成化十一年，落窑峒黎符那推起义，广东按察副使涂棐统汉达官军及黎兵进讨，平之。参与平定起义的土舍赵泷领兵来迟，被斩于军门。[1]凯旋后，儋州守御千户张钥以军功升海南卫指挥佥事。[2]

　　在相继平定起义的同时，官府对于地方的控制不断增强。平落窑峒起义的副使涂棐对于治理海南颇有建树。[3]成化十年，涂棐为儋州海南道重建公署，并留下了《题海南道厅壁碑记》，碑记中载："州旧有海南道公署，在东城垣之下，洼隘庳陋。前此亦以鲸波之险，使轺罕至。近者，至者不过信宿而止。其垣颓壁败类，皆葺寸补尺，未有图以易之者。"涂棐至儋后改弦更张，规划重修，适逢罗杰来知州事，便"慨然以是役为己任，且倡千户张钥辈殚力程督"。修成之官署"与昔大为悬绝"。涂棐承认，为了"耸人之观瞻"，这次重修花费了相当多的人力与官费，是"特奢"的一次修筑行动。[4]

　　罗杰和正千户张钥在成化年间的儋州也都是颇有作为的。知州罗杰，南昌人，在儋州设立了社学三所，并作《社学记》。在该记中，他提到了初抵儋州时的景况：

　　　　田赋失额，版章愆期，是其尤者。他如民田水利湮淤告急，官府廨廪颓弊不堪。加之以民讼因之，以署学缺贰。[5]

罗杰在儋州兴学校，黜淫祠，疏水利，驯生黎，鼎新公廨与桥梁。[6]不过对于田赋失额严重，尚需"借米万余石"[7]的知州而言，要举办这些

1　万历《儋州志》，地集，《黎岐志》，第81页上。

2　万历《儋州志》，地集，《兵防志》，第28页上。

3　万历《琼州府志》载，成化（1465—1487）时副使涂棐对于开辟五指山道路和编订里甲的问题"注意尤殷"，"使后居其位者，以前人之心谓心，犁庭开道，寝食在念，则古之书村书峒者，今皆为都图矣"。可见，时人认为涂棐对于海南之开发是起过重要作用的。

4　（明）涂棐：《题海南道厅壁碑记》，收入《石刻史料新编》第3辑，"地方类（广东省）"，第619页。

5　（明）罗杰：《社学记》，收入万历《儋州志》，人集，《艺文志》，第29页下。

6　万历《琼州府志》卷9《秩官志》，第85页上。

7　（明）罗杰：《社学记》，收入万历《儋州志》，人集，《艺文志》，第29页下。

大规模的工程，没有一定的财力与人力支持是无法进行的。涂棐曾命罗杰重修儋州的学宫，是支持者之一。[1]如果说涂棐是罗杰的有力后盾，那么正千户张钥则是出资者和具体的承办人。张钥，砀山人，儋所正千户，"犹喜吟咏，结东皋诗社，知州罗杰雅重之"，在儋期间"创建一切公廨，立武宁、武定二社学"。[2]成化九年（1473），罗杰与张钥捐俸聚财共同重修了载酒堂（东坡祠），[3]这是明代对载酒堂进行的第一次重修。张钥还重修了守御千户所之正厅、谯楼、督备馆，并添建了仪门、后堂和预备仓。儋州武署焕然一新，张钥所奠定的这种规模一直延续到明末。[4]王佐在《载酒堂记》中称他们"皆读书识体称贤，故能相协就事云"。[5]在这个时期，"儋之民风、文物丕变"。[6]

成化年间，征黎峒、修官署、变民风的举措显示出州县力量的增强，为官员们所渴望的在黎峒地区编订里甲、征派赋役、扩大税源提供了机会。但是，不难想见，令黎人投靠里甲长，出州赋役，触动了豪酋社会的根基。"非其宗不属"的"土俗"受到了来自官府的挑战。一旦所统黎人投靠里甲长，则需要担负儋州的赋役；更为关键的是，长期以来豪酋们根深蒂固的地位也将动摇。对于与官府积怨深重的"累世反峒"七方峒和落瑶峒的土舍、峒首而言，日益扩大的州县势力就是威胁与挑战。与此同时，黎峒内部出现了像符节这样倾慕儒家文化并与官府交好的土舍。官府势力深入和黎峒内部的分化使得豪酋之间的地位发生变化。弘治十四年（1501）儋州黎人起义就是当时地方社会大变局的集中折射。

弘治十四年，七方峒和落窑峒以官役频繁为名联合起义。黄佐在嘉靖《广东通志》中是这样讲述符南蛇起义的起因的：

---

1 万历《儋州志》，地集，《学校志》，第1页下。

2 万历《儋州志》，地集，《兵防志》，第28页上。

3 （明）王佐：《载酒堂记》，收入万历《儋州志》，人集，《艺文志》，第21页下。

4 万历《儋州志》，地集，《兵防志》，第30页下。

5 （明）王佐：《载酒堂记》，收入万历《儋州志》，人集，《艺文志》，第23页上。

6 万历《琼州府志》卷9《秩官志》，第85页上。

> 成化初，土舍王赋欲并七方，致符那南之乱。官军平后，其
> 侄符那月者，率南蛇父族。定钦等诸黎皆告出州，供徭役。吞并
> 者裔恶其异己，且惧所部或效之。十四年七月丁未，以官役频
> 繁，事唆南蛇等仇杀那月，不获。贼因劫杀作耗，刻箭传递，诸
> 州县黎峒闻风响应。[1]

官军平定成化五年的起义后，符那南所统治的七方峒由那南之侄符那月统辖。但是那南之后裔对于"异己"的那月非常痛恨。此时又逢诸黎开始投靠官府，告出粮差。那南之后裔担心七方峒黎也仿效之，投靠官府。而且，当时已经有统辖之黎借投里甲长的名义，脱离七方峒。一同参与起义的落瑶峒也出现了类似的局面。"先七方村符那日不服符那月，而服里长吴环乌；落窑符侬蛮不服王世伟，而服里长李续坚。"[2]仇视符那月异己和惧怕部众散失的新仇旧恨交织在了一起，符那南之后裔唆使符南蛇以徭役繁重的名义生事，并谋杀符那月，没有成功，由此酿乱。在黄佐的笔下，七方峒的起义虽然打着"官役频繁"的旗号，但是更多的是七方峒内部符那月以及符那南后裔之间对于统治权的争夺，以及与官府交恶已久的七方峒、落窑峒峒首对于所统摄之人投靠官府的恐惧与反对。

时人陈策的《平黎策》展现了这段历史的另一幅图景。在七方峒、落窑峒黎人"攻围城寨，流毒乡村"之际，"统军大人"多次"策问士子，审勘里老"，乡人陈策作《平黎策》。陈策认为自己之所以敢述倡乱原委，是因为"生长是邦，耳闻目击"。关于起义的原因，本地人有以下讲述：

> 弘治初，土舍符节黎人各投里长陈遇春等，带引出州粮差。
> 符节嗔怒，背从昌化县知县陈斌，捏申本州抱驿都五图黎户附昌

1　嘉靖《广东通志》卷68《外志五》，第20页下—21页上。
2　（明）陈策：《平黎策》，收入万历《儋州志》，地集，《黎岐志》，第87页下。

化县，愿拨。州同何佑受嘱，径呈准拨。时钟英新任州事，询究其由，知必基祸，直示通都贴民。王旺等赴奏奉勘合，时未蒙拨回。后钟英卒，同知陈珉接掌州事，深文巧计，指鹿为马，谓奏无人。昌化节申符南蛇逃役，不以为害，反以为利。批文急于星火，更甲猛于虎狼。南蛇之恶，于是萌矣。[1]

这一段话让我们看到了弘治初年儋州土舍峒首与州县官员之间的复杂关系。此时，《世引堂记》中提到的宗孙符节已经在实践其"终祖父之惠"的责任，成为土舍符节。为"缔祖先之所基"而"舍己之所业"的符节面对让部众投于里长的举措，十分愤怒。符节采取的办法是让自己统辖的抱驿都五图脱离儋州管辖，依附到昌化县名下，以此逃脱"投奔里甲""出州粮差"的责任。[2] "潜心经史，而专门于《春秋》"的土舍符节与州县官员的关系非同寻常，昌化县知县帮助其申报，州同更是"受嘱"准拨。继任的同知亦和符节串通一气，瞒天过海，称抱驿都五图不在州内。然而，符节和州县官员的阴谋没有因此而停止，他们将矛头转向了一向与官府交恶的符南蛇，试图将所逃之"州粮差"转与符南蛇承担。符节声称符南蛇逃役，而官府借此催征科敛，于是酿成弘治十四年声势浩大的起义。

在陈策的笔下，符节也成为主角之一。至于陈策与黄佐的记录孰是孰非，则没有分辨的必要，因为一个复杂的历史事件本身就是多个面相交织的结果。

这次起义是成化年间海南规模最大的一次。符南蛇"刻箭传递，

---

1 （明）陈策：《平黎策》，收入万历《儋州志》，地集，《黎岐志》，第 84 页上—下。
2 符节控制的抱驿都五图和七方峒原属于宜伦县，宜伦县处于儋州南端，与昌化县交界，州官要控制昌化必须经由宜伦，因此对宜伦的控制关系到儋州与昌化县之沟通。据《明英宗实录》卷56，第 3 页下—4 页上载，正统四年六月庚寅，知州程莹以"地狭民少"为借口，省宜伦县入州。永乐四年，符添庆得授的土官是宜伦县土官主簿。宜伦县革后，符应乾被授予的官职是昌化县土官县丞。虽然改授了昌化县土官县丞，但是其统辖的范围没有改变，但是，此后抱驿都五图归属于儋州。因此，弘治初符节和符南蛇都需要"出州粮差"。然而，符南蛇起义后，万历《琼州府志》记载"七坊"时，它不再是和抱驿都五图并列的组织，而成为抱驿都五图之下的地名了。参见万历《琼州府志》卷 7《兵防志》，第 70 页上。

诸州县黎峒闻风响应"，数月间拥众万余，儋州、昌化、临高均告急。省军抵儋，都指挥河清驻扎之地孤营无备，为起义军攻杀大败。"自是贼势益炽，郡城为之惊动。"直到伏羌伯毛芮以两广并汉达、狼、土兵十万至儋，方才平息。[1]

剿平起义的军队中不仅有官军、广西狼兵，还有土兵，并且土舍的军队是平息起义的主力。平息起义之初，在"镇兵讨之不下"的时候，自称"土人"出身、"颇知事势"的户部主事冯颙上"以蛮攻蛮"之策，建议"乞仍考原设应袭土官子舍，使各集土兵，可得数万，听镇巡官节制。有能擒首恶符南蛇者，复其祖职"。冯颙的提议得到了批准。[2]

起义往往是地方势力重新分配、地方权力格局出现改变的契机。起义平息后，助官平定的土舍的身份与地位获得了官府的承认。副使王继给土舍王炳然等颁发告示。颁告之时，他申述了这样做的原因。王副使认为，熟黎之中隐匿着逃军、逃民和逃酋，这些人"煽惑为恶，酿成符南蛇之祸"，虽经过大征，但祸根未除。本来应当剿除，"又恐玉石未分，杀及无辜"。于是他采用的办法是让土舍"尽行管束"版籍熟黎，且"不许有司科派差科及里老扰害"，只要土舍"奉公守法"，将所有逃入黎内军、民、囚、匪拘拿送官，抚管版籍熟黎，召回逃去黎人，则可由朝廷遣使勘实授官。[3]

告示中不许州县征派劳役和里甲介入黎峒的规定无疑针对的是儋州在弘治初年的举措，对州县官府的打击可想而知，在官员中间掀起轩然大波。正德二年（1507），王佐上《进〈朱崖录〉表》和《进〈朱崖录〉奏》。王佐称王继为"既死之奸邪"，并将王继的颁告看作"分裂我祖宗之土地人民，轻与土人，用济其私"的大奸大恶的行为。王佐强调正统五年（1440）颁布的革官法令，是深谋远图的"祖宗旧制定例"，"至今遵守余六十年"。王佐点明了土舍与州县矛盾的焦点

1　嘉靖《广东通志》卷68《外志五》，第21页上—下。

2　《明史》卷319《列传·广西土司三》，第8274—8275页。

3　（明）王佐：《进〈朱崖录〉奏》，《广东文征》卷6，第40页。

所在：一旦革官子弟割据邻边领土，各带其人以去，"则州县丁口，十去三五，难为差役，亦难为州县矣"。[1]

四　编户齐民与开路通道

七方峒的动荡没有随着符南蛇的败亡而结束。嘉靖二年（1523），符南蛇从子崇仁、文龙争立，煽动诸黎，起兵仇杀。兵备副使胡训执二人系狱，命儋州同知顾岕抚之。事平后，顾岕擢南安府通判。[2]顾岕著《海槎余录》，对儋州的土俗民风"耳目所及，无不记载"。他首先概述了七方峒的总体形势并回顾南蛇之役：

> 儋耳七坊黎峒，山水险恶，其俗间习弓矢，好战斗。中多可耕之地，额粮八百余石。弘治末，困于征求，土官符蚺蛇者扇动诸黎，远迩响应，得兵万余，攻城略地，一方罹患，镇巡二司调动汉达官军二万员名，会临本境，分作五道，捣其巢。……（蚺蛇）谋渡水脱走，误投深涧，骑争逐之，中箭死，余党招抚。

这段材料提到的八百余石"额粮"，正是前文所讨论过的引发七方峒起义的缘由之一。也正如前文所说，在土舍势力强大的情况下，官府是否能成功征调，仍是疑问。直至嘉靖二年平定符崇仁、符文龙起义后，额粮的问题才得到比较有效的解决。

顾岕是平息起义以及重建社会的直接参与者，他着重记录了事情的经过：

> 嘉靖初，符蚺蛇从侄符崇仁、符文龙争立，起兵仇杀，因而扇动诸黎，阴助作逆。余适拜官莅其境，士民咸忧危，麇额道其

1　（明）王佐：《进〈朱崖录〉奏》，《广东文征》卷6，第40页。

2　嘉靖《广东通志》卷68《外志五》，第23页上。

故，余答曰："可徐抚之。"未几，崇仁、文龙弟男相继率所部来见，劳遣之。余知二酋已获，系狱，故发问曰："崇仁、文龙何不亲至？"众戚然曰："上司收狱正严。"余答曰："小事，行将保回安生。"众欣然感谢。郡士民闻之，骇然曰："此辈宽假，即渔肉我民矣。"余不答，既而阅狱，纵系酋二百人。州人咸赏我宽大之度。彼黎众见之，尽阖首祝天曰："我辈冤业，当散矣。"余随查该峒粮俱无追纳，示谕黎老，各出长计，转请海道明示，黎众争相告乞，辜保其主。余谕之曰："事当徐徐，此番先保各从完粮，次保其主。何如？"众曰："诺。"已而得请从黎俱纵回。前此土官每石粮征银八九钱，余欲收其心，先申达上司，将该峒黎粮品搭见征无征，均照京价二钱五分征收，示。各黎俱亲身赴纳，因其来归，人人抚谕，籍其名氏，编置十甲办粮。除排年外，每排另立知数、协办小甲各二名，又总置总甲、黎老各二名，共有百余人，则掌兵头目各有所事，乐于自专，不顾其主矣。日久寝向有司，余密查识其情，却将诸首恶五十余名，解至省狱二千里外，相继牢死，大患潜消。后落窝峒黎闻风向化，亦告编版籍粮差讫。州仓积存，听征粮斛，准作本州官军俸粮数散，地方平妥。[1]

在这场较量中，符崇仁、符文龙等人被俘是顾岕得以与七方峒黎人讨价还价的关键。他提出的条件是"此番先保各从完粮，次保其主"，也就是说，只有黎人纳粮之后，被俘土舍才会被放还。随后，又借黎人亲身赴纳的机会，籍其名氏，编订里甲。在符南蛇起义之时，官府提倡黎人投靠里长，出州粮差。黎人依赖的是"投靠"的方式。而从材料来看，这次编订里甲则是直接在黎峒社会内部进行，设置了"协办小甲"、"黎老"以及"总甲"等职。也可以说，官府借编订里甲之

---

1 （明）顾岕：《海槎余录》，《四库全书存目丛书》版，据上海图书馆藏明正德嘉靖闲阳山顾氏家塾刻顾氏明朝四十家小说本影印，台南：庄严文化事业有限公司，1996年，第13页下—15页下。

机，在黎峒社会内部培植起一个有别于土官、土舍的管理阶层。这个阶层的权力不是来自"土俗"和血缘继承，而是来自皇帝和官府。他们的兴起分化了当地的权力结构，"掌兵头目各有所事，乐于自专，不顾其主矣"。如果说成化、弘治年间让黎人"投靠"已经触及了土俗社会的根基，那么，嘉靖时期在黎峒社会内部推行里甲制度则彻底地摧毁与分化了土俗社会的基层结构。此后，七方峒由官府长期烦恼的乱源变成支持官府镇压其他土舍起义的主要力量之一。如嘉靖二十七年崖州黎那燕等起义时，儋州七坊土舍多次派出黎兵帮助官军作战。[1]

嘉靖年间，顾可久任广东按察副使，兵备琼州，著《琼管山海图说》分州县介绍嘉靖中海南各地之山川形胜及治理情况。其中，《儋州山海图说》着重介绍了儋州在符南蛇起义后的格局：

> 自弘治十四年大征符南蛇之乱，兵威所加，迄今震慑。其久附抱驿都者，多历年所，言语衣服，皆为吾民，输赋就里役。近附者，咸分属土舍，亦输赋出兵听用。唯七坊一峒，素好骁悍，虽他州县诸黎皆惮之，固我兵所资，然亦不可不加之意也。旧设南朝、坟远、蓬墟、七坊四营防御。今不发军，以示无外，顾调戍他境云。海道则设烽堠十七处备倭，官军、巡司、兵壮、乡兵皆视清澜之制。[2]

在顾可久看来，儋州的黎峒社会在"兵威"下维持着平静。按照"久附"与"新附"，顾氏将黎峒分为两类。二者的区别在于，久附者要输赋就役；而新附者只输赋，无里役，唯在官府需要时"出兵听用"。

顾氏提到的抱驿都包括五个图。其中，一、二、三、四图属于"久附"，需要输赋就役；五图则被顾可久归于"新附"，只需输赋。

---

1 （明）张鳌：《交黎剿平事略》卷4《奏疏》，据嘉靖辛未刊本影印，台北：正中书局，1981年，第7页上—9页下。

2 （明）顾可久：《琼管山海图说》卷下《儋州山海图说》，光绪十六年刻本，第1页上—下。

顾可久曰：

> （抱驿都五图）弘治初年，分属昌化县籍。弘治十五年协从符南蛇作乱，征定复州，止责赋，免其里役，有事出兵听调。[1]

前文提到，五图是土舍符节的统率范围。符节为了逃避出州粮差，因而登记在昌化县的册籍中。这条材料说明，符南蛇起义后，五图又复归于州。不过，顾氏误把对立的双方当成了盟友。他以为五图"协从符南蛇作乱"，他不明白正是符节与符南蛇的交恶，导致了黎民起义的爆发。

《儋州山海图说》非常详细地记录了儋州所有新附村峒的名称、各自归属的地方首领以及四至范围。例如：

> 途修峒、富行村、英豪峒……凡三十九村，约共三百三十户，本生黎。嘉靖九年，副使徐乿招抚纳税，无里役，有事出兵听用，立为黎附都，令土舍今王世伟部领。东至土舍今刘朝卿部下打松村一百里，南至峒首今符文盛部下新招来格都罗不村一百五十里，西至土舍今王世伟村一百二十里，北至州一百八十里。[2]

笔者统计，除了抱驿五图、七坊峒，该书共记录了 220 个新附村峒。这些新附村峒都是嘉靖九年在副使徐乿的招抚下归附的，分属 12 位峒首或土舍部领。同样地，官府在新附村峒实行输赋无役、有事出兵听用的政策。

《儋州山海图说》绘制的儋州图（见图 3-1），直观地反映了嘉靖年间的官员对于儋州的印象。图中所出现的地点一为官府机构以及军

---

1 （明）顾可久：《琼管山海图说》卷下《儋州山海图说》，第 1 页下。

2 （明）顾可久：《琼管山海图说》卷下《儋州山海图说》，第 2 页上。

事防卫机构，一为各村峒。如果将图上的村峒与嘉靖九年新附村峒相对比，不难发现，大部分的村峒其实都是在这一轮的招抚中才进入官府的册籍。也就是说，在符南蛇起义以前，与官府有所交道的主要是邻近儋州城的抱驿都。七坊峒已经算是界限，越过七坊峒的大部分地区还不为官府所掌控。经过官府的多次招抚，登记在籍的村峒范围比之前扩大了许多。

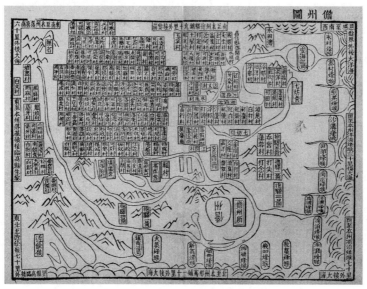

图 3-1　《儋州山海图说》之儋州图

资料来源：(明)顾可久：《琼管山海图说》卷下《儋州山海图说》。

顾可久在图上还留下了"无名"的字样。关于"无名"之区，顾可久这样描述：

> 深峒遐黎，知其村名者惟南不埒峒、落洒峒、可潺、可赛等峒，而其不知名不能入者无虑，即曰"岐黎"。……性慓悍，刀耕火种，以射猎为业，穴居野处，与禽兽无异。以本土阴处红咸泥浆为盐，亦不能出我熟黎界域，水土异，宜各安其穴，天限内

外生熟之别云。[1]

　　顾可久用"岐黎"统称居住在"无名"之区的人，并且给予了他们种种的想象与偏见。顾可久认为，"内外生熟"之别是源于"天限"，也就是说他将"生黎"与"熟黎"的划分归因于自然环境的影响。

　　其实，在儋州图上有名和"无名"的分别是该地点与官府的关系，标准之一即是否进入了官府的册籍记录。"无名"显然不是因为这个地区无人居住，也不表示当地人没有自己的词汇来称呼这个地点。在昌化县图上，顾可久在许多地点注明的"版籍黎"正是"无名"之区的镜子。所以，所谓有名与"无名"关键看是否进入"版籍"。

　　儋州的故事只是一个序幕。明中叶以后，海南的不同区域开始经历与儋州类似的过程，土俗权威与王朝制度之间的较量与斗争日益激烈。万历年间，任南京礼部尚书的海南定安人王弘海（1565 年进士）概述了明中叶频繁爆发的黎民起义：

　　　　始弘治十四年（1501）符南蛇之乱，尝大征矣。去嘉靖辛丑（嘉靖二十年，1541）曾无几也，复有征黎酋那红、那黄之举焉。又去嘉靖己酉（嘉靖二十八年，1549）益无几也，复有征黎酋那燕之举焉……先臣都御史海瑞当世宗朝上言，尝谓："当弘治十四年大征也，若亟图善后，可无后来二次再举。继之，嘉靖辛丑己酉大征也，若亟图善后，可无今日岁岁为患。"由此观之，前事之不忘，后事之师也。为今之计，亦惟寻往岁大征之旧辙，修日前善后之良规。建必然之画，为久安之图。[2]

1　（明）顾可久：《琼管山海图说》卷下《儋州山海图说》，第 6 页下。
2　（明）王弘海：《议征剿黎寇并图善后事宜疏》，收入王弘海《太子少保王忠铭先生文集天池草重编二十六卷》卷 2《奏疏》，《四库全书存目丛书》版，据上海图书馆藏清康熙刻本影印，台南：庄严文化事业有限公司，1997 年，第 39 页下—40 页上。

明中叶以后，海南东部与南部黎民起义此起彼伏，加之逃兵绝户的卫所系统形同虚设，甚至连海南卫的衙门都倾颓倒塌了。[1]官府平息起义只有仰仗土舍，至嘉万时期，"土舍黎兵"成为官府军队系统中的常设武装，琼州府设 41 个土舍，儋州设 7 个土舍，昌化县设 2 个土舍。[2]万历《儋州志》将此时期地方各种势力的消长很生动地勾勒了出来：

> 弘治末，副使王继给告示，付土舍王炳然等。嗣后，革官子孙威权愈重，名曰土舍，实则土官。近又夤缘冠带，即假成真，包占乡村，莫敢与抗。复有一种豪强，计服二三黎村，辄称报效土舍。官司误给印贴，遂持为据，因而包占民黎。[3]

弘治以后，废除土舍的呼声和土舍日益势大的事实交织成一幅矛盾重重的画卷。[4]

与王弘海同时代的诸多官员，如海南籍官员吴会期、海瑞，以及平息过那燕起义的俞大猷等，都就善后问题上奏献策。开道立邑是官员们着重讨论的问题。如海瑞之《治黎策》提到：

> 夫琼黎中处，环海州县，譬之人则心腹之疾也。失今不治，后将浸淫四溃，而为四肢之患，皇甫规所谓"虺蛇入室，不可一日安焉"者也。故愚生以为今日之计不过坚持开十字道之心，固执立州县之计而已。自此之外，虽议之之尽其方，处之之尽其

1　据万历《琼州府志》载，海南卫，洪武时期指挥张荣建立，至正德时期圮坏殆尽。参见万历《琼州府志》卷 7《兵防志》，第 58 页上。

2　万历《琼州府志》卷 7《兵防志》，第 23 页上—25 页上。

3　万历《儋州志》，地集，《黎岐志》，第 94 页下—95 页上。

4　万历《琼州府志》收录了唐胄、韩俊、杨理、钟芳、吴会期、海瑞、俞国耀、林如楚等人的议黎奏议，多篇谈到废除土舍的问题，鉴于篇幅，本书不做引述。参见万历《琼州府志》卷 8《海黎志》，第 69 页上—92 页下。

术，皆下策也。[1]

万历二十七年（1599），琼山居林等峒反，黎首马屎倡起义。官府平息起义后，在马屎巢穴设立水会所。[2]水会所的设立与道路的开辟有密切关系。王弘海作《水会所平黎善后碑》记录了设立水会所时官府的多项举措：

> 遂议筑水会城，置守御千户所，为万千年不拔之基。已海南道副使□有守至区画经营，屹然金汤之固；已宪使林如楚、副总兵邓钟、抚黎通判吴俸相继踵至，规画善后，不遗余力。留戍守，兴屯田，勾军伍，稽亩籍，创公廨。伐山开道，东达万，西达儋，渐次疏通。又设巡司以备讥察，立墟市以通贸易，建乡约以兴教化，竖社学以训黎庶。时届王正诸峒蛮扶老携幼于新城观灯玩彩，熙熙然快睹升平气象。而后督府闻之，喜可知矣。[3]

水会所是一个据点，以此为根据，开通了东西道路。伐山开道不是简单的披荆斩棘，修路建桥，要保证道路常通，需要从军事、经济以及社会风俗上改变原有的社会。

万历年间，福建莆田人林如楚以按察使分巡海南，亲自筹划了开辟东西道路。对于黎境开路，他有如下体验：

> 琼岛东西广六百余里，南北几九百里，由琼城五百里而南，崖三百里而北，有五指山焉。……黎岐之疆围一千二百余里，绝长补短，可四百有盈，山势盘旋若螺，外环十三州邑。稍内属

1　（明）海瑞：《治黎策》，收入海瑞《丘海二公文集合编》之《海忠介公集》卷2《策》，第2页上—下。

2　万历《琼州府志》卷8《海黎志》，第65页上。

3　（明）王弘海：《水会所平黎善后碑》，收入王弘海《太子少保王忠铭先生文集天池草重编二十六卷》卷9《碑记》，第18页下—19页上。

> 土舍纳粮者为熟黎，不属土舍纳粮者为生黎，最深为岐，巢木山巅，刀耕火种。□□□□由各州邑距黎境逮二百□□□余里，亦有二三十里者。出入□□□越山巅，自有平坡大路可行。行数十里、二三十里即有一峒。峒皆有十数村，村有大小，而家之多寡。因之，沃土稠烟，与在外民村无异。第层峦叠嶂，丛菁茂林，岚氛未开，故诸獠得以负固为患。昔画黎者，以征抚为入门，以十字路为实地。今水会城诚，抚绥有官，守御有所，敷教有塾，民黎熙熙，州邑规模，而又据诸獠腹心矣。东达万陵，西通儋感，北出琼定，十字已丁矣。[1]

这段材料涉及几个重要问题：其一，官员们如何对居民进行分类。"稍内属土舍纳粮者为熟黎，不属土舍纳粮者为生黎，最深为岐，巢木山颠，刀耕火种"，也就是说，按照当地居民与朝廷以及土舍的关系，林如楚将之划分为民、熟黎、生黎以及岐。这样的分类方法从宋代延续下来，没有太多改变。其二，嘉靖、万历时期，土舍多次出兵助官府平息起义。因此，官员对于土舍的态度也显得暧昧。一方面，官员认为土舍是阻碍州县设立的势力；另一方面，由于动员能力所限，官府又不得不依靠土舍来进行治理。林如楚也表现出对土舍统率黎人的承认。其三，所谓的开路是在怎样的状况下进行。林如楚描述道，将道路分隔开来的主要是黎峒。开通道路的关键是要改变黎峒社会的风俗与制度。水会所就是一个推行风教的中心。林如楚提到水会所设立后道路的格局，"东达万陵，西通儋感，北出琼定，十字已丁矣"。

　　在这个时期，开通南部的道路仍然是困难重重。林如楚分析道：

> 若逾五指而南抵崖，一路中，草唱、喃春、磨莱、草提、合唠诸黎虽新招纳粮向化，而喃恺、喃唠、磨羊、磨赞、番铳、降

---

1 《林如楚图说》，万历《琼州府志》卷8《海黎志》，第85页下—87页上。

文、磨嗷与崖之凡阳诸岐峒络绎二百余里，皆人力所不至之地，诸獠兽聚山谷，别为世界。据一时兵，非不可介然成路，能保不终茅塞乎？今诚与崖招村辟村，招峒辟峒，山泽气通，混沌自判，如冻解之后蛰虫悉启户而出，则全岛舆图宁止三州十邑哉？[1]

林如楚笔下五指山南至崖州的广大山区"诸獠兽聚山谷，别为世界"。可见，这个区域对于官员而言非常陌生，"皆人力所不至之地"，为朝廷风教所不及。直至光绪十三年（1887），张之洞、冯子才等仍致力于在五指山腹心修通十字路。清末修路的努力，仍未获成功。

现存的材料甚少提到明代海南的冼夫人庙，我见到的有两处。其一，顾岕不仅在七方编订里甲，而且将儋州宁济庙迁移了新址。方志记载：

> （宁济庙）在州治南，儒学右，嘉靖二年，同知顾岕以其庙逼近儒学，奉提学魏（校）明文，因毁五显佛像而迁于其庙焉。庙祀者谁？谯国夫人冼氏，冯宝之妻也。[2]

关于魏校在广东毁淫祠的政策及其影响，多位学者已有专门研究，兹不赘述。[3]在毁淫祠的过程中，顾岕的举措表达出了他对于信仰领域何谓正统的看法。五显庙被视为淫祠，在宋代就已受到敕封的冼夫人则是官府认可的神明，但是，顾氏认为儒学需要与地方信仰相区别，他不赞同冼夫人庙紧邻儒学，于是将冼夫人庙迁移到五显庙的庙址。

其二，万历年间，王弘诲作《新建谯国诚敬夫人庙碑》记录定安乡民重修冼夫人庙的经过：

---

1 《林如楚图说》，万历《琼州府志》卷8《海黎志》，第87页上一下。

2 万历《儋州志》，地集，《秩祀志》，第8页下。

3 参见科大卫《明嘉靖初年广东提学魏校毁"淫祠"之前因后果及其对珠江三角洲的影响》，周天游主编《地域社会与传统中国》，西安：西北大学出版社，1995年，第129—134页；〔日〕井上彻《魏校的捣毁淫祠令研究——广东民间信仰与儒教》，《史林》2003年第2期，第41—51页。

> 吾邑向来只阴阳学前拓地一区，方广不逾寻丈，库屋颓垣，仅蔽风雨，无以称壮丽而侈具瞻，岂非人情，难以虑始。而沿陋就简，未有好义秉礼者为之倡。与顷，邑人陈万元、郑日章随缘募化，群情响应，一时善信捐地而舍财者几如千人，各殚心力以相厥事，乃就庙旧址重建庙宇，堂间皆撤其旧而新之。[1]

材料显示，长期以来定安冼夫人庙局促于狭隘倾颓之地，没有人倡修重建。这个时期，邑人才开始重视冼夫人庙的兴修，并且一呼百应，纷纷解囊。

明中叶以后，海南岛的东、西、北三面在交通上逐渐连接成可以通达的整体。道路的开辟和朝廷制度推行、文教普及是同一个过程。而中南部广大山区在交通上和文化上仍自成世界。这样的交通、文化格局也体现在冼夫人信仰的流布上。今天的学者所绘制的海南冼夫人庙分布示意图显示，海南岛的冼夫人庙主要沿着东、西、北三面主要道路而建立，中南部山区基本没有建立冼夫人庙（见图3-2）。

结　语

从宋代海南之设立土官开始，到明成化、弘治年间先后三次平定黎民起义为止，儋州社会的变迁在以下场景中纵横捭阖地展开：宋代的海南是"王二娘"等峒首的天下。元代，虽然征讨的大军深入了五指山地区，但是征讨之后建立的黎兵屯田万户府，完全由土官组成。及至明代，海南存在着府州县、卫所和土官三个系统。永乐四年至宣德四年，海南曾设置抚黎知府，专门抚黎，统摄土官。由于"府权"的纠葛，抚黎知府在宣德四年遭到革除。

---

1 （明）王弘诲：《新建谯国诚敬夫人庙碑》，收入王弘诲《太子少保王忠铭先生文集天池草重编二十六卷》卷9《碑记》，第15页上一下。

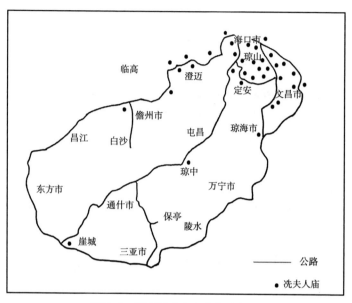

图 3-2　海南冼夫人庙分布示意

资料来源：参考陈雄供稿、刘国光制图《海南省冼太夫人主要文物古迹图》，收入广东炎黄文化研究会等合编《冼太夫人史料文物辑要》，北京：中华书局，2001 年，第 77 页。

正统五年，有革除土官之政令。但是土官革除，土舍兴起。革除的土官，依然活跃于历史的舞台。他们自称"土舍"，继续统率部众，把持村峒。当时的朝臣对此采取了视而不见的态度。成化年间，以韩雍为首的封疆大吏与州县官员着手在海南建立秩序，尤其是令黎人"各投"里甲长，出州赋役。这些举措从根本上触动了豪酋社会的根基。"非其宗不属"的"土俗"受到了来自官府的挑战。一旦所统黎人投靠里甲长，不但需要担负儋州的赋役，更为关键的是，长期以来豪酋们根深蒂固的地位也将动摇。官府势力深入和黎峒内部的分化使得豪酋之间的地位发生着变化。弘治十四年（1501）儋州黎人起义就是当时地方社会大变局的集中折射。起义之时，官军借助土舍黎兵平定之。因此，起义平定以后，土舍不仅没有消失，其身份反而得到了官军将领的承认，由此激起了王佐以及后来许多州县官员革除土舍的呼声。

　　丘濬的《世引堂记》只有放到社会变革的脉络中才可以理解。王佐对正统五年革除土官法令的强调正好与丘濬在《世引堂记》中的忽视形成鲜明对比。丘濬作记之时，州县官员还无法控制黎峒地区，对于革官之有名无实根本无能为力。然而，经过成化、弘治年间在黎峒建立赋役制度的努力后，若承认土舍，恢复土官，所有编入里甲的黎人都将重新回复到土舍的控制之下，州县不得征税。这无异于宣布了州县对这些地区控制权的彻底丧失。在王佐笔下，土舍管辖的土地将不再是王朝的"版图"。在这种反对恢复土官的声浪中，颁发之时没有产生太大实效的革官法令，忽然变得举足轻重起来，成为官员们维护自身利益的盾牌和攻击对手的武器。直至清代，废除土舍依然是官员们老生常谈的话题，不过和明代的故事一样，同样的话题在不同的时期反映出当时人的关怀与面临的问题，必须放到具体的历史情境和社会条件下，寄予"同情之理解"，方能认识。

　　综上所述，在边缘地区，明朝编户齐民的过程，很大程度上就是由"化外"转变为"内地"的表现，就是个人的身份由"黎"转变为"民"的途径——这个过程正是边缘社会与王朝制度整合的一部分。然而，仅仅用"自上而下"的眼光不足以解释里甲制度在地方社会的落实与推行，因为它同时也是地方民众根据自身的传统、利益以及情感选择的结果。因此，历史叙述的本身也是历史，对于同一事件或制度的差异性记载引发后人探究其中的奥秘。同样的法令在不同的历史情境之下，时人的态度和解释都会因时而异，要理解这一历史时期的社会图景，既需要把握土官、卫所、流官、里甲等制度的演变，又需要时时紧扣当时社会变化的脉络，以及不同身份的人的处境与关系。

第四章　雷祖与雷首：祖先还是神明？ [*]

　　土著身份的改变，编户齐民的过程固然重要，但除此之外，礼仪改革也是关键。学者们讨论礼仪的改变，主要着眼于宋代以来"教化"的推广。究其原因则是朝廷的势力，通过武力、经济或文化，延伸到地方社会。但是，礼仪的变化不仅发生在自上而下的层面，也呈现在地方社会对正统的表达上，神明的祭祀活动就是集中的体现。从雷州雷祖的历史演变，可以清楚地看到不同时代的人如何借用神明的祭祀表达对正统的诉求。正因为新旧礼仪往往不是取代，而是叠加，所以在正统化的过程中，神明的多重形象与身份并存。

[*]　本章的一部分曾以《亦神亦祖——广东雷州所见正统化下的礼仪重叠》为题发表于《新史学》（台北）第20卷第4期，2009年。

　　雷州的白院雷祖祠规模宏大。祭祀的主神是雷祖陈文玉，该祠早在南汉时期就已经成为祀典内的庙宇。[1]雷祖祠集中体现了雷祖陈文玉的复杂身份。正殿为"雷祠三殿"，供奉着三位神明：雷祖陈文玉，帮助陈文玉平定土著起义的大将军李广，以及英山石神。正殿里，雷祖陈文玉以士大夫的形象正襟危坐（见图4-1），接受殿外几尊石人的跪拜。这些石人貌似南方土著，浓眉凸眼，短衫跣足。

　　雷祖祠后殿设有太祖公阁，摆放陈文玉父母的神主牌位以及其父"太祖"陈铁的神像。殿的东侧摆放着陈文玉三位姐姐的神主牌位。这里是陈氏供奉祖先的场所。陈文玉除了神的身份外，还是陈氏的祖先。所以，在雷祖祠看到的陈文玉，集家族的崇拜以及神明的信仰于一身。以雷祖祠为中心的社会关系在祭祀关系上又叠加了同宗关系。

图4-1　白院雷祖祠正殿雷祖陈文玉像

注：除特殊说明来源外，书中照片均为作者拍摄。

1　万历《雷州府志》卷11《秩祀志》，据日本尊经阁文库藏明万历四十二年刻本影印，北京：书目文献出版社，1990年，第3页下。

除此之外，雷祖祠还展示了名不见经传的地方神的传统。祠的偏殿设雷祖阁，供奉雷州的另一位雷神——雷首（见图4-2）。雷首的形象与雷祖截然不同，它虬眉火红，蓝面鸟嘴，高擎着雷斧，似乎随时会迸发斩妖除魔的神力。

这样，雷祖祠的形制展现出叠加在一起的三层关系：其一，以雷神陈文玉为中心建立的神明祭祀关系；其二，以雷祖陈文玉为祖先建构的家族血缘关系；其三，祀典神明之外的地方信仰传统。

既是神明又是祖先的陈文玉是在怎样的历史过程中产生的？为什么为陈文玉专设的雷祖祠还祭祀着另外一位雷神？本章将从神明正统化历史过程中礼仪重叠的角度来理解雷州雷祖信仰的亦神亦祖现象。

图4-2　白院雷祖祠之雷首像

一　猪熊与雷种——唐人笔下的雷州雷神

在唐代的传奇与杂记中记录了很多雷州雷神的故事。[1] 当时并未出现"雷祖"的说法，而是"雷公"与"雷种"。以下几则可见一斑。

唐传奇中沈既济的《雷民传》开篇即说明：

> 罗州之南二百里至雷州为海康郡。雷之南濒大海，郡盖因多雷而名焉。

雷州因多雷而得名的论点在当时的文献中非常多见。沈氏提到，雷州之人拜雷，雷州之西立有雷公庙。百姓每岁"配连鼓雷车具酒肴奠焉"。祭祀之际，不可鱼肉与猪肉同食，"有以鱼彘同食者，立为霆震"。[2]

传说不畏鬼神的雷州人陈鸾凤敢于打破祭雷的禁忌。据裴铏《传奇》的记录，某年，雷州大旱，乡民祷告无验，于是陈鸾凤大怒，认为其乡为雷乡，雷神不仅不造福乡梓，还自享乡民祭品，便火烧雷公庙，激怒雷神，迫其降雨。《传奇》如此描述道：

> 其风俗不得以黄鱼、彘肉相和，食之亦必震死。是日，鸾凤持竹炭刀，于野田中，以所忌物相和，啖之，将有所祠。果怪云生，恶风起，迅雷疾雨震之。

迫雷降雨之后，陈鸾凤挥刀断雷左股。雷公虽然数次惩罚陈鸾凤，但仍以陈鸾凤之胜而告终，"自后，海康每有旱，邑人即酿金与鸾凤，请

1　何天杰认为在《山海经》《楚辞》《史记》等典籍中已经频频出现雷神。至唐宋时期，雷神的传说渐渐与雷州挂上了钩。参见何天杰《雷州与雷神传说考》，《北方论丛》2002 年第 1 期，第 11—15 页。

2　（唐）沈既济：《雷民传》，收入《龙威秘书》四集，乾隆五十九年石门马氏大酉山房刊本，第 3 页下。

依前调二物食之。持刀如前，皆有云雨滂沱，终不能震。如此二十余年，俗号鸢凤为雨师"。在这则故事中，陈鸢凤是主角，雷公没有特别的名号，"状类熊猪，毛角，肉翼，青色"。[1]

传奇故事中的雷公都是以兽的形象出现的。李肇《唐国史补》曰：

> 雷州春夏多雷，无日无之。雷公秋冬则伏地中，人取而食之，其状类彘。[2]

在这则资料中，雷公甚至成了秋冬之时雷州人的腹内美食。

又如，沈既济《雷民传》曰：

> 尝有雷民因大雷电，空中有物，豕首鳞身，状甚异。民挥刀以斩，其物踣地，血流道中，而震雷益厉。……雷民图雷以祀者，皆豕首鳞身也。[3]

这几则传奇故事勾勒出了一个形象清晰的雷州雷公：状类熊猪，呼风唤雨。雷之民畏之、祀之，又斗之、食之。

在传奇故事中还隐藏着一个形象模糊的"雷"。这个"雷"通过其子孙，即"雷种"体现出来。《雷民传》记录了一个具有"雷种"身份的人——陈义。传记这样讲述陈义出生时之异象：

> 义即雷之诸孙。昔陈氏因雷雨昼冥庭中，得大卵，覆之数月，卵破，有婴儿出焉。自后日有雷扣击户庭，入其室中，就于儿所，似若乳哺者。岁余，儿能食，乃不复至。遂以为己子，义

1 （唐）裴铏：《陈鸢凤》，《传奇》，台北：世界书局，1962年，第19—20页。
2 （唐）李肇：《唐国史补》卷下，台北：世界书局，1959年，第63页。
3 （唐）沈既济：《雷民传》，收入《龙威秘书》四集，第2页下。

即卵中儿也。[1]

作为"雷种"的陈义，卵生，由雷哺乳。但陈义不是兽状天神，而是人。

《雷民传》还记录了另一个版本的雷卵故事：

> 尝有雷民畜畎犬，其耳十二，每将猎，必筶犬以耳动为获数，未尝五动。一日，诸耳毕动，既猎，不复逐兽。至海旁测中嗥鸣，郡人视之，得十二大卵以归，置于室中。后忽风雨，若出自室，既霁就视，卵破而遗甲存焉。后郡人分其卵甲，岁时祀奠，至今以获得遗甲为豪族。[2]

在这则故事里，"雷"的形象也是模糊的。雷民的异犬发现了十二大卵，卵破之后，遗下卵甲，卵甲是郡人的祭祀对象。与陈义的故事比较，虽然没有婴儿诞生，但是持有卵甲成了某种与"雷"有关的象征，是雷之豪族证明身份的依据。

唐代的传奇不是当时雷州人自己留下的文字，是外面的人对于边僻之地雷州的认识与想象。宋以后，这些林林总总的神怪传说在文献典籍中才逐步演变成一个士大夫化的雷祖的故事。

二　水利开发与行政、信仰中心的空间布局

雷州的开发是一个长期的历史过程。万顷洋田的垦殖是其中至关重要的部分。万顷洋田的形成，既包含了擎雷水（今南渡河）入海口泥沙淤积的自然结果，也倾注了雷州居民开发拓殖、扩充堤岸、引水灌田的人工努力。在雷州，水利的开发与行政、信仰中心的空间布局

1　（唐）沈既济：《雷民传》，收入《龙威秘书》四集，第 1 页上一下。
2　（唐）沈既济：《雷民传》，收入《龙威秘书》四集，第 2 页上。

有密切关系。

讨论水利的开发与行政中心的关系，需要追溯后梁与南汉政权经略时期雷州的空间布局的变动。万历《雷州府志》考证了雷州之前身——古合州州治的地点：

> 古合州，汉元鼎始以徐闻得名，州治无考。至梁大通（527—529）间，改为南合州，在特侣塘边。唐天宝二年（743）迁麻历村，贞元初（贞元元年为785年）复迁特侣塘旧址，后梁开平四年（910）迁于平乐白院村，南汉乾亨二年（918）复迁特侣塘旧址，乾亨十三年迁今卫治，元至正（1341—1368）间迁今府治。[1]

唐代武德五年（622），高州总管冯盎降唐后，其子智戴为合州刺史。[2]虽然唐代有诸多关于雷州的传奇故事，但是几乎没有史料记录冯氏统率合州时期的社会状况。从梁大通间至南汉乾亨十三年，大约有350年的时间合州（南合州）的州治设置于特侣塘。可以说，直至南汉中期濒临东海岸的特侣塘是雷州的政治中心。南汉乾亨十三年后，雷州政治格局发生了改变，州治迁至明代雷州卫卫治所在的地点。这个地点其实已经在明代的雷州城中，距离明代雷州府治不远。"雷州卫治在府治东，即南汉州治。"[3]所以南汉中期以后，雷州的政治中心由海边的特侣塘内迁至今天的雷州城一带。南汉时期，王朝对雷州的经略，意在采珠。梁廷楠的《南汉书》考证过这段历史。他认为，后主时期所设立媚川都有两个采珠点，一为大埠的南步海，一为合浦的珠母海。王朝募集兵勇，下海采集，"每以石缒索系兵足入海五、七百尺，多溺死"。[4]雷州的西岸面临北部湾，即"珠母海"，南汉的采珠

1　万历《雷州府志》卷21《古迹志》，第1页下。
2　《新唐书》卷11《列传·诸夷番将·冯盎》，第4113页。
3　万历《雷州府志》卷12《兵防志》，第2页下。
4　（清）梁廷楠：《南汉书》卷6《本纪六·后主纪二》，林梓宗校点，广州：广东人民出版社，1981年，第30页。

军队就在这一带活动。

　　宋代，雷州的开发格局发生了转变，官员将目光从沿海转向陆地。新州址介于特侣塘与西湖两处水源之间。万历《雷州府志》这样描述雷州地势与主要水源：

　　　　海康附郭北枕英岭，南拱擎雷，时礼峙东，英榜列西，罗湖、特侣吞吐浩瀚。[1]

海康县即雷州府府城所在，"英岭""擎雷""时礼""英榜"是雷州城周围的山岭，从四面环山的情形来看，雷州城的地势相对较低。"特侣"与"罗湖"是分别位于雷州城东西两面的两处重要水源。"特侣"即特侣塘，"广四十八顷，在（遂溪）县南一百八十里小山村"。[2]"罗湖"则是指雷州城西的"西湖"，"西湖之先，名罗湖"。[3]

　　宋代之前，特侣塘和西湖是两个独立的水源，只是灌溉附近的田地。宋代的官员沟通东西水源，建立起环绕雷州城东、南、西三面的水利系统，大规模的土地开发由此进入雷州的历史。当地人将以这个水利系统为基础开发出来的田地统称为"洋田"，位于城东的往往称为"东洋田"，位于城西的则为"西洋田"。绍兴二十六年（1156），知军何庚开始开凿渠道，贯通二水。乾道六年（1170），知军戴之邵继之。何庚建立了沟通东西的灌溉水道，而戴之邵在何公渠的基础上开凿诸多分渠，并且引水入城，使州城内部也受益于这个水利网，遂溪县的部分地区也因此而受惠。[4]明代人将何氏所修渠道称为"何公

1　万历《雷州府志》卷3《地里志》，第1页下。

2　万历《雷州府志》卷3《地里志》，第26页下。

3　万历《雷州府志》卷3《地里志》，第7页下。

4　戴之邵修筑的水渠有两条：其一，由于何公渠近江山易湮，戴之邵在何公渠之东别开一渠，导流而南，与西湖水合。并沿渠筑堤蓄水，堤置八桥以通往来。开八渠，以分灌溉。又在东边建万顷闸，以拒水；启南亭闸，以泄水。增堤建六闸，开二十四渠，以使东北上游之田得到灌溉。其二，戴氏复于西湖东凿渠水入城，合特侣塘之水，灌溉东洋田。参见万历《雷州府志》卷3《地里志》，第21页。

渠",将戴氏所修渠道称为"戴公渠"。[1]

除了修渠之外,筑堤也是洋田开发的重要内容。因为濒海之地平坦,一旦飓风,咸潮内涌,则田庐尽伤。并且,雷州城下,擎雷水东流入海,与潮汐相消长,也有咸水内灌的隐患。所以,防海堤坝不仅沿海岸线修筑,在擎雷水的入海口也沿河岸增筑堤坝。绍兴年间,经界司委胡簿沿海筑堤。乾道五年,戴之邵复于胡堤外增筑,"尽包濒海斥卤之地,高广倍前,垦田数百余顷"。传说此堤为陈姓之人建言而建,故名"陈言"。[2]

何、戴二公的努力奠定了雷州水渠与堤岸的基础,但是,如何管理这样一个覆盖范围广泛的水利体系却是一个棘手的问题。乾道六年闰五月一日,戴之邵奏言:

> 管下濒海土薄,地杂汛沙,东北接连有大塘一所。臣于农隙雇募夫丁,并力开筑。窃虑岁久官司不能相继增修,旋致堙塞。今后差注本州海康、遂溪两县,并令于官御上带主簿河渠公事,任满有无增修损坏,批上印纸。[3]

戴氏所言东北的"大塘"即指特侣塘,其开筑的水利工程即前文所指戴公渠。戴氏的这道奏折认为,今后雷州官员的职责也应包括管理河渠事务。

水利体系的日常维护,需要一个和地方民众相结合的具体制度。嘉熙四年(1240),曾疏浚水利的雷州知军薛直夫作《渠堤记》。该记展示了官员动员地方力量管理水利的努力,故不辍繁复,引述如下:

> 堤岸主之统管,河渠主之塘长。堤岸稍有损坏,为统管者能

1　据万历《雷州府志》载,宋开宝四年,改雷州为雷州军。故何庚、戴之邵为雷州知军。南宋绍兴二十六年,知雷州军何庚导疏渠,灌东洋田。参见万历《雷州府志》卷1《舆图志》,第12页。

2　万历《雷州府志》卷3《地里志》,第29页下。

3　(宋)徐松辑《宋会要辑稿》食货8之11,第36页上—下。

拘食利户以修筑之；河渠稍有湮塞，为塘长者能率用水户以开浚
之。兴利除害，虽千载如一日也。设为统管者徇私废公，而堤之
损者不筑，为塘长者侥幸更替，而渠之塞者不浚，积而至于历年
之久，郡县行移，劳民动众，皆统管、塘长不能任责之故也。今
两渠各已流通疏导，亦易为利。捍海之堤僻在东南隅，县官未尝
亲历，统管视为细故，合无定为规约。自今堤岸已筑，闸窦已
通，之后责令诸统管认地分，各任己责。如将来或咸潮冲入，被
害之人指定申州，委官点视将分地统管，重新号令，籍没家产，
以谢被害之家。今堤岸统管、特侣塘长并合仍旧。惟西湖一渠自
闸下至东桥湮塞七十余年，旧迹不存，近方开浚，专委进士学政
王应容充塘长，三年一替。其下次亦委南门外士友或上户，近便
朝夕究心，以为永久之计。今虑将来无所稽考，乃叙其修筑始
末，地里丈尺，以便后之仁人君子观云。[1]

官员希望通过选定"统管"与"塘长"来管理水利系统。由"统管"
组织"食利户"筑堤，由"塘长"率领"用水户"修渠。从这个层面
而言，他们是官府和民户之间沟通的桥梁。同时，薛氏认为，"堤之损
者不筑"，"渠之塞者不浚"，是统管与塘长的过错。甚至，若有咸潮
内涌等灾害，被害人可以申州告发，"籍没家产，以谢被害之家"。在
这样苛刻的条件下，是否有人愿意充任"统管"或"塘长"，是值得
考虑的。但是，没有更多的史料可以进一步说明这一制度在雷州落实
的情况。

　　有关特侣塘的资料体现了佛寺在维护水利体系中的作用。2006 年
2 月在雷州调查期间，笔者专程走访了特侣塘。今天的特侣塘不复当
年一片汪洋的盛景，全部变成农田。从周围的地貌来看，田地尽头是
一圈小山丘陵，地势明显偏高。可以推测，这里本是一个海湾，宋代
开始，在入海口处建立堤坝，将海湾与外围海水隔开，形成一个储蓄

1　（宋）薛直夫：《渠堤记》，收入万历《雷州府志》卷 3《地里志》，第 21 页上—22 页下。

淡水的内湖。特侣塘尚存仙桥寺，寺庙的门额上镶嵌着万历四十六年（1618）"憩阴"石匾一块。寺内的新碑刻写"仙桥寺历史简介"，说明该寺原名"海心寺"，始建于后梁乾化元年（911），乃高僧怀空法师创建。按当地人的说法，这里是雷州佛教的"祖庭"。[1] 由于没有文献可进一步佐证，此说仍值得商榷。在南宋嘉定十六年（1223），雷州另一座寺院——天宁寺的住持重修了特侣塘的百丈桥，这在当时是个大工程。至今，为蒿草所掩的百丈桥桥亭仍矗立于特侣塘。据嘉定十八年李仲光《百丈桥记》记载：

> 雷阳多沃壤，城东良田弥望千顷，直北半舍为特侣塘。周广四十里，受山溪之水而不溢也。乾道闻郡守戴公之邵从而汇之，以便灌溉。筑为堤岸于其上，创为八桥，以济行者。然循是堤往来不如捷出之径，故民间又建桥于中流，以便负贩，号曰：百丈桥。岁久，桥坏。嘉定十六年，太守陈斌复命报恩寺僧妙应即其旧而新之。乃缘化人间，功苦食淡，昼作夜息，幸其徒五十余辈巧者运谋，壮者竭力，伐石海山，水航陆负，肩颒足茧，人不告劳，经始于癸未（嘉定十六年，1223），告成于甲申（嘉定十七年，1224），周岁乃竣，事成。桥五十丈，南北堤道各半之，縻钱一百余万。而畚锸之具，饮食之资，与夫募工之费，皆取办焉，官无废锱，民无横敛，而工已集矣。[2]

这里所说的报恩寺，即天宁寺，亦称"天宁万寿禅寺"，位于雷州城西关外。据万历《雷州府志》记载，该寺为唐大历五年（770）兴建。在李仲光的笔下，天宁寺的住持为重修百丈桥殚精竭虑，显示出这个地点对于佛教的特殊意义。论其缘由，可能仙桥寺确实比天宁寺历史久远。当特侣塘还是政治中心的时期，坐落在特侣塘中心地点的仙桥

---

1 《仙桥寺历史简介碑》，碑存于雷州特侣塘仙桥寺。
2 （宋）李仲光：《百丈桥记》，嘉庆《雷州府志》卷18上《艺文志》，据清嘉庆十六年刻本影印，上海：上海书店，2003年，第19页下—20页下。

寺也一定有其重要性。不过，这种种的推想没有更多的文献可以佐
证。在方志的记载中，天宁寺的光彩足以让雷州其他的佛寺都黯然失
色。作为苏轼、李纲渡琼时居住并题诗的处所，天宁寺从明中叶开始
逐渐成为文人雅士聚会感怀以彰显雷州风教的场所。[1]

　　南宋灭亡后，西湖就一直处于湮塞的状态。至顺间，雷州路廉访
司经历郭思诚重修西湖惠济桥。是次重修，天宁寺也参与其中。海康
人陈光大为之记，曰：

> 　　皇元以来，壅六十载。亭与桥闸俱废，湖既失灌溉之利，人
> 复病利涉，亲民者莫之问。至顺三年（1332），郭公思诚甫下车，
> 考图访古，恻然曰："此有司责也。……"复命天宁寺住持议缘舍。
> 一时官僚士庶咸悦此举，捐金钱若干以助寺帑，司其出纳，公簿
> 考之。于是市材、攻石、砖瓦、钉灰、夫匠日食之费，咸取给于
> 是，官无所扰。[2]

这是最后一次天宁寺主持募款、兴修水利的记录。

　　综上所述，从宋代开始，雷州开始形成一个环雷州城的排灌水
利体系。这个体系在宋元时期时壅时通。雷州的各种势力——官员、
地方领袖和寺院的力量都以不同的方式参与到这个水利的管理和运
作中。

　　宋代官员对雷州的经营不仅表现在兴修水利上，亦表现在移风易
俗上。与朱熹交游密切的南宋理学名家张栻作《思亭后记》，在回忆
其曾祖父张纮在雷州的功绩时，对雷州风俗有一条非常重要的记载：

> 　　皇祐四年，朝论以黎人不宁，择可为雷州者。有言曾大父豫
> 公久佐四边，熟兵事，急命往守。自四明以数百兵转海至，寇盗

1　万历《雷州府志》卷22《外志》，第1页下—4页上。
2　（元）陈光大：《惠济东西桥记》，嘉庆《雷州府志》卷18上《艺文志》，第31页下—32页上。

平息。及以闲暇时，延见长老诸生条教。始，雷俗未知礼逊。长子之子常为长，易数世之后，至叔父反拜犹子。公谕以长幼之序，亲疏之仪，悉革其旧。[1]

北宋至和元年（1054）张纮任雷州军知军，初至雷州之时，在地方长老诸生的讲述下，他惊讶地发现，雷州遵循"长子之子常为长"的礼仪。张纮不认为这种尊重长子嫡孙的习惯合乎正统；相反，他认为叔父反拜侄子是不合时宜的土俗，是"未知礼逊"。

"雷俗未知礼逊"包含着一套"礼"的标准。"知礼"与"未知礼"分成两套不同的世界观。接受"礼"就是接受了"礼"之下的王朝统治。"礼"与大一统的认同，在这个故事中表达得相当清楚。宋代学者秉承着普及"礼"的信念。正如张纮在雷州"谕以长幼之序，亲疏之仪"，就是从"礼"的层面努力将雷州纳入王朝的秩序。这篇文章的字里行间，无不流露出读书人在文化上对于王朝边缘之区的优越与傲慢。持这种傲慢心态的不止张纮与张栻，当时在雷州开疆拓土的官员往往留下雷州之士"不能与中州风气相接"的言论。

如果说北宋振兴儒学，以在各地建立先贤祠为主要表现，那么，南宋的善俗的办法，则是建立学校。南宋乾道六年，戴之邵重修雷州府学，试图让更多雷州人士可以得到儒家人伦孝悌的熏陶。儒学建成之时，戴氏以书抵张栻求记。张氏的记文开篇即阐明戴之邵初至雷州，风教不兴的状况：

　　雷之为州，穷服岭而并南海。士生其间，不得与中国先生长者接，于闻见为寡，而其风声气习亦有未能遽变者。某惟念所以善其俗，宜莫先于学校。而始至之日，谒先圣祠，则颓然在榛莽中。[2]

1　（宋）张栻：《思亭后记》，嘉庆《雷州府志》卷18上《艺文志》，第14页上—下。
2　（宋）张栻：《雷州学记》，收入张栻《南轩集》卷9，《四库全书》版，上海：上海古籍出版社，1987年，第12页上—下。

按照万历《雷州府志》的记载，北宋庆历四年（1044），设府学于西湖之东，"雷学始此"。嘉祐八年（1063），知军林昆修儒学之际，余靖为之撰碑，提到儒学供奉先圣、先贤之像。南宋绍兴十年（1140），知军胡宗道重修儒学，主要的工程是修筑宣圣殿。可见，从北宋开始，有数次重修儒学的记录。但是，直至戴氏任职雷州之时，雷州还是一派学校荒弛的局面。戴氏认为，雷州僻远，士人"不得与中国先生长者接，于闻见为寡"是"雷俗未知礼逊"的原因所在。埋没于蒿草的先圣祠正是儒学在雷州尴尬地位的写照。

戴氏解决府学校舍的办法是变佛寺为学宫。张栻的记文写道：

> 郡之西有浮屠废宫，撤其地，少下而得山川之胜，殿堂斋庑轮奂爽垲，凡所以为学宫者无一不具。用钱一千万，既成，则延其长老，集其子弟，而语之以学之故。[1]

郡西佛寺的"轮奂爽垲"与先圣祠的"颓然在榛莽中"形成了鲜明对比。戴氏延长老，集子弟，在"浮屠废宫"里"语之以学之故"。抑或，我们可以这样想象：及至南宋，随着王朝力量的不断渗透，儒学占领了佛教的寺院。地点没有改变，殿堂没有改变，只是士大夫取代了僧人，向"未知礼逊"的长老、子弟传授王朝的礼仪与秩序。

宋代建学校、兴儒学的举措的确改变了雷州的土俗。据万历《雷州府志·选举志》载，南宋中期以前，雷州得到荐辟者，除了陈文玉，只有南宋的陈彦德和陈元鼎。如果说陈文玉的出身来历虚实难辨，那么，在尚没有人科举高中之前，从某种程度上可以说，荐辟出身的陈彦德和陈元鼎就是雷州最早获得士绅身份的土著。这二陈在明代开始编修的《海康陈氏族谱》里都榜上有名：陈彦德为二十二世

---

1 （宋）张栻：《雷州学记》，收入张栻《南轩集》卷9，第12页下。

祖，陈元鼎为二十五世祖。[1]如果明代的族谱没有杜撰这段辉煌的家世，那么海康陈氏可谓当时"得风气之先"的地方大姓。

陈元鼎的儿子陈宏甫，于南宋淳祐七年（1247）进士及第，被时人誉为"雷之破天荒者"。当陈宏甫衣锦还乡之时，郭梦龙接任叶梦材任雷州教授，作《雷州府学登科题名记》。郭氏首先感叹了三岁一举，士子战艺京师之时，岭南与中州相比，实力之悬殊。紧接着，他强调雷州的文教面貌已经开始转变：

> 比年以来，雷之文士日益振，乡曲之英联镳西驰，殆风作而气使之。岁在丁未，州学正陈宏甫果以经学第进士，是正郡博叶梦材典教也。越明秋，叶郡博成满，梦龙以及瓜至。视篆甫一月，宏甫亦以衣锦归桑梓，与有荣焉。同志者念余曰："是雷之盛事也，欲镂石以纪氏名，可乎？"余跃然曰："昔刘蜕首以荆州乡举取科，邦人称之为破天荒。既而，举不乏人。今宏甫亦雷之破天荒者。继自今源源相续，其视丁未进士榜犹增光焉。"合碑于学，以待来者。[2]

郭梦龙给予陈宏甫"破天荒"的赞誉，不仅表示陈宏甫为雷州中进士之第一人，亦寄托来者相续之美意。从万历《雷州府志》的记载来看，郭梦龙之寄望并没有落空，南宋后期，雷州陆续有人科举得名。[3]这些从基层社会中走出来的士大夫是雷州出现的一个新的阶层。他们将所受的教育与地方社会的发展结合起来，创造出新的地方文化。

雷州州治的改变也影响了雷祖祠的庙址。南宋绍兴年间的《重修威德王庙碑》曾考证雷祖庙的地点。该碑显示，雷祖庙"旧庙处

1　《海康县白沙社一年村陈姓族谱》，谱藏于雷州市海康县一年村（又称亿年村）。
2　（宋）郭梦龙：《雷州府学登科题名记》，万历《雷州府志》卷20《艺文志》，第2页下。
3　陈宏甫后雷州中进士者五人，乡举者八人。参见万历《雷州府志》卷14《选举志》，第5页上一下。

州西南之小岗"。虽然不清楚州西南之小岗所在，可以推测，在开平四年（910）以前，雷祖庙还是比较靠近特侣塘的。后梁开平四年，"庙随州迁"。两年后，随州而迁的雷庙庙址再次发生改变。雷州《重修威德王庙碑》提到："飓风坏庙，正殿忽失二梁。吏民寻之，得之于石神西之山，因而建庙。"[1] 也就是说，雷庙今天所在的地点最早祭祀的并非雷神，而是石神。飞来二梁的故事显然在于证明第二次的迁移是雷神的选择。至于石神的确切地点，《英山雷庙记》写道：

> 有地名英榜山，原立石神，去州五里许。[2]

又，明代的资料称：

> （雷郡城）西八里曰英榜山。高三丈许，盘围五里，上有雷祠。左右皆民居，号英山。梁开平四年，都知兵马陈襄驻师白院，出榜示民，故改名英榜山。[3]

这条材料意在说明英榜山、英山、白院其实是同一个地点。距城西八里的地理位置与今天所见之白院雷祖祠庙址大体一致。这个地点面临城西白沙洋田，是西湖引出的水流与白院渡等水流汇聚之处。

宋代，时人对于雷祖故事的叙述逐渐士大夫化。北宋大中祥符年间（1008—1016）吴千仞任雷州知州，他搜集当地见闻，撰写了《英山雷庙记》，这是方志所收关于雷州雷庙最早的专记。[4] 宋明时期，官员们致祭雷神，请求加封时，若叙述神明之出处，大都摘引是文。在

1　绍兴二十八年《重修威德王庙碑》，碑存于雷州市英山村雷祖降诞处。参见谭棣华等编《广东碑刻集》，广州：广东高等教育出版社，2001年，第571—573页。

2　（宋）吴千仞：《英山雷庙记》，万历《雷州府志》卷11《秩祀志》，第4页下。

3　万历《雷州府志》卷3《地里志》，第6页下。

4　（宋）吴千仞：《英山雷庙记》，万历《雷州府志》卷11《秩祀志》，第3页下—5页上。

《英山雷庙记》里，雷神的故事与陈文玉建立的关系，曰：

> 雷庙也者，所谓奇异殊怪者也。按州之二里英灵村，有居民陈氏，无子，尝为捕猎。家有异犬，九耳而灵。凡将猎，卜其犬耳动者，所获数亦如之。偶一日，九耳齐动。陈氏曰："今日必大获矣。"召集邻里共猎。既抵原野间，有丛棘深密，犬围绕惊匝不出。猎者相与伐木，偶获一卵，围尺余，携而归，置之仓屋。良久，片云忽作，四野阴沉，迅雷震电，将欲击其家。陈氏畏惧，抱其卵置之庭中。雷乃霹雳而开，得一男子，两手皆有异文：左曰"雷"，右曰"州"。其雷雨止后，陈氏祷天而养之。既长，乡人谓之"雷种"。至大建二年，领乡举，继登黄甲，赋性聪明，功业冠世，授州守刺史之职，陈文玉是也。殁后，神化赫奕，震霹一方。

吴氏所述之神明出身，显然有唐传奇的影子。它将陈义故事中雷种卵生的部分与异犬发现大卵的故事整合在一起。但是，故事的核心是"雷种"名为"陈文玉"，科举致仕，得授刺史，是一位有功名的士大夫。这个部分是唐传奇中所未见的。更重要的是，陈文玉双手有"雷""州"之文。由此，"雷州"这个地点与陈文玉直接建立了联系。这种说法与唐传奇中认为雷州因为多雷而命名有所不同。

北宋初期人们仍保留着对雷神的畏惧。吴氏记录道：

> 犯神必死，求者必应。庙宇有活鸡、活羊，盖祈祷之所舍也，为狸、虎所捕。至旦，而狸、虎皆暴死于庙前。州之顽蠢者，假修庙之名，深入乡村乞钱粮。未入手，就其所在，皆自绞其手，号呼痛楚，直抵神庙。其家闻之，匍匐随至。问之，即曰："我假大王之名，丐钱于人。今为大王使者束缚鞭拷，速为救我，不然当死。"其家急以大牲致祭，命僧道诵经谢过，始得释。庙人夜宿庙中，天将明，庙门忽开，有车盖侍卫直上抵正殿。庙人

> 惊惶，谓刺史到庙，奔走迓迎，忽尔不见。其灵显如此，左右田
> 家，俱各畏惧。少有所逆，遂至亡命。乃议就庙之东北，置立佛
> 殿祭祀，杂以经文为献，冀神威化为慈。由是威猛差减，后佛殿
> 敕额为广济禅寺。

雷神惩凶罚恶异常苛酷，乡民们为了对付，不仅请"僧道诵经谢过"，甚至在雷庙边建立佛寺，以示弹压。引文中的"广济禅寺"，在雷州颇负盛名。宋明时期，"名士游此者，咸有题咏"。[1] 作为雷神"灵显"的依据。吴氏描述了两次"刺史到庙"的情形。这一次，雷祖入夜以仪仗抵达，天明不见踪迹。

吴氏还记录了南汉大有十三年（940）雷祖至庙的传说：

> 至伪汉大有庚子岁正月十五夜，庙门井中忽音乐振作，入抵
> 庙正殿。诘旦，庙令陈延长以为申州。知州封尚书率官吏诣庙，
> 见有神龙行迹，鳞爪印地，遗流涎沫，直上正殿，久而不散。尚
> 书具由奏闻，就当年八月，上命差内班薛誉就州重修庙堂，增置
> 两庙、两门、三门，始封为灵震王，而石神封庙内土地。

这则资料有几点值得注意：其一，吴氏提到了南汉时期雷神已封为灵震王，并且由官员重修了颇具规模的庙堂。这是关于雷州雷神受到敕封的最早的记录。其二，南汉受封的雷神富有浓厚的神怪色彩，形象并不明确。它幻化为神龙，留下鳞爪和龙涎，很明显不是一位士大夫形象的神明。其三，雷神庙内不只供奉雷神，还有石神，并且石神被敕封为庙内土地。

宋朝加封了在南汉已取得封号的雷州雷神，北宋熙宁九年（1076）九月，海康雷神被封为威德王。[2] 南宋绍兴三十一年（1161）

1　嘉靖元年（1522），广济禅寺废于毁淫祠。参见万历《雷州府志》卷22《外志》，第4页上。
2　（宋）徐松辑《宋会要辑稿》礼20之16，第16页上。

赐威德王祠庙额"显震"。乾道三年（1167）十一月加封威德显昭王。[1]

元泰定二年（1325），元朝封诰雷神"神威刚应光化昭德王"。[2]元代关于雷庙的文字材料很少，只能从碑刻资料中窥得管中一豹。至正年间，朝列大夫同知高州路总管府事权雷州路事徐容撰写《雷祠富有利用碑记》[3]记录了雷庙的大体情况：

> 州以雷名，地之灵也。庙以雷显，神所栖也。显震庙兴置本末，两庑图碑具存，揆厥端绪，所从来远矣。庙有神帑，祠官匿焉。

元代的碑记资料没有说明雷神的具体形象。根据这块碑记，元代，官方称雷祖祠为"显震庙"。该庙已颇具规模，有屋舍以妥神灵，有图碑以追久远，有神帑以供祭祀；不过，神帑已经被祠官所匿。元朝的官员只有再次筹措资金，修缮雷庙殿宇。余下资金，由掌库计小吏张福昌收储之。然而，张福昌侵吞庙产。他病死后，恐遭冥诛，托梦父亲，代为偿还。对于偿还后的这部分资金，官府通过生息放贷的方式加以管理。[4]

除了碑刻和传说等文字材料，图像的材料更加直观地展示出明代以前雷祖的形象。清郎园本《三教源流搜神大全》，据明刻绘图本影印刊刻。郎园主人叶德辉在序言中称，该版本虽然刊刻于明代，但是在元版《画像搜神广记》的基础上，增入洪武以下封号及附刻神庙楹联而成，"犹可推见元本真面目也"。也就是说，《三教源流搜神大全》保留了明代以前的神明故事以及图像。该书也记录了雷祖陈文玉的故事。除了记录由卵诞生，后为刺史等情节外，还记载道："阴雨则有电

1　（宋）徐松辑《宋会要辑稿》礼 20 之 135。原书未注页码，影印本排页为第 832 页。

2　元泰定二年《大元宣封雷祠记》，碑存于雷州市白院雷祖祠。

3　元至正十一年《雷祠富有利用碑记》，碑存于雷州市白院雷祖祠。

4　《雷祠富有利用碑记》详细地记录了雷庙的管理情况，这也是最早记录雷庙庙产的文字资料。

光吼声，自庙而出。"

　　在雷祖的图画中，有两个形象：一位展现出人们熟悉的官员样貌；另一位虽然官服加身，却是兽面肉翼（见图4-3）。究竟这两位都是雷祖，还是一位是雷祖，一位是其随从，书中没有明确说明，我们亦无法妄下断语。不过，可以肯定的是，至少形象怪诞的这位一定是雷祖。另外，这本书记录的雷神不止一位，雍州的辛兴苟元帅鸟嘴鸟足，手持雷斧，和现在雷州雷首的形象非常类似（见图4-4）。

图4-3　《三教源流搜神大全》中的雷州雷神样貌

资料来源：《三教源流搜神大全（外二种）》卷7，据清郎园刻本影印，上海：上海古籍出版社，1990年，第15页上一下。

图 4-4　《三教源流搜神大全》中的辛兴苟元帅样貌

资料来源：《三教源流搜神大全（外二种）》卷 5，第 13 页上。

综上所述，北宋张纮等官员开始改变雷州"长子之子常为长"的承继制度，推广家族的长幼孝悌的礼仪，儒学的普及也造就了一批本地的读书人，这是雷神故事开始人格化的历史背景。宋人留下了雷神即陈文玉的文字记载。陈文玉既是雷种，又是刺史。并且，他与生俱来地带着与雷州有关的身体印记。神、人与地点融合在了一起。但是，新的故事并没有磨灭雷神的神怪形象。从碑文的字里行间仍然可以看到雷神打雷、暴戾、怪诞的一面。在宋代，雷祠没有作为祠堂，当时的雷州风俗与宗族礼仪还相去甚远。

三　明清时期的珠池与洋田

明朝中期，雷州处于长时间的动荡之中。究其原因，时人总结为征黎与采珠。在明中期朝廷几次大举征讨海南黎族的行动中，雷州正是征黎军队的军饷来源地以及驻兵地点。[1]

每每军队师驻雷州，雷人如临大敌。嘉靖二十一年（1542），郡人冯彬写道：

> 雷与琼连也，粤自弘治辛丑琼有黎变（即符南蛇之乱——引者注），雷婴其害，不可胜纪。盖兴兵则羽檄飞驰，征取郡邑。为委积，计者百出追呼，累系如犯重囚。兵既压境，云囤蚁聚，焚掠远近，靡有孑遗。北三府至，拥卫携持，奔走后先者，动数千百人。供张应给，咸出于民，而朘削诛求，又有甚焉。[2]

对于急需军饷的官府而言，在雷州征税，首先需要控制编户齐民。然而，正如材料所说，在军队焚掠、征取浩繁的情况下，小民更情愿逃亡，"一闻师至，莫不震骇。惴惴然，欲引窜山谷间"。人口的频繁流动，加剧了雷州民盗不分的状况。

同时，雷州珠池的重要性也再次被朝廷所认识。从洪武二十九年（1396）开始，官府就在雷州对乐珠池采珠，起初没有专官管辖，正统初，命内官二员分镇雷州和廉州珠池。正德年间，革雷州守珠太监，总属廉池管理。[3] 天顺、弘治、正德年间都曾奉诏采珠。

采珠的时候，朝廷从东莞县以及雷、廉、琼三府抽调船只，由广东全省各府供应所费银两。如弘治十二年（1499）采珠，调用东莞县大艚船二百只，琼州府白艚船二百只。每只大船雇夫二十名，共夫八千名，每船每月工食银十两，共四千两；雷、廉二府每府小艚船一百只，每只雇夫十名，共夫二千名，每船每月工食银五两，共一千

1　弘治十四年（1501）琼儋州黎符南蛇反，都御史潘蕃征讨，征税于雷州。嘉靖二十年（1541），琼州崖黎反，都御史蔡经征之，税于雷。嘉靖二十七年，琼州崖黎复反，都御史欧阳必进征讨，税于雷。万历四十一年（1613），琼崖黎复反，师次于雷。参见万历《雷州府志》卷1《沿革》，第14页下—17页下。

2　（明）冯彬：《仰止亭记》，嘉庆《雷州府志》卷18上《艺文志》，第64页下。

3　万历《雷州府志》卷4《地里志》，第1页下。

两。从弘治十二年十一月开池到弘治十三年正月中止，两个半月，用银一万七千余两，采珠二万八千余两。[1]

采珠之时，成千上万的人集中在雷州沿海，官府并不能有效控制。因此，珠池常常也是盗薮。嘉靖八年（1529），都御史林富如是写道：

> 又访得各处船只，不止数千。刷船之时，买免卖放，大开官吏地方总甲人等骗局。富者，既已货免，所刷俱系下户船只，多旧且坏。所用人夫撑驾，大者不止二十名，多雇无赖、光棍，告照修船，买办器具，纷扰为甚。至船发行，及封池回还，自称官差，沿海打劫客商，并附近乡村，甚至污及妻女，其为患害，不可胜言。而又上下通同侵盗。其禁愈严，其弊愈出，或宁遗弃，不肯纳官。采珠之后，各该府县及沿海之民至今疲惫未苏。一闻复有此役，俱欲逃窜，意外之变，亦未敢言。[2]

这段材料主要讨论采珠船存在的几个问题。一是借用官府之名，"自称官差"，为非作歹。采珠船一旦"上下通同侵盗"，即变成盗珠船；采珠者一旦"沿海打劫"，即变成盗匪。二是一旦官府治理这些弊端，采珠者宁可遗弃珍珠，也不交给官府。这是他们与官府对抗的表现。因此，林富上奏请求禁止采珠。[3]

林富的奏疏没有收到实际的效果。万历时期，皇帝再命内官至雷州和廉州采珠。雷州人柯时复描述了当时纷乱的情形，"檄到，则厂署馆舍，错绣如斗。城内外，取办仓卒，官劳民病"。采珠者亦不能遵守雷、廉二州划界而采的规定，常酿"两池之争"。他认为假如不是官员运筹帷幄，"千艘之乱"就可能一触即发。这一次劳民伤财的采珠"调民船四百有奇，募商船称是供役千余人，押船守港军兵二千六百

---

1 （明）林富：《乞罢采珠疏》，万历《雷州府志》卷4《地里志》，第2页下—3页上。

2 （明）林富：《乞罢采珠疏》，万历《雷州府志》卷4《地里志》，第4页下。

3 （明）林富：《乞裁革珠池市舶内臣疏》，万历《雷州府志》卷4《地里志》，第7页上—8页下。

名，费粮四千石，旗杖什物莫绝，用帑金四千余”，然“计所获珠不满百两”。[1]

除了采珠船和珠场内鱼龙混杂，更让官府困扰的是雷州的居民还参与了所谓“海盗”的活动。万历十五年（1587）雷州人邓宗龄如此记录道：

> 粤在岭徼万里，天未厌乱。嘉靖间，李茂、陈德乐二酋东发，投荒桀骜，雄黠招党，凭陵海上，焚我城社，屠我士女。当事者以粤初适倭变，师疲于行间，民困于转饷，不忍拮据父老以奉执戟，姑从招抚以苟旦夕之安。自隆庆壬申（隆庆六年，1572）迄于万历己丑（万历十七年，1589）几二十年，竟尔包藏祸心，阳以从抚愚官司，而阴蓄其不轨。铺前巢宇，棋列绣错，广招闽广亡命以为牙爪，阴结城中豪杰为耳目腹心。扬航枢，闯入禁池，则浮艎蔽空，钲吹浮浪，刃接火攻，便于蹶踶。楼将士岁被创，不可胜计。海壖愚氓，垂涎利薮，释耒耜而投命。阡陌鞠为茂草，官租萧然告绌矣。四方之剑客、奇民、逋亡、罪隶，蹋踘击搏，五合六聚，大都白昼之间剽攫莫可诘。富者齐重资，创船具牛酒给奸，坐而倍收其利。贫者愿效死命，以偿子母金钱。出没粘天浩浪中，走死地如骛，狂飙猝起，白骨叠萍飘。嫠妇迎魂，野磷夜泣。况其机智布密，官司稍有意向，则推刃而起。此如未溃之疽，未发则已，发则难收。[2]

这段资料说明海寇的力量非常强大，既有“闽广亡命以为牙爪”，又有“城中豪杰为耳目腹心”，甚至出现富者出资，贫者出力，雷州人人都乐于“释耒耜而投命”的局面。这些海酋不仅在雷州，甚至在海外也一呼百应，“又不然，则走日本，趋暹罗，勾引异类各种，粤祸无

---

1 （明）柯时复:《雷阳对乐池罢采碑记》，万历《雷州府志》卷 20《艺文志》，第 17 页上—18 页上。

2 （明）邓宗龄:《平南碑记》，嘉庆《雷州府志》卷 18 上《艺文志》，第 83 页下—84 页下。

已。虽有十万之材官，全省之物力，恐难措手矣"。[1]

万历十六年（1588）春，巡按广东的御史蔡梦说下令海酋李茂、陈德乐徙居郡城，希望他们能够"悔祸瓦解"。然而，以失败告终，海酋"聚党侵池如始"。其后，他调动高、雷、琼三府官兵协同作战，获得成功。由于雷州海酋与居民里应外合，这次战争最关键的步骤就是切断陆地居民对海盗的补给。邓宗龄曰：

> 下令诚诸将曰："敢有狐疑持两端惑军者，诛；敢有首鼠进退阻军者，诛。"惟是幕府铁钺，不敢专亦不敢贷。又下令诚诸道曰："敢有载酒米饷贼者，法毋赦；敢有盗军情输贼者，法毋赦。"军声大振，贼势甚窘。[2]

这场战争，海盗溃败，"酋长以次就缚，余党悉平"。[3]作为战绩之一，官府成功控制了涠洲岛。涠洲岛是雷州西海岸的一个孤岛，"立起海中，沃壤而邻于珠池"，特殊地理位置使得它成为海酋和官府都渴望控制的区域。明中叶，这个地区"亡命啸聚"，海盗常常以此为据点操大艇闯入珠池剽窃，涠洲内部的居民"载酒牛酏糈饷之"。官员们基本上持放弃此岛的态度，认为"全粤何赖于撮土，而令之蔓延以种祸，宜罢之便"。并且，他们将原来生活在涠洲岛上，与海酋相互依存的居民迁到了雷州州城附近，"请尽罢涠洲税，而徙其民于内地"。[4]

在这个过程中，涠洲居民信奉的天后也从该岛迁入雷州城中。在邓宗龄的笔下，涠洲的天后展现全然支持官府的立场：

1　（明）邓宗龄：《平南碑记》，嘉庆《雷州府志》卷18上《艺文志》，第87页上。

2　（明）邓宗龄：《平南碑记》，嘉庆《雷州府志》卷18上《艺文志》，第86页上。

3　（明）邓宗龄：《平南碑记》，嘉庆《雷州府志》卷18上《艺文志》，第86页下。

4　万历十五年邓宗龄《重修天妃应龙宫记碑》，碑存于雷州市夏江天后宫。碑文参阅《检讨邓宗龄天妃庙记》，嘉庆《雷州府志》卷18上《艺文志》，第88页上—89页上。

> 神恶其弗率也。时见梦于居民曰："若不捕奸，而反以佐奸，
> 罪浮于奸。若不悛，大师且至。吾不能为若庇矣。"涠洲民惴惴
> 大恐。

天后既然已表现出支持官府的态度，当官员以迁移之事告神，"神欣然从也"。于是，官府"乃奉其像与父老子弟俱来，悉入郡祠中"。[1]

涠洲的天后迁入郡城天后宫后，官员们"拓故址，撤其旧，而新之"。监司少参王民顺、雷州知府周良实、海康县令陈锦益等众多官员都参与到庙宇的重修之中。庙宇修竣之日，王民顺还率雷州诸官属谒庙。时人为天后宫题匾"龙应宫"，冀望，"珠池澄清，漳海波息，大化淳流"。这样，原来被涠洲海盗崇奉的神明，变成了官府所认可的地方神。这座天后庙就是今天雷州夏江天后庙，是雷州城附近最为恢宏的天后庙。

嘉万年间，雷州洋田也逐渐恢复。嘉靖年间，海康人冯彬称："盖附郭之田膏腴万顷，岁熟则粒米狼戾，公私充足，民享乐利之休，否则阖郡告饥转徙。"[2]在冯氏眼中，东洋田俨然已是雷州的粮仓。

万历年间，知府高维岳增设特侣塘石闸，制定了更加合理与完备的分水制度（见图4-5）。特侣塘遇雨季，塘水易溢；遇旱季，塘水易涸。塘原设有十闸，调节水量。然而近塘之家为了私利，肆意壅疏。知府高维岳设置第十一闸，定为上、中、下三则，以时启闭，"而十闸未之及也"。[3]

为了阻挡海潮内涌，嘉靖、万历年间官员在原有堤坝的基础上沿雷州东海岸以及擎雷水修筑了三条捍海堤坝，分别是沿擎雷水北岸连接东海岸的海康北堤、沿擎雷水南岸的海康南堤和延伸至遂溪县境的

---

1 《检讨邓宗龄天妃庙记》，嘉庆《雷州府志》卷18上《艺文志》，第88页上—89页上。

2 （明）冯彬：《海岸论》，万历《雷州府志》卷3《地里志》，第32页下。

3 （明）张应麟：《修筑特侣塘石闸记》，嘉庆《雷州府志》卷18上《艺文志》，第101页下—103页下。

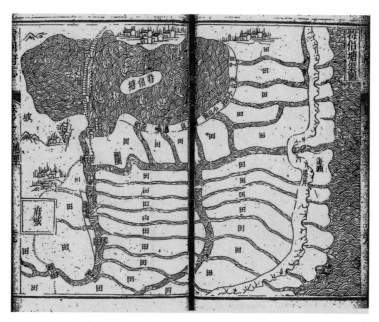

图4-5　嘉庆《雷州府志》之特侣塘渠图

资料来源：嘉庆《雷州府志》卷2《地里志》，第29页上—下。

遂溪堤。这些堤坝以天干地支以及六艺礼乐等为字号，字号连接，各置水闸，加以管理。[1]明代建立的堤坝格局延续到清末。嘉庆《雷州府志》所绘的堤岸全图（见图4-6），仍然体现出这种格局以及字号相连的管理方式。[2]

在邓宗龄的笔下，平定海酋之后，雷州呈现出一幅耕织图，"海壖之间，农不释耕，女不罢织，父兄纳带，稚子咽哺"。[3]正是在这个分辨民盗、区别敌我的过程中，明代官员笔下的雷祖，与朝廷吏治相表里。一些在地方上有势力的大姓开始创建族谱，利用士大夫的文化标签自己的身份。笔者在下一节将详细讨论。

清初为了对付台湾郑氏，实行海禁。康熙元年（1662），雷州内

1　万历《雷州府志》卷3《地里志》，第29页下—32页上。

2　（明）冯彬：《海岸论》，万历《雷州府志》卷3《地里志》，第189页上—下。

3　（明）邓宗龄：《平南碑记》，嘉庆《雷州府志》卷18上《艺文志》，第86页下。

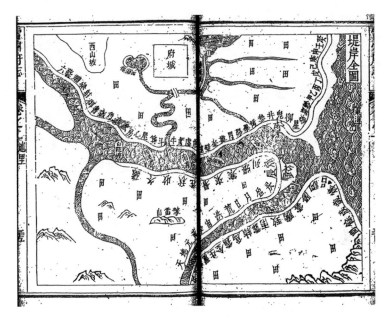

图 4-6　嘉庆《雷州府志》之堤岸全图

资料来源：嘉庆《雷州府志》卷 2《地里志》，第 34 页上—下。

迁沿海居民。雷州海岸迁界二十余年，至康熙二十三年二月才全面复界。嘉庆《雷州府志》称：

> 雷地于七年虽已展界，而东海地方为贼渊薮，犹在禁内，至此海氛廓清，开复原额鱼课，杜、石二大人会同总督吴、巡抚李巡海开复原地，民始获享鱼盐耕凿之利。[1]

在展界之期，工部尚书杜臻等人巡视闽粤迁界海域。杜臻著有《闽粤巡视纪略》，记录了雷州展界的范围：

> 元年画界，自牛克墓历淡洋坡至东洋村为海康东边边界，以

---

[1]　嘉庆《雷州府志》卷 3《沿革志》，第 27 页上。

外附海八里以至三四里东山村等俱移，合东西两境，并续迁，共
豁田地一千二百八十五顷有奇。[1]

从地图上可知雷州东洋田在迁界范围内，而位于州城西侧的雷祖
祠和周围的乡村并没有迁移。[2] 在战乱、迁界的几十年间，海堤溃败，
洋田失去屏障，难以保全。地方官员也对洋田持放弃的态度，甚至填
塞灌溉东洋田的沟渠。如康熙十一年（1672），知府吴盛藻填塞城内
壕沟，这些壕沟就是戴之邵所建立的水利体系。填塞的原因在于，"形
家以为不利"。[3]

展界之后，当地民众重新丈量修筑海堤。雷州人洪泮洙记录道：

> 郡人陈子琠生斯长斯，念切梓谊，忧深国恤，集城社父老及
> 附海居民商榷计议，闻诸上宪，咸加俞允。按原志所载筑堤丈量
> 步数。……力烦费巨，非旦夕手足之劳可以告成，使及今不修，
> 堤崩闸溃，咸潮溢入，泛滥无际，万顷沃壤，悉属斥卤。前诸君
> 子殷忧绸缪，树鸿猷于天壤者，岂至今而沦丧乎？兴废举坠，实
> 后人责也。[4]

洪氏提到的陈子琠，是对海康人陈琠的尊称。陈琠（1656—1718），
康熙甲戌（康熙三十三年，1694）进士，曾游宦于台湾、四川，并任
偏沅巡抚、福建巡抚，卒于任。康熙年间，这位封疆大吏多次参与乡
梓的水利与海堤的修筑。

康熙五十五年（1716）五月，福建巡抚陈琠上《题修雷阳堤岸
疏》，将修复东洋田海堤的问题呈达到康熙的面前：

1　（清）杜臻：《闽粤巡视纪略》卷1，《四库全书珍本四集》版，据文渊阁手抄本影印，台北：商务
　　印书馆，1973年，第56页上—57页下。
2　嘉庆《雷州府志》关于康熙年间重修州城的记载表明迁界期间州城仍然在原地，没有迁移。参
　　见嘉庆《雷州府志》卷4《建置志》，第4页上—下。
3　嘉庆《雷州府志》卷3《沿革志》，第24页下。
4　（清）洪泮洙：《堤岸序》，嘉庆《雷州府志》卷18下《艺文志》，第24页上—下。

　　臣广东雷州人也。雷州城东有洋田万顷，为海康、遂溪二
县民田交错，因逼近海潮，设有堤岸包围。在海康县界者，分
二十八宿为号；在遂溪县界者，分十干为号，备载郡志。只因
岁久失修，各号岸闸崩塌过半，致海潮溢入，损坏民田，岁收失
望。被灾小民，无从呼吁，地方有司以公费浩繁不便干请。伏睹
皇仁如天，率土遍覆，凡在濒江附海堤岸通令修筑，保固民田。
独臣乡雷郡附海之堤崩坏如故，难免向隅。臣生长天末，幸叨恩
遇，敢昧死奏闻，可否听臣题请，敕下修筑，俾濒海赤子得免潮
灾，克遂田庐室家之乐，歌咏尧天舜日于万斯年矣。谨奏等因。[1]

陈瑸在奏疏里论及修堤之难在于"地方有司以公费浩繁不便干请"，
因此关键是解决修堤的费用问题。陈瑸题请的结果是，康熙"准饬能
员才吏，动支帑项五千三百二十四两，购料鸠工，大加补筑"。康熙
五十六年，陈瑸复奏，愿将自己的养廉银五千两，"交粤省督臣，添采
木料砖石，以求永固"。[2]

　　陈瑸还写书信给雷州知府刘星，分析堤坝的状况。这封书信足
以显示陈瑸题请修筑大堤不仅仅是抒发桑梓之情，他对于每一段堤坝
的横直走向、如何处置，都做过勘查并有实在的构想。陈瑸认为一时
募钱毕竟有限，长久之计是利用各社分摊公务缴纳的经费。他建议刘
知府：

　　若我公大作民主，兴此大役，要不外以民钱筑民岸。何者？
海康县一十九社，除大埔一社灾伤，尚有十八社答应公务。各社
地方有十分者，有七八分者，有三四分者，每分一月有缴柜钱
四千文，合地方分数几满百余，输钱每月不下千余。今之日公务

1　（清）陈瑸：《题修雷阳堤岸疏》，收入陈瑸《陈清端公文集》卷1，《四库全书存目丛书补编》版，
　　济南：齐鲁书社，2001年，第3页上一下。
2　嘉庆《雷州府志》卷2《地里志》，第44页上。

亦约略可计，谅未尽得用此项之钱，肯于其中拨出一社之钱，或一半，或两年，则圩岸立成邱阜矣。[1]

陈瑸希望利用十九社的制度为海堤的日常修筑提供经费来源。

清代修堤的主力是"城社父老及附海居民"。所谓"城"，是指雷州城。所谓"社"，则是雷州城之外的乡村摊派赋役的组织。据万历《雷州府志》记载，海康县原有二十社，各村分属之。清代那和、官山二社合并为官和社，所以此时为"海康县一十九社"。这些社在明代的责任是"分派修理各衙门人夫，以及出产竹木等物"，且有"社规章程，照派答应"。[2]清代和明代不同，摊派公务时这些社不需要派出人夫或提供具体的对象，而是以社为单位，按分上缴柜钱。[3]所谓"附海居民"，可能也包括不在城社之中的人。堤岸之兴废与海康最基层的组织和个人息息相关。雷祖祠的所在，就是十九社之一的白沙社。可见，雷祖祠附近的乡村，自明中叶以来，已经建立了跨越乡村范围的体系。

四　神庙祭祀与宗族礼仪

洪武初，雷神被封为司雷之神。虽然没有专门加封雷州雷神，每年上元之日，官员仍以祀典之神的礼仪具牲致祭。管理珠池的太监们也捐资置田入雷祠。如弘治年间，提督珠池兼管廉琼地方印绶监太监陈荣，守雷州对乐珠池。从弘治九年（1496）到十一年（1498），陈荣陆续购买田地，又造渔船三只施于雷祠，永为常住香灯之资。[4]明代雷祖祠的声势并不仅仅囿于偏远的雷州，雷祖祠有碑显示，皇贵妃杜

1　《郡人陈瑸上刘府尊书》，嘉庆《雷州府志》卷18下《艺文志》，第47页下—48页上。
2　万历《雷州府志》卷4《地里志》，第19页上一下。
3　据嘉庆《雷州府志》载，十九社分别是白沙、渡南、大埔、南禄、调排、黎郭、调贤、那山、扶柳、安苗、略斜、安榄、塘尾、武郎、英凤、官和、那里、调袄以及淡水社。参见嘉庆《雷州府志》卷2《地里志》，第70页下—71页上。
4　明弘治十四年《施田记》，碑存于雷州市白院雷祖祠。

氏亦希冀借其灵显力量保佑皇太子的安康，差正一嗣教大真人张正直奉旨谒雷祠，大斋三昼夜，增设乾坤海岳六合万灵清醮，以保佑太子"厚谦德以乘五位，握乾符以抚四夷，天寿益增，国畿永固"。[1] 从碑记所列的官职来看，在这次大规模的祈福仪式中，上至雷州府知府，下至海康县千百户，大小文武官吏都进行了斋沐。

　　成化、弘治以及万历三朝雷州官员与太监曾三次主持扩修雷庙。其中，万历三十二年（1604）的重修工程浩大。是次重修由海康知县鲍际明首倡，历时一年。前后殿材俱易以铁木，增置海北灵祠、两庙门楼、拜亭及钟鼓楼。竣工之后，鲍际明撰写了《重修雷神庙记》。[2] 该记以问答的形式铺陈，解释为什么要大张旗鼓地重修雷庙，主要的问题有：第一，雷神的故事是否荒诞不经，即"碑所记犬耳九动，疾雷破卵，理有之乎？"第二，凭什么为雷神大兴土木，即如何鉴定雷神是有功于社稷的神灵，如何"鉴往而查之来"。鲍氏以为，关于九耳狗之类的传说是不足为信的，"此语类谐，何足道？"值得称道的是雷神"生荣死哀，庙食世世"。而雷祖之所以有这样的荣耀，之所以配享于恢宏的殿宇，是因为雷神在教化与统率雷民的过程中起着举足轻重的作用。鲍氏写道，在雷神兴起之前，雷州"声名文物之所风谕，何啻几千载"，而雷民"顽慢弗率，嚣陵诟谇之日闻，则前此草昧可知已"。正是雷神之崛起改变了愚蒙的社会风气，他说：

　　　　惟神崛起此土，……延及于今，见有负屈含冤，不诉之官，而诉之神者，则烁兮质成之主也。又见有为善而得福，为恶而得祸，不尸之己，而尸之神者，则俨乎司命之君也。呜呼！人心不同，如其面焉。

1　明嘉靖三十一年《钦典镌记》，碑存于雷州市白院雷祖祠。关于该碑的立碑年份，易建鹏认为在皇太子殁后，嘉靖三十一年尚未建新储。因此，该碑应该是在裕王朱载垕登基之后，本地人为彰显雷神威灵而作。尽管《雷祖志》载有此事，内容与碑刻可相印证，但是《雷祖志》初版为庄元贞于明末编修，目前所见为嘉庆重编本。因此，此碑所立年份仍存疑。
2　明万历三十四年《重修雷神庙记》，碑存于雷州市白院雷祖祠。

这段话说明雷神对于雷民日常生活的很多方面都有深远的影响，甚至冤屈官司的裁夺、善恶对错之判断，都需要告知雷神，奉神意而行事。鲍氏生动地形容了雷民对于雷神的敬畏情状，他说，"而一语及于神，则便雷之民，若老若少，若□若子，若智若愚，罕有不色战股栗者"。鲍氏进一步强调了雷神不只显灵示威于雷庙之中，其英灵周游雷州四方，力量无处不在，"此可稔神之精英，无翼而飞，不胫而走"。

正因为雷神是雷民的"司命之君"，是实际掌握地方权力的核心，官员治理地方只有倚赖雷祖。鲍际明说：

> （雷神）能节民骄淫无忌惮之性，而曲发其不死如线之良，以与国家吏治相表里。不然，谁与补短移化，而仁义礼乐声名文物之用穷无。

如果不依靠惩恶扬善之雷神，仅仅依靠仁义礼乐等手段教化雷民将无济于事；因此，朝廷治理要和雷神治雷相配合。鲍氏更坦白地表示，如果不借助于雷神的力量，还不如说等于放弃了雷州，就如同汉代贾捐之建议放弃海南岛一般，"乃令贾君复生，愿于朱崖共弃乎？"

阐述雷庙与衙门的利害关系后，鲍氏重申重修雷庙，装点其门楣，扩建其宫殿，是时势所趋、理所应当之举。他说：

> 语神至此，宁待论事知人，寻声逐响，而功固已灵矣！而德固已隆矣！然则余之穹窿其堂，而庄严其界也固宜。

鲍际明之所持论不是一家之言。继任海康县知县张和数年之后重修雷庙，张和毫无保留地表达了他治理雷州的政绩皆是得益于雷神庇荫。张和认为：

> 余不敏，所能致然，实惟是赫奕明神阴骘而显庇之。余敢忘

美报乎？故今之修葺，一以为民报福佑之仁，一以示后之尹兹土者嗣续而常新之。[1]

张和在任内励精政事，有筑城、修堤、建库之举，"事举民安，地方赖之"。[2]张和自称，"余来海康，先经纪民事，后致力于神祠"。

张和的碑记除了为雷神歌功颂德外，有寥寥数语涉及陈氏。他说，重修完成之时，雷裔陈生朱衷、洪猷等"磨贞石，请记其事"。这是笔者所见的最早提到雷裔陈姓的史料。张和在题写碑记的同时，还作歌以遗雷裔，"令岁时歌以祀之"。[3]那么，自称为雷裔的陈氏在雷庙的管理中扮演了怎样的角色？

根据万历《雷州府志》记载，雷祖祠的旧祭田一庄五顷四亩六分，"属海康陈、吴二姓主之"。[4]嘉靖二十年（1541）海康令杨澄，崇祯二年（1629）广东布政使以及雷州府海防清军同知等人买田施庙。这些田地都位于雷祖祠附近，从碑记记录的田地四至来看，几乎都是陈姓的土地。[5]当然，我们不能据此就认为陈氏在此时已经大规模地占有了田地，也不能说明他们已经控制了雷庙的运作与管理。

在明代的文献资料里，关于陈氏的记载寥寥数可。正因为这样，难以详细说明陈氏在明代发展的情况；也正因为这样，至少反映出，在经历了宋代陈宏甫进士及第"破天荒"的辉煌之后，陈氏在明代沉寂了下来——或许他们仍然活跃在地方上，但是，在士大夫的笔端却沉寂了下来。而此时海康的另一个大族——莫氏却迅速崛起。

莫氏在明中叶的雷州享有崇高的声望。首先，莫天赋在嘉靖四年（1525）领乡荐，嘉靖四十一年（1562）登进士榜。他得中进士后，

1　明万历四十年《重修雷庙记碑》，碑存于雷州市白院雷祖祠，模糊脱漏处甚多。碑文参阅万历《雷州府志》卷11《秩祀志》，《知县张和记》，第6页上。

2　万历《雷州府志》卷6《秩官志》，第14页上一下。

3　明万历四十年《重修雷庙记碑》，碑存于雷州市白院雷祖祠。

4　万历《雷州府志》卷11《秩祀志》，第6页下。

5　明嘉靖二十年《奉雷祠香灯田记》，碑存于雷州市白院雷祖祠；明崇祯二年《雷祠田记》，碑存于雷州市白院雷祖祠。

曾在莆田、大理任官，能因俗为政。《粤大记》称其"卓荦有大度，不愧父风"。[1] 莫氏创建祠堂之时，莫天赋已经因病去世。创祠者是莫天赋的弟弟莫天然。莫天然，字亚崖，家有雄资，乐善好施，"丙申岁（万历二十四年，1596），侵且疫，君捐谷至三百石赈之，又从士大夫鸠金掩胔骼西郊外"。[2]

万历二十九年（1601），莫天然在祠堂落成之时，作《莫氏世祖祠自序碑》，说明当时的情形。他细数了莫氏的来历以及历代先祖显赫的功业：

> 余莫氏其先闽人，始祖讳兴，元初为侍御，以言事谪幕海康，即东岭家焉，世为海康人。传二世讳先觉公，任学录，八世讳甫公，任学正。俱以贡举显。九世讳卿公，由乡荐为邑令，十世讳惠公，任监丞。讳南彦公，任学正。俱廪岁荐，则余□行也。十一世仲兄讳天赋，登嘉靖壬戌（嘉靖四十一年，1562）进士，历任广西宪副，从兄讳侣，贡选司教。十二世，仲兄之子尔，先领万历戊子（万历十六年，1588）乡荐，□其科第蝉续，勋业赫奕，所自来矣。独余业博士以老，且未举嗣息，而水木本源益耿耿不能己于怀者，乃承先志，创嗣宗祠以崇事我大父及厥甫，余以豫我后事。顾先世遗祠厄于兵燹，而祖德宗功则千载不磨者，其曷忍谖诸？乃溯而上之，自□□诸愈良，号兰轩公，饬躬修行，阴滋德骘，家谱载之详矣。故源□流长，本固枝茂，蕃植流衍，科名络绎，皆公之余庆也。家礼以起家之祖为先祖，公实当之。又推公孝先之心，以及其所自出，则七世讳瑛，字□质公，实毓粹而发祥者。与公并俎豆于千百世，谁曰不宜，然犹未悉也。复按祭礼，论及合族以居者拟祭先祖之日，并高曾祖考祭之，意以萃聚群心，统摄众志，敬宗收族于□久，此通礼也。[3]

1　万历《雷州府志》卷17《乡贤志》，第10下—11页上。
2　明万历二十八年《莫亚崖祠田记》，碑存于雷州市东岭村莫氏宗祠。
3　明万历二十九年《莫氏世祖祠自序碑》，碑存于雷州东岭村莫氏宗祠。

这段材料显示，二世到八世的祖先，莫天然语焉不详，他可以清楚记忆的是八世兰轩公以后的列位祖先。莫天然确定以八世祖兰轩公的支派作为祭祀的对象。他提到，在家谱记载中，兰轩公德行卓著，其后子孙"俱膺岁荐"。因此，他认为兰轩公为起家之祖，理应获得莫氏先祖的地位。同时，兰轩公之父七世瑛也得进入祖祠，接受祭祀。材料显示，莫天然为十一世，也就是说，七世祖瑛其实是其高祖。可以推测，莫天然在建立祠堂的时候所追溯的其实是其家庭祭祀所留下的血缘线索。但是，在祠堂建立以后，他们采用了宗族的祭礼来进行拜祭。祭祀之时，"荐则四时，祭则仲春望日。二公居中，其诸祖考列陪左右合享于一堂。又自公以溯始迁之祖，亦公所上通于无穷者"。

除了鼎创祖祠，莫天然还"置田二百亩，以供祭事"。对于这些田地，莫天然做了如下安排：第一，祭田三十亩，供"三月清明，四月八日合祭墓"；第二，置田一百亩为义庄，"入其赢以优子弟之下帷而悬罄者，不欲其困苦颠连也"；第三，还有一部分给予军户。"至于先世垛籍，服后甚劳，宜分田以赡之，不欲令其饥色从军也。"可见，莫氏很可能本是军籍。他们通过某些方式，转由其他人来承担其军籍的义务。到了莫天然的时代，其兄科举高中，肯定是以"民"的身份应考，但是他们还是要从祠田中给予这部分人的子孙相当的照顾。

最后，莫天然描述了莫氏祖祠的设计布局：

　　一祠立离向，前设石坊一座，外书"源远流芳"，礼部尚书忠铭王公题。"尚书奕世""衣冠春元"，柯见心题，志吾家科目之历仕者。坊内为大门，颜曰"世祖祠"，盖东岭子孙皆本于此，乃百世不迁之祖也。中凿月池，拱桥而入，为二门，颜曰"光裕"。内立正堂三间，颜曰"萃涣"，俱忠铭题。中设龛楻以栖神主，两旁为库，为仓廊。立自叙碑一、忠铭碑一、本府太尊叶公碑一、本府给照碑一、邑父母何公碑一、见心跋碑一。左右有耳房，左曰"邺筑"，右曰"董帷"，通上下大小十四间为子姓肄业之所。后屋一座，中三间，收设祭品，颜曰"慎斋"。两旁居守祠者，每年田租一百四十石，内除四十四石为粮差，三石为收耗，四石与设祭班首，余皆以备祠祭之需。中位猪羊各三，左右猪羊各二，外设猪羊□□庶馐，酒果盘飧，随时所有。须择丰洁者充之，每岁轮四人以理其事，务尽诚敬，使田足其租，祭尽其仪，无苟其□责可也。

这段材料很细致地描述了莫氏祠堂的格局。2006 年，笔者考察了莫氏宗祠，其建筑的形制仍保留碑记所述格局。与《明集礼》家庙图[1]比较，莫氏宗祠与之并不完全一致。但是，从其设计的概念——三进，最内一进设神主排位，以及每座建筑的功用来推测，创祠者莫天然明白一座合乎正统礼仪规范的家庙应当是怎样的形式。莫氏宗祠还设有蒸尝以及轮祭制度。

　　碑记提到了诸多时贤与官员的立石题匾。这些题匾体现了莫天然在雷州的地位。"忠铭"是南京国子监祭酒、南京礼部尚书王弘诲的号，莫氏祖祠中大部分门楣的匾额几乎都是王弘诲的墨宝。"见心"是时贤柯时复的号。万历时期，莫氏和主张区别民盗、荡平海氛的柯时复、邓宗龄都有姻亲关系。柯时复为莫氏祖祠题写《莫亚崖祠田跋》，称"莫氏为吾雷望族，其先祖妣柯孺人盖余家祖姑"。[2]除此之外，雷州府知府叶修和海康县知县何复亨都为莫氏宗祠题写碑记。

　　由此可见，明中叶雷州的当地豪强已经开始利用正统的礼仪来创立祠堂，以争取地方正统的资源与象征。值得注意的是，莫氏祠堂"中设龛椟以栖神主"，没有供奉其他的神明。

　　同一时期，正如前文讨论，有陈姓人以"雷裔"身份自居，也获

1　徐一夔等：《明集礼》卷6，文渊阁《四库全书》版，上海：上海古籍出版社，1987年，第15页。
2　明万历二十五年《莫亚崖祠田跋碑》，碑存于雷州市东岭村莫氏宗祠。

得知县的承认。现存于雷祖祠的南明隆武二年（1646）《雷祠田碑记》追溯了万历时期的一些情况，显示出在明清之交陈氏族人在雷祖祠的特殊地位。现将碑文引述于下：

> 司祠陈庭训鸠施祠田，永勒不朽云□□惟我雷祠历来□春秋享祭，载在国典。观其御灾捍患，彰善□恶，上下怀德畏威，……何其英灵奕奕也。训自万历□□一年，众以掌祠，□□□□重建，奔走不遑，历诸艰辛，不敢惮劳，无非为神功力。今经多年士民捐□□种不一，训以垂暮之身义历诸事，尽数经出□，不为之处置善后，神□有以罪我矣。窃思祖田三庄，各房□尝递年□租，积储修理，与夫时节设醮，俱有成规。而余泽之□□后裔云遍矣。独养贤监古未有设，目睹人文□□□礼风微□者，笑我宗之无人也。况有事，宗庙而无一二冠裳文物以辉煌庙貌，是亦宗庙之羞。乃告之族□，欲集诸项田产，交责族管领□之，中秋衣冠行拜。使凡子姓皆礼让祖先，无至不衫，不复狂醉□□，岂不美哉？诸老佥曰：□性□□□于神在亦□□此举□着神人，庶无病矣。乃族者遗爱。议训去世之后，永年配食庙侧，荐胙于子孙，是在后之贤者哀其□□□，非训今日所敢望也。虽然，所□者田而税亩千百，花利仅一二，有美名而无实。思□难乎□劝后人也。惟望后之署祠者，凡有捐施，依训征出，酌议补入，赞式盛典，将见我宗族诗书日旺，人文蔚起，宗庙之中，翩翩物来，其在□□，其在□□。[1]

这块碑记是目前所见最早陈姓人将雷庙称为"雷祠""宗庙"的文字材料。陈庭训于万历时期已经担任掌祠的职务，其捐献的田为"祠田"。陈庭训希望将原来各房轮流管理祖田的方式，改为集合诸项田

1　南明隆武二年《雷祠田碑记》，碑存于雷州雷祖祠。由于碑文多处风化，只能勉强辨认，故多有脱漏。

产，由族统一管理。由于陈文玉是当地人长期以来都在祭祀的神明，陈庭训提到的"依时设醮"，很可能是祭祀雷神的做法。但是，陈氏开始进行宗族建设之际，陈姓人长期以来维持的雷神祭祀很可能被描述成祭祖传统。但可以肯定的是，到陈庭训的年代，这群人已经以其后裔自居。尤其是，当时有人提议陈庭训"去世之后，永年配食庙侧，荐胙于子孙"。能够将宗族中重要人物的牌位摆放在雷祖祠，和雷祖一道接受子孙的供奉，证明陈氏在雷祖祠不同寻常的位置。

陈庭训提倡建立基本的祭祖规矩，即重视冠裳。他三次提到"冠裳"的问题，一是担忧宗庙内没有可以彰显庙貌的冠裳文物，二是说明祭拜的时候"衣冠行拜"，三是希望子孙不要出现不衫复狂醉的尴尬。对于冠裳的一再强调，既说明不是所有的族人都知道恰当的冠裳礼仪，甚至不会"礼让祖先"，也说明宗族中的一些人开始意识到要按照士大夫的礼仪改变自己的习俗。

南明时代的碑记反映，有一群陈姓人，他们有族和房的观念，有祖田，有一定的祭祀制度，但是这个群体和雷祖的具体关系，是否有固定谱系和界限，难以得知。陈氏和雷祖关系的明朗化，以及陈氏宗族强化雷祖后裔的标签并公开界定宗族成员发生在清代。因此，清代雷祖性质的演变，成为值得探讨的问题。

五　谁为雷裔？

至清乾隆八年（1743），陈氏族人在距离雷州城东南数里的雷州英山（此处的英山与前文提及的英榜山以及白院不在同一个地点）竖立石碑——《雷祖后裔族谱记》。他们将雷祖后裔的房序以及分住的村名，公开刻写在这块碑记之上。碑记首先追溯雷祖卵生以及担任雷州刺史的故事，其重点在于讲述雷祖与雷裔的关系：

> （陈文玉乃于陈太建）八年（576）丙申九月初一日，白昼升天，止出一嗣，讳言，以衍支派。而在天灵爽，屡现真形，子孙

就所出地东立祠，塑像祀之。于唐贞观十六年（642），皇封雷祖为雷震王。至梁乾化二年（912）八月十六夜，飓风大作，飞二梁于白院英榜山，奉旨重建祠宇以祀。而一支子孙，随居白院各村，一派仍住乌仑山之源。自祖至今，卜世三十有六。皇帝屡有加封，历朝均免差役。一以旌灵异，一以表功德。现兹散住海、遂、徐、石各地，老幼千有余丁，均属一脉流衍，无非我祖根深源远，钟英而毓秀也。特虑世远代隔，罔识宗支，爰修谱系，勒诸贞珉。凡有祠田，照旧管业，以垂万世云。[1]

陈氏族人认为雷祠是陈文玉的子孙为其所建。从雷祖衍生出来的有两支：一为白院各村，即雷祖祠附近的一支；一为乌仑山，即英山附近的一支。显然，清代陈姓人的说法和万历《雷州府志》将英山、英榜山视为一处的说法并不一致。该碑还将后裔的房序列于碑末。陈氏分为三房，分布于二十个村，每一村均有生员和耆老作为首事之人。这块碑是乾隆年间陈氏整合宗族的重要记录，公开宣布了哪一些人才是"历朝均免差役"的雷祖后裔。《雷祖志》还绘制了乌仑山图，图中所示在乌仑山碑亭中的"各村名碑"指的就是《雷祖后裔族谱记》（见图4-7）。

雷祖后裔不仅是在血缘名义上拥有共同祖先的群体，他们还拥有祠田等共同的产业。以英山为中心的陈氏后裔与以白院雷祖为核心的陈氏后裔所论及的范围与产业并不完全一致，在第八章将会详述之。

在乾隆二十六年（1761）以前，以雷祖祠为核心的后裔群体管理祠田的方式是陈氏人"按丁分佃"，外姓不得染指。由于"三房人多心异"，"租欠累累"。乾隆二十六年以后将内部佃种的方式，改成招佃外姓。海康县知县陈景埙对这件事情有如下记录：

1　清乾隆八年《雷祖后裔族谱记》，碑存于雷州市英山村雷祖诞降处，碑末列出陈氏宗族三房村名。

图 4-7 《雷祖志》所绘乌仑山

资料来源：《雷祖志》上卷，第 13 页下。嘉庆五年重编版，无出版地点，原书注明"绍薪斋梓，板藏本祠"，今藏于广东省立中山图书馆。《雷祖志》最初为明庄元贞编修，嘉庆五年陈氏族人重编，增补清代关于雷祖志的记录。本书依据的版本为嘉庆五年重编版。

　　雷州府海康县为乞准清查，以光庙貌事。查看得雷郡之有雷祖神祠，自陈代自今，历有年所。缘祠向设佃，租谷四百余石，土名座落官和、沙园椿等处。从前据系后裔长、二、三三房统管。迨雍正五年（1727）按丁分佃，奈三房人多心异，租欠累累，庙事倾颓。乾隆十三年（1748），前县黄令设有印簿。每年抽出租谷乙百石，存修庙宇。嗣于二十三、四等年，陈璋等因年成不丰，拖租未清，致陈□□、陈□□联名赴县呈控。陈璋等亦据诉前来。卑县亲诣雷祠索讯，并据两造，俱有悉听别姓耕种之供。但此田原系后裔佃种，一□□他族承领，恐原佃者口是心非。当即设阄，神前拈得异姓批耕字样，三房子孙咸皆悦服，具尊依随，即生示招佃业。据□□□文□□□等领佃，各给印照。惟是每年所收租谷，若不分析明白，日久仍复朦胧。春秋祭祀若干，神诞费用若干，存修庙宇又若干，并田地土名丘段四至，置簿四本。三房每给一本，发县一本存查，断盖印信。并于三房中，每房各择贤能一人，每年三人，按年更换，出席董理其事。年终造具经费开销清册，出具并无侵冒甘结，递县，以备稽考。胥吏不得假手，后裔不致侵吞，庶神田世守勿替，而庙貌亦可以常新等。理合造具田地土名丘段四至清册一本，租谷支销册一本，呈请察核批示，以便勒石，永垂不朽，实为公便。须至申者。田乙千四百九十七丘，园一百零三丘，地五所，树一林，通共收租谷四百一十石正，土名四至繁多未载。册存各衙门卷案。每年租谷，除庙内香灯，每年春秋、清明、冬至、宝诞五祭，出游，安灯，修斋，演戏，交完纳丁粮，需用谷二百九十石。实存谷一百二十石，以为修庙之需。此租谷一应俱收入庙仓，不许首事私贮。其二百九十石租内，每年除二十石以为修茸沙园主庙之费。[1]

从这份材料来看，前文提到的南明隆武时期陈庭训提出由族统管祠产的建议得到了落实。至雍正五年，由陈氏族人"按丁佃种"。由于人多心异，无法维持。到乾隆二十六年，在官员的参与之下，陈姓人在神前设阄，"拈得异姓批耕字样"。由此，陈氏的祠田开始招徕外姓人佃种，三房轮流管理。管理者由各房产生，每年出三人，"年终造具经费开销清册"。碑记提到当时雷祠每年通共收租谷四百一十石正，说明祠产数目颇为庞大。

值得注意的是，在管理雷祖祠事务的时候，宗族成员享有的权利及承担的责任并不均等。不是所有的乡村都参与其中，只有坐

1　清乾隆二十六年《庙田租碑》，碑存于雷州市白院雷祖祠。

落于雷祖祠附近的几个乡村代表其所属的房，组成按年轮值的常任机构。

这样的管理格局延续至今。2006年，在笔者进行雷祖祠考察之时，陈氏的一位首事介绍，有两套机构同时管理雷祖祠：政府系统下的雷祖祠管理所以及由陈姓族人组成的文物保护小组。小组设有理事会，理事会成员由代表三房的四个村子选出，这四个村子都在白院雷祖祠附近。

作为一个地域的神明，除了白院雷祖祠，雷州还有其他的雷祖庙。在雷州榜山村，有一座石牛庙，当地人又称其为雷祖古庙。2006年笔者在当地调查时发现，榜山村居住着谢、王、杨、黄四大姓，另外还有几户陈姓、吴姓的人家，他们编撰了《雷祖古庙史料汇编》。该书认为，榜山村的雷祖古庙是唐代所建的，而白院雷祖祠是后梁乾化年间，因二梁飞至石神庙堂而迁庙。所以，雷祖祠不是始建庙，而是迁建庙。[1]

据万历《雷州府志》记载：

> 石牛庙，在第三都英灵村地，名石矻立，远望若牛，因以名庙。弘治间，太监傅伦、陈瑢相继修建，置田一十三亩，以供祭祀。教授吴朝阳记。[2]

这条材料完全没有涉及石牛庙与雷神的关系。

明弘治年间（1488—1505）太监陈瑢留下了《重建石牛庙记》。该碑提到了石牛庙与雷祖的关系：

> 石牛庙，雷郡北去十里许英灵村。林茂，中有土地堂。陈时，有客陈氏□□□□其牛悉化□□□状俨然。陈氏□□□即雷

---

1 谢国诚主编《雷祖古庙史料汇编》，未刊稿，2004年，第33—34页。

2 万历《雷州府志》卷11《秩祀志》，第19页下—20页上。

种之祖也。丁□□□□人□□□之姓，灵异□□乃雷祖立庙，列□雷像其间，即今庙。[1]

在这块碑所讲述的故事里，与石牛庙有关的"客"陈氏即"雷种之祖"，但是没有明言是否就是陈文玉。

清代嘉庆《雷州府志》则称石牛庙为"雷祖庙"，并讲述石牛庙得名的故事：

> 雷祖庙在县南一百三十里榜山村，前即古石牛庙。昔有盗牛过庙，化为石，矻立巍然，故名庙。[2]

这个时候，虽然石牛庙已经以"雷祖庙"的名号记载，但是士大夫笔下，其渊源主要与石牛有关。

乾隆四十九年（1784），榜山吴氏与陈氏家族打过一场官司，当时的遂溪县知县参与了案子的调查，并于结案后立《汪邑侯讯详庙田碑》：

> 榜山之东，庙建雷祖，赫声濯灵，奠安斯土。有虞之后，曰维陈氏，伟烈丰功，名垂万祀。小山、进德、北格、冯村，四社鼎建，庙貌攸存，厥有吴姓，是名造良，捐田九石，用佐馨香。此乡绅耆，奉为英灵，共勤俎豆，祀事孔明，百有余年，承承继继。讵知陈姓，自称神裔，认庙为祠，屡生觊觎。附庙绅士，并力匡扶。斌也不才，忝为民牧，爰集其众，以听斯狱。申详府宪，碑铭留读，铁案既成，毋庸反复。吴氏庙田，捐己所有。凡今之人，毋为利薮。因咨庭议，募僧常住，稽厥田亩，锡之印簿，籍田之入，供尔伊蒲。以其余者，修垦是图，春秋诞日，虔

---

1 《重建石牛庙记》，碑存于雷州市榜山村石牛庙。碑文风化严重，立碑年份不详，从立碑者陈瑢在雷州时间推断，当为弘治年间。

2 嘉庆《雷州府志》卷8《坛庙志》，第16页上。

修供奉，用迓神麻，香花捧诵。从今以后，僧尽其诚，庙众稽
查，永绝吞并，毋盗而田，毋驠而守，勒之贞珉，以垂不朽。[1]

在吴氏的申诉中，陈氏希望将雷祖庙变成雷祖祠，以后人的身份占有
该庙的土地。但是，遂溪县县令汪斌显然支持的是吴氏等人。

　　陈氏族人和石牛庙周围的乡民同样是拜祭雷祖陈文玉，但二者
不属于同样的系统。在白院（英榜山）雷祖祠以及英山周围聚集的是
以雷祖作为祖先而建构的陈氏血缘群体，而榜山的谢、王、杨、黄等
姓之间则是以石牛庙为核心建构的地缘关系。他们不在雷裔的系统之
内，雷祖对于他们而言不是祖先。与雷祖有关的不同地点发展出不同
的叙述雷祖故事的方式（见图4-8），第八章将进一步详述之。

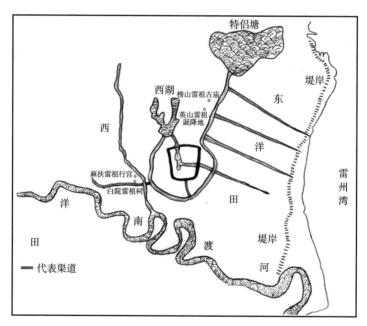

图4-8　白院雷祖祠、麻扶雷祖行宫、英山雷祖诞降地、

榜山雷祖古庙（石牛庙）位置

注：除特殊说明来源外，书中线图均为作者绘制。

1　清乾隆四十九年《汪邑侯讯详庙田碑》，碑存于雷州市榜山村石牛庙。

六　从雷种到乡贤

康雍两朝，陈氏族人都曾请求加封雷神，礼部议覆的结果是，"以姓氏事迹，正史不载，未邀准行"。[1] 可以推测，在当时的礼部官员看来，前两次的请封只是某个宗族成员要求提高祖先地位的举动。

乾隆十八年（1753）五月二十八日，陈氏族人生员陈子良称，雷祖历朝有封赠，清代未曾封神，第三次请求褒封，"得旨封为宣威布德之神"。这次请封之所以获得成功与雷州知府冯祖悦的支持有关。乾隆十六年至二十一年冯祖悦任雷州知府。[2] 非常难得的是笔者找到了《代州冯氏族谱》，其中收录的《雷州君轶事记》记录了冯祖悦在雷州的功绩，有一段文字描写了冯氏在雷祖祠前求雨的情景：

> 雷州岁苦旱，先大夫祷于神辄雨。癸酉夏旱尤甚，知县设坛祷不应。先大夫乃步祷于雷祖庙。雷祖者，相传为唐刺史，陈姓，后世遂以为雷神，其详亦无可考。庙距城十五里，晨午雨，诣庙祷行烈日中，次日从官皆愈，先大夫神志愈肃。晡时，忽见雨龙蜿蜒垂空际。东者黑色，西者白色，皆浓云绕之，隐见鳞甲中水纹旋折而上。俄顷，大雷以风雨如注，衢巷欢噪，声达于署。数日后，有百姓百余人执旗伞十余，事至厅事，告曰："郡岁岁旱，公岁岁祷而雨，则雨皆公所赐。公殆神耶？"以此少表公德。先大夫笑谓之曰："此尔百姓善良，故天降之麻，太守何与焉？"以旗伞分送诸神庙。[3]

在冯祖悦看来，"雷祖"是可以呼风唤雨的雷神，因雷祖庙清朝不载祀典，为之奏请封祀。

1　清乾隆十九年《大清敕封碑》，碑存于雷州市白院雷祖祠。
2　嘉庆《雷州府志》卷9《职官志》，第54页下。
3　《代州冯氏世谱》卷1《雷州君轶事记》，乾隆五十二年刻本，上海图书馆藏，第5页上一下。

分巡雷琼兵备道德明认为"部驳有案，未敢率办"，在巡阅营伍之时，他前抵雷郡，并亲至雷祖庙，考验碑记，询查士民，又据雷州知府冯祖悦面禀，"共称雷祖正直聪明"。德明考察后将情况具折上呈：

> 此雷州府雷神，既于本朝历著捍御保障之功，现在士民有求必应，永被其德。前因雷州僻远，致正史未载，实为海疆正神，似宜邀恩，一视同仁，锡以封号，下慰民情。至该庙原设有祀产，春秋致祭，无庸动支公项，应令该府附郭之海康县知县届期亲祭，以昭祀典。臣谨恭折陈奏，并将历代封号另开清单，恭呈御览，伏乞皇上睿鉴训示。[1]

德明针对"正史未载"一条，提出了"雷州僻远，致正史未载，实为海疆正神"的解释。在德明看来，加封以后，官府需要做到的只是"海康县知县届期亲祭，以昭祀典"；况且，雷祖庙本身就有祀产，"春秋致祭，无庸动支公项"。礼部议覆德明的奏折后认为，"可封雷神为宣威布德之神"。皇帝认可了礼部的意见。乾隆十九年（1754），雷神受封。德明与雷州知府冯祖悦、同知朱藩以及海康知县黄元基共立碑刻于雷祖庙，记录了这次请封的经过。乾隆六十年，两广总督朱珪奏请对雷神庙再加封号并赐匾额。嘉庆元年（1796），赐雷祖庙御书匾额"茂时育物"。[2]

从朝廷的角度来说，在颁授封号的时候，不是因为陈文玉是陈氏的祖先，而是因为他是呼风唤雨的雷神，是有功于社稷的雷神。

从陈氏的角度来说，陈文玉成为祀典之神，并且得授御书匾额，是雷州的荣耀，更是家族的荣耀。颁赐匾额之时，陈氏众人上《后裔谢恩表》。表文提到当时的情形：

1　清乾隆十九年《大清敕封碑》，碑存于雷州市白院雷祖祠。
2　嘉庆《海康县志》卷1《疆域志》，据清嘉庆十七年刻本影印，上海：上海书店，2003年，第19页下。

合郡文武官员等于本年九月初十日斋沐共祝，大斋三昼夜，
立牌垂志，外赐银三百两入庙香灯，并赐后裔每科荫生秀才一
名，以报元勋。[1]

经过场面盛大的合郡官员祭祀，恩荫秀才的赏赐，雷裔陈姓当然是一
个获得了朝廷认可的合法身份。

嘉庆元年，以陈复道等为首的陈氏族人请准在乡贤祠以及府县
学设立雷祖牌位。[2] 查阅方志，没有关于陈复道的更多记载，在提升
雷祖的地位一事上，他始终扮演筹划者和组织者的角色。雷州的官员
接到陈氏族人的提请后进行了调查。当时的府学教授庐鉴查阅雷州志
书，发现乡贤祠内向来不设立雷祖牌位。又询问府学资深之礼生何毓
玑。何毓玑称，其"乾隆八年入学，春秋二祭，俱充礼生，备悉府学
乡贤牌位，并无见雷祖牌位"。陈复道第一次请求失败后，认为府学
的回复失实，再次请求。是次，府学详查后依然没有应允，官员们认
为，乡贤祠内"无见雷祖讳号，现有志书所载确据，职等并不敢擅为
增设"。

至嘉庆四年（1799），陈复道以"府学、乡贤失祀雷祖牌位，学
师两次瞒详"为名，第三次请求府学与乡贤祠设立雷祖牌位。此时，
雷州府知府五泰与雷州府教授钟尔梅都是新官上任。钟尔梅认为前任
教授庐鉴拘泥于府志的记载，而府志中关于乡贤祠之遗失、添入"本
不可执据"，应该批准陈氏的请求，"在元宵丁祭之期，颁布新政"。
嘉庆五年正月二十五日，知府五泰批复钟尔梅的建议：

今雷祖之为乡贤，郡乘首其选，县学崇其祀。而府学失其旧，
诚为缺举，合札准行。札到该学，准仍设雷祖乡贤牌位，即于丁

1　《后裔谢恩表》，《雷祖志》卷 2，第 11 页上。

2　关于陈氏族人请求在乡贤祠以及府县学设立雷祖牌位一事之史料，参见《雷祖志》卷 2，第 12
　　页上—17 页下。

祭日一体受享，使我雷郡士民亦庶知雷祖者实为圣门之徒也。[1]

陈氏族人为提高雷祖的地位而付出的努力得到了回报，雷祖陈文玉终于在县学、府学、乡贤祠都设祭。五泰下令"郡乘首其选"，在"丁祭"即祭孔之日，雷祖与孔子一道接受祭祀。从此，陈文玉不仅是"海疆正神"，还是"圣门之徒"。

乡贤祠所奉祀的是惠泽乡梓的人，而府县学所崇祀的则为大儒。假如陈文玉是神的话，尽管他可以享受祀典正祀的地位，但不宜进入乡贤。将一个宋代碑记中描述的卵生且由雷劈而出的男子从"神"变为"贤""儒"，隐藏着一个神的人格化与正统化的魔术。

雷祖请封时屡遭碰壁的理由之一是其事迹"正史不载"。为了弥补这一缺憾，嘉庆六年（1801），陈复道等出版并续修明末庄元贞撰修的《雷祖志》，特别将雷祖牌位放入府学等事件增补入原书。受陈氏族人之请，众多广东的文武要员为嘉庆年间的续修之志作序。这些序言一方面彰显陈文玉的功业，另一方面承认海康陈氏家族是雷祖后裔。雷州人兵科给事中陈昌齐（1743—1820）虽然不是雷祖后裔，但是他不惜笔墨从学理上来论证陈氏宗族以神明作为祖先的合理性：

> 余尝谓人有不信鬼神者，必其不知有祖宗。夫盈天地间，气而已矣，附于质则为人，还于虚则仍为气。由其附于质者言之，曰祖宗；由其还于虚者言之，曰鬼神。鬼者，归也其体。神者，伸也其用。用莫妙于神，故人无智愚，莫不尊神。自夫言神者推而远之，不知吾所推而远之者，即他人之所谓祖宗也。言祖宗者，引而近之，且忘夫吾所引而近之者，即他人之所谓鬼神也。于是分祖宗与鬼神为二，而近之至邻于亵，远之甚流于慢，两俱失之。吾郡神之最炬赫者，莫如雷祖。诞育之奇，灵异之迹，登

---

1 《雷祖志》卷2，第17页上—下。

之地志，入乎人心。自有唐以来，阅数千年，褒绅洊膺，有加无
已，地方文武官吏以及郡之士农工贾莫不神之。神亦默护兹土，
曰雨曰旸，以战以守，皆胏响潜通，有祈斯答。原其住世则白院
陈族之始祖也。其处也为乡贤，故乡贤之祠祀之。其出也，为名
宦，故名宦之祠祀之。其飘然冲举也，则又变化不测，应感无方
而为神，故琳宫紫宇群祀之。而其族实以英榜山庙为始祖之祠，
祭田供器自为经理，期于永久。夫宗法之立，原于别子，所谓始
封之诸侯是也。礼家窃取古人推进放文之意，引而伸之，谓公子
来自他国，民庶起为公卿，并得为别子。神之生也，不知所由
来，神之仕也，起于民庶，比之别子为祖，义适相符。其为百世
不迁之主，固宜矧夫御灾捍患有益于民，尤载在祀典者哉。旧有
《雷祖志》，明庄元贞纂，国朝陈清端编校付梓。嘉庆岁在上章涒
滩神裔复道等续修之，而问序于余。因告以鄙意，俾知鬼神与祖
宗之合，庶几事神者，毋远而慢，事祖宗者，毋近而亵。于以迓
鸿，祯于无极，且晓然于士庶，人不得祭始祖之疑云。[1]

陈昌齐首先从人与祖宗和鬼神的关系入手，论证以鬼神为祖先的合理
性。他认为，祖宗与鬼神都是天地间"气"的不同形式。谈论鬼神的
人，将鬼神与自身关系推远，他们不明白鬼神其实是他人的祖宗。谈
论祖宗的人，又往往将自己与祖宗的关系拉近，他们不知道自己的祖
宗就是他人的鬼神。因此，陈昌齐认为如果将祖宗与鬼神分而论之，
则既亵渎了祖宗，又怠慢了鬼神，"两俱失之"。只有明白鬼神与祖先
其实是同一回事，才能达到"事神者，毋远而慢，事祖宗者，毋近
而亵"。

其次，陈昌齐指出"其族实以英榜山庙为始祖之祠"，在《雷祖
志》所绘的雷祖祠图中，后殿已经书写了"陈氏大宗祠"的横额（见
图 4-9）。看来，当时人对此也是有所质疑的。于是，陈昌齐援引宗

---

1 （清）陈昌齐：《雷祖祠序》,《雷祖志》。

法制度来证明陈氏族人以雷祖作为始祖的合法性。他说，宗法中的别子，本来指始封之诸侯。不过，"民庶""窃取"了古义，将做了官的祖宗也奉为别子。于是，通晓古礼又谙熟今典的陈昌齐，将民庶的变通之法在雷祖身上再"引而伸之"。尽管他明白"神之生也，不知所由来"，但是"神之仕也，起于民庶"。所以，出为名宦，处为乡贤，又神威显赫的雷祖"比之别子为祖，义适相符"。

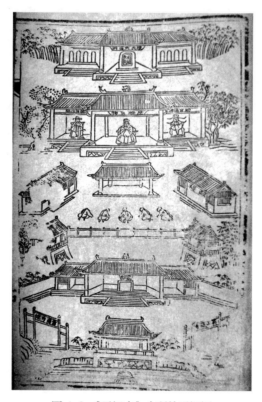

图4-9 《雷祖志》中所绘雷祖祠

资料来源：《雷祖志》上卷，第14页下。

兵部尚书兼都察院右佥都御史、两广总督觉罗吉庆也为《雷祖志》作序。作为统摄两广的封疆大吏，觉罗吉庆的序言着眼于地方的治理。通过他的描述，我们可以看到一个家族的活动与整个地域社会的关系。他写道：

> 今其裔孙复道辈将取其祖之政绩与其荣遇，荟萃家乘，以昭来者，而乞序于予。予奉天子命，节制两广，无日不以时和年丰、风俗茂美为期许，神能惠我嘉师，是亦幽赞化理之一助也。用不辞陈氏宗族之请而为之序。[1]

在觉罗吉庆的笔下，陈复道被称为雷祖的裔孙。他提到陈复道等人续修的目的是"将取其祖之政绩与其荣遇，荟萃家乘，以昭来者"，这表明明末庄元贞为记录奇闻异事而撰写的《雷祖志》被陈氏宗族改变了性质，不仅加进了雷祖在清代获得的殊荣，更"荟萃家乘"，变成了敬宗收族的工具。

　　觉罗吉庆还交代了他应允赠序的动机是出于安靖地方，美化风俗。这句套话，并非虚言。嘉庆年间，广东沿海的会匪与海盗是朝廷极为关注的问题。海盗中，"张保与乌石二分道劫掠，保在广州各港，乌石二在高雷琼各港"。[2]觉罗吉庆亲自筹划雷州的军队布防，申严保甲法，组织团练和乡勇。[3]嘉庆六年八月，官府联合乡绅和乡勇大举展开剿匪。[4]联系其批准陈文玉进入乡贤祠的举动，不难推测，这是其寻求地方势力支持的一种手段。

　　在这次剿匪之后，觉罗吉庆上奏。据《仁宗实录》记载：

> （嘉庆六年十一月初五）吉庆等奏，拿获海康县纠众结盟首伙各犯，审明定拟一折，已交刑部核拟具奏矣。此案林添申纠约多人，结盟歃血，意图抢掠。系因福建同安县陈姓人在海康地方相遇，谈及结拜天地会，多方煽惑，始起意纠伙结盟。是陈姓实

1　（清）觉罗吉庆：《重修雷祖志序》，《雷祖志》。
2　嘉庆《雷州府志》卷3《沿革志》，第45页上。
3　嘉庆《雷州府志》卷3《沿革志》，第44页下。
4　嘉庆《海康县志》卷1《疆域志》，第20页上一下。

为案内罪魁，现尚在逃，必当严拿惩办。着吉庆等移咨闽浙总督，

将籍隶同安县之陈姓，饬属上紧访拿务获，按律办理，毋任漏网。[1]

官府认定缉拿的"案内罪魁"是福建同安陈姓人。只要是"籍隶同安县之陈姓"都是被拿获的对象。虽然这里指明是同安的陈姓，与海康的陈姓无涉，但是要缉拿的"陈姓"不是一个确定的个人，而是一个群体。在人口流动频繁的海边社会，籍贯往往不是确定的因素。所以，"陈姓"无疑又多了一层被指认为匪的危险。

陈氏族人多次请求将雷祖牌位放入府学和乡贤祠的时代，正是雷州战事频繁、治安紧张的年代。地方士绅与民众一方面以组织保甲、团练等方式，直接参与到官府的军事活动中；另一方面，例如陈氏族人，努力将自己信奉的神明或祖先与王朝正统的文化与礼仪相联系。尤其是在官府加紧查拿陈姓人以及严禁纠伙结盟的紧张时期，获得和彰显雷神后裔、孔门圣徒之后的身份，无疑有助于将自身与影踪难觅的陈氏匪徒相区别。

雷祖的形象转变直接影响到地方历史的书写。明万历与清嘉庆两个时期的《雷州府志》就雷祖与雷州的关系，展现出了两种截然不同的论调。

据万历《雷州府志》记载：

雷自贞观始名。说者谓其地多雷，至冬蛰而为虺，郡人掘而煮之。其说近诞。乃谓祈禳者，每持布鼓上雷门山，益无据。又谓刺史陈文玉固雷种。夫玄鸟降商、犬龙衔颛，何独于陈文玉而疑之。及按郡图，郡南有擎雷山，其得名此以。孔子不语怪，总之，言擎雷者。[2]

---

1 《清仁宗睿皇帝实录》卷90，嘉庆六年十一月上，北京：中华书局，1986年，第29册，第187页。

2 万历《雷州府志》卷1《舆图志》，第9页上。

该志由万历三十九年（1611）到任雷州的知府欧阳保纂修。修志者记录了时人关于雷州得名的几种说法：其一，雷州多雷，此"雷"可变化为猪，并可以食用；其二，得名自传说的"开雷"仪式；其三，得名自一个有刺史身份的"雷种"；其四，因雷州的擎雷山而得名。作者按照"孔子不语怪"的标准对这四种说法进行了判断。前三种说法都被他归于"怪"的一类。关于刺史陈文玉得名说，修志者认为，神异的事情很多，偏偏归于陈文玉难以让人信服。因此，修志者采纳雷州得名自擎雷山之说。

　　两百年后，嘉庆十六年（1811）雷州知府雷学海、雷州人陈昌齐纂修《雷州府志》。这部府志也叙述了雷州得名的缘由：

> 　　郡有雷祖庙，祀唐刺史陈文玉。改州为雷，始于此时，故称雷祖，非天上之雷之祖也。郡前有擎雷山。擎者，山之状也，以其近郡，系以郡名，非谓雷之必出于其地也。或谓雷祖为天之雷神。谓擎雷山往往出雷，与琼州息风山洞窍相通，雷州雷则琼州风，琼州风则雷州雷。皆附会不经之说。[1]

嘉庆时期修志者的论调与万历府志针锋相对。首先，否定了万历《雷州府志》所主张的雷州得名自擎雷山的说法。修志者认为，刺史陈文玉以王朝官员的身份，为雷州更名，是雷州得名的源头。擎雷山之名，"擎"字是来源于山形；而"雷"字则是"以其近郡，系以郡名"。因此，不是州因山得名，而是山因州得名。修志者还将擎雷山出雷的说法归于"附会不经之说"，进一步论证，"擎雷"之"雷"源于"雷州"，而州名则是刺史陈文玉所改。其次，修志者针对万历府志将陈文玉与神怪故事相提并论的做法，强调陈文玉是雷州的创始者，所以称"雷祖"，不是"天上之雷之祖也"。至此，在地方历史的叙述中雷祖远离了卵生怪诞的形象，凸显出

1　嘉庆《雷州府志》卷2《地里志》，第102页上一下。

陈文玉作为刺史，开创雷州的功绩。雷祖的形象完成了人与神的裂变。

结　语

雷州的资料，补充了前文对海南一带长期演变的概述。在雷州，没有土酋归附的记载。从最早的记录开始，雷州的土著就是有名有姓的人。冼夫人的拜祭范围，从来不涉及雷州。但是，雷州的记录，不在于朝廷的文献，而在于有关雷州雷神的诸多传说。所以，在北宋，张纮初至雷州时，长老诸生对他说雷州崇尚的是以嫡长子为尊的礼仪，而张纮则认为这个制度不合乎礼的故事很有意义。它显示，在宋代以前，这块早已经存在的滨海半岛，已经经历过与国家礼仪结合的过程。某个时候留下的嫡长子为尊的礼仪，成为宋以来这个区域与中州风气相接的开端。

唐代的记录里，雷神形象相似兽类，没有一个明确的雷祖。宋代，尽管有雷祖从中分别出来，但是仍然保留了作为天神的痕迹。要明了这个迹象，或者需要把雷州的开发置于广东西南历史发展的大环境之内。值得注意的是，宋代对这一区域的开发，以海南岛为主。雷州的开发，与海南甚至北部湾开发相配合，主要的因由是维持珠池。因此，宋代雷州洋田出产的稻米，可能不只供应雷城附近，也需要满足北部湾一带的需求。同时，还需要考虑，从海南岛到中原的运输干道。宋代大概循唐故道，以灵渠为主。这样，在宋代，雷州位于干道之上。雷州归附的因素之一，在于早期其地方神已经被官府接纳。由于早期的接触，正统的记录已经把雷神定格成神的形象，由此，在以后的变化中，与家族认同下的祖先产生矛盾。

联系到同时发生的雷祖身份的变化、礼仪的变化，有重要的意义。雷神作为祖先，远在早期的祭祀已经确定。同时，神与祖先的分化，则是宋儒努力的产物；并且，宋儒推广的家族伦理为明代雷州宗族的建立奠定了意识形态的基础。明代，雷祖越来越趋于人格化。随着雷祖庙进入朝廷的祀典，士大夫化的雷祖逐渐在士大夫的笔端固定下来，陈文玉的身上淡化了打雷的雷神的形象。明中叶，王朝在雷州区别民盗。在这个过程中，莫氏等地方大族率先掌握了这样的制度。及至明末，雷州尤其是雷祖祠周围的陈姓乡村，在雷祖祠内举行某些家族的仪式。至清代，对于陈氏族人而言，宗族、祠堂等制度已不再是新鲜事物。他们熟练地周旋于各衙门的官员之间，努力提高雷祖的声望，同时建立起经营族产的制度，并且利用雷祖后裔的身份与其他群体斗争，占领各种经济和社会资源。在官府进行土地登记以及征税时，雷州没有经历海南黎民起义那样的动荡。这可能与官府早在宋代就已经参与水利修筑以及洋田开发有关。尽管与雷神维持特别拜祭关系的陈姓，在清代曾宣称他们享有优免差役的地位，南明的碑记已经记载他们拥有的田地需要纳税。陈氏族人公开宣称雷祖是他们的祖先。经过陈氏族人的努力和朝廷官员的提倡，卵生的雷种陈文玉由聪明正直之神变成了乡贤祠奉祀的贤。正是在这种背景之下，可以理解篇末所提到的不同时代编修方志者对于雷祖的不同态度。嘉庆《雷州府志》的纂修者一方面否定万历府志将雷州得名归因于擎雷山的说法，主张雷祖创雷州；另一方面，这群逐渐为士大夫文化所化之人，意识到以一位天神作为乡贤和祖先的不妥，声称雷祖"非天上之雷之祖也"。

可见，雷祖祖先与神明合而为一的重叠身份早在理学出现前已经发生。宋代以后，随着理学传统向地方社会渗透，当地人逐渐变革和改造原有的祭祀传统，士大夫化的雷祖逐渐远离了打雷的形象。

宗族礼仪的建构，不论在海南或雷州，都是明中叶后期才出现。祖先如何替代长期得到承认与祭祀的地方主神，与主神形象的演变关系密切。地方社会的演变，正是在神明与祖先的交替之中体现出来。

第五章　冯氏家族与冼夫人信仰*

　　同治九年（1870）十一月二十六日，新电白监生冯敦和、冯藩昌，给茂名知县写了一份呈奏书，说明冯氏各房要重修祖坟——"冼夫人墓"，请求知县差人监修。他们首先自述家族源流：

> 　　窃生等系高凉散住各县及广州、阳江、广西博白等处。所有祖祠俱谯国公讳宝、慈佑冼太为始祖，迄今四十余代，世资历历可考。[1]

---

*　本章曾以《土酋归附的传说与华南宗族社会的创造——以高州冼夫人信仰为中心的考察》为题发表于《历史人类学学刊》第6卷第1、2期合刊，2008年。

[1]　本书引用之《冼夫人墓地案诉讼材料》，是张均绍根据雷垌村冼氏村民提供资料整理而成，共七件。收入张均绍《冼夫人考略》，第29—36页。

　　冯敦和等认为广州、阳江、广西博白以及高凉诸地等处的冯氏均一脉相承，即尊冯宝、冼太为始祖。看来此时已存在一个谱系，将上述地区的冯姓众人按照宗族的原则在文字的层面上联系起来，这个谱系"迄今四十余代，世资历历可考"。接着，冯敦和等陈述了冯氏祖坟——"阿太坟"的规模，以及需要重修的来龙去脉：

　　　　所遗宝公、元配冼太合葬茂址，旧电城北五里，土名山溪峒山兜村冯婆岭，岭志炳据，载谱显据，族称阿太坟。其坟筑灰竖碑，旁有八仙石碑四只，墓前左右，狮子旗杆。历代祭扫无异。同治年陈递窜踞，拜祭殊疏。清平后，前往省墓，不知何人将墓碑、狮子、八仙、石旗杆共尽毁，四查无踪，即投附近乡村，皆无有知者，意为贼毁。后传窃生等来看，不胜骇异。即会各房签题重修，择本月二十一日兴工。生等见载志之墓，自隋迄今千有余年，曾经被毁，理应照旧修复。兹卜吉在即，因各房疏远，齐集维艰。即将联名匍叩琴阶，乞仁恩准，饬贵差前往监修，使志墓重光，先灵合族沾恩。

冯氏认为，族称为"阿太坟"的地点是冯宝与冼太合葬的墓地。他们强调墓地曾经竖立石牌、石碑、狮子、旗杆等彰显墓主尊崇地位的装饰。不过，从冯氏的呈奏来看，同治九年，该处已是一派萧瑟景象，所有装饰物都无迹可寻，也无从追查。冯氏的解释是同治二年陈金缸之乱，贼毁墓地，由此各房意图兴工重修，希望官府差人监修。他们列出了呈请官府出面的两条理由：其一，墓主身份显贵，墓地历史悠久，载诸文献，即"载志之墓，自隋迄今千有余年"；其二，修缮艰难，"各房疏远，齐集维艰"，官府力量参与可以使"志墓重光，先灵合族沾恩"。但是，联系当时修墓的背景来看，冯氏请求官府"饬贵差前往"，与其说是督修，不如说意在借官督之名为整个修墓行动提供庇护。未几，冯氏卷入的一场诉讼就表明修墓行动远远不像两位监生所陈述的贼毁志墓、宗族重修这样简单。

同年十二月初二，冯藩昌等呈奏官府"为侵毁志墓，纠众抗修，乞戡拘办事"：

> 本十七兴工，二十八日，殊有土豪黄德光，嗾生员黄理迪、黄可宗摆谋，纠率匪徒黄廷业、李荣爵、荣福、荣方、贵成、黄怡成、侯维克等百余人，各持炮械，前来殴阻，声称新立土砖堆，系伊祖坟。

在冯藩昌等向官府呈递请求差人"监修"的文件五天之后，冯氏的修墓行动就受到了黄姓人的阻止。在冯氏的呈奏里，"各持炮械，前来殴阻"的黄氏"匪徒"非常凶横，冯姓人"惧祸奔避，一切锹锄器械被掠去"。冯氏请求官府"照例拘办，监督修复"。不过，这群来势汹汹的黄姓人并非出师无名，他们声称"新立土砖堆，系伊祖坟"。对此，冯氏则反驳称冼太夫人是前代名臣，"茔葬古迹，志称昭然"。

两天后，被冯氏称为"土豪"的黄德光向茂名知县递交诉呈，讲述了另一个版本的修墓故事。在黄氏的诉呈里，冯氏与黄氏对祖坟的争夺由来已久。黄氏一方说：

> 窃生六祖黄介峰公，在乾隆五十年（1785），迁葬土名长坡圆山岭，修坟二次。因误问不吉，咸丰九年（1859），扑去灰碑记，复回泥朱，灰地尚存，祭扫百余年无异，通乡共动。祸因土恶冯明灿、冯成鉴等婪吉，欺生族小人微。当年冒系敕封冼太墓，立要修墓等语。迫投封职，乡正冼锦文、邻老吴文干、监生吴正万、监生吴家泰、李荣彰等差明，上系生祖坟，下系吴家坟，历无敕封古葬，均斥伊非。

在黄德光的诉呈里，这块墓地是黄姓六世祖和吴家的坟地，不是敕封古墓。而且，冯、黄二姓就祖坟的问题已经进行过一次勘定，这次勘定是以冯姓人的失败告终。

接着，黄德光对冯氏呈控的殴阻修墓一事进行辩护：

> 孰意明灿等蓄心不泯，本九月复串石鼓劣绅冯藩昌等，倚恃财势，声言修坟，抬集棍手多人，耀武扬威，要生挖迁祖骸。若不挖迁，定于前月十五日兴工修筑等语。不料奇计百出，忽于前月二十六日，重修志墓，谎词蒙廉批准，容差协伊族多人，踞于山顶，执持刀枪，大肆涛张，欲将祖坟挖毁。迫冒死向阻，并幸四邻喝止，不致毁佚。继于本月二日，复以生等阻修，乞勘再笙。倘生防守不及，势必谋葬，祖骸难保，岂容生修祖考坟为冼太坟之理。

从黄氏的呈控来看，官府已经差人协同冯氏修墓。黄氏"迫冒死向阻，并幸四邻喝止，不致毁佚"。

其后冯姓和黄姓又多次呈供，争论的焦点在于这块墓地究竟是不是冼夫人的墓地。黄氏认为长坡"无娘子庙，无鬼子城"，冼夫人墓在电白山兜村，冯氏人以长坡村为山兜村，挖圆山岭为冯婆岭，"与载不符"。而冯氏则认为长坡在明成化四年（1468）以前称电白堡，且墓内原有花碑为证，因此，该处为冼夫人墓所在。

以上所用的诉讼材料是高州市博物馆前馆长张均绍根据雷垌村冼氏村民提供的文件整理的，材料没有写明诉讼的最终结果。张均绍作《冼夫人墓地考》一篇阐述他的观点。[1] 直至今日，关于冼夫人墓地究竟何在，都无定论，本章也无意对此加以考证。本章希望指出的是这群自称为冼夫人后裔的冯姓人与冼夫人信仰的关系，以及诉讼案中提到的旧电白、新电白的转变，是与自明清以来官员、士大夫、宗族以及当地民众如何创造出一个地方性的冼夫人文化的传统息息相关的。这个故事的背后，是一个日益完善与有效的政府制度在民间扎根，民

1　张均绍：《冼夫人考略》，第21—36页。

间社会同时演变的过程。也可以说，这个诉讼是明中叶以来高州地方
社会变迁的缩影。

一　明中叶高州地方社会之转变

在文献中，冼夫人的时代，高雷一带主要是"俚人"的活动范
围。宋元时代，"俚人"忽然消失了，出现了关于"瑶"的零星记录。[1]
明永乐朝，高州府信宜县六毫峒下水三山瑶首盘贵等进京朝贡。[2] 天
顺开始，两广瑶民起义的记载频繁见于文献，高州瑶的问题也随之凸
显。明中叶，瑶民起义与平息对于高州社会形态的转变有深刻影响。
起义不仅改变了当地人的社会身份，也改变了高州一带行政、军事以
及信仰中心的格局。

探讨明中叶高州的问题需要置于两广瑶民起义的背景之下。康熙
《广东通志》总括明代两广地区的形势：

> 粤之疆域，东南蛮场也。带山阻险，瑶人巢伏其中，壮人
> 亦因耕党恶相与走险。明洪武初，命将讨平溪洞，立瑶首以领
> 之，朝贡方物，赍赐有颁。成化后，寻复梗化，占夺土田，劫略
> 肆害，巢穴深邃，出没靡常，声罪致讨，莫能草薙，亦惟募兵防
> 守，及招抚羁縻之说而已。大兵所至，宣威薄伐，谕使归山，种
> 类日繁，屡抚屡叛，加兵荡平之后，或设县治，或立瑶首，设长
> 官以统领之。善经略者，必有良策矣。[3]

在作者笔下，成化朝瑶人与官府关系发生了转折，瑶人由"朝贡方
物"复又"梗化"，此后，王朝宣威薄伐，加兵荡平。其实，成化以

1　关于元代高州瑶的记录，目前仅见：泰定四年（1327）夏四月，高州瑶寇电白县，千户张恒力
　　战死之。参见万历《高州府志》卷7《纪事》，第9页上。
2　万历《高州府志》卷7《纪事》，第9页上一下。
3　康熙《广东通志》卷29《瑶壮》，清康熙刻本，第1页上一下。

前地方社会也远未安靖，景泰、天顺年间有广西瑶人劫掠高州的记载。如景泰二年（1451），广西北流、陆川等县瑶民引浔州府、大藤峡炭山等处瑶人越过两广交界处设立的梁家沙、白梅、竹山等营堡，流劫高州。高州府知府总结了广西瑶人可以频繁入境的原因在于"官军纵容"。虽然设有梁家沙、白梅、竹山等营堡以及神电、高州等卫所，但是"督备把守广西贼行要路"的官军，"往往躲避，任贼越入境内"。总督各官的都指挥佥事孙旺"明知累报强贼，不肯亲自领兵，止使承调"，官军遇贼无谋，罢阵退走。[1] 也可以说，广西与高州之间的营堡形同虚设。

　　成化前后的转折牵动了诸多封疆大吏，甚至与两任皇帝的立储问题息息相关。科大卫等学者对此已有专论，兹不赘述。[2] 成化年间，韩雍为左佥都御史征大藤峡。新会县知县陶鲁因其守城退贼之功而得到韩雍的赏识。[3] 成化二年（1466），宪宗颁布敕命，命陶鲁专在新会并肇庆、新兴、阳江、阳春、泷水一带，"往来提督军卫有司"，若邻境高州等处贼情紧急，"亦要领兵前去，会同副总兵等官范信等相机计议行事"。其后，在绥抚地方的过程中，更令陶鲁"专在肇庆、高、雷，并广州、新会、新宁一带，往来提督军卫有司"。[4] 可以说，高州在陶鲁着意关注的军事范围之中。同样县令出身的孔镛是陶的得力干将，并且也和陶一样，因平瑶的军功而迅速擢升。在平定高州瑶民起义以及重整高州秩序的过程中，孔镛是一个重要人物。

　　担任翰林院编修的广东琼州人丘濬对于成化年间征瑶用兵以及善

1　嘉靖《广东通志》卷67《外志四·夷情中·猺獞》，第55页下。

2　David Faure, "The Yao Wars in the Mid-Ming and Their Impact on Yao Ehnicity," in Pamela Kyle Crossley, Helen F. Siu, Donald S. Sutton, eds., *Empire at the Margins: Culture, Ethnicity and Frontier in Early Modern China,* Berkeley: University of California Press, 2006, pp. 171–189.

3　成化二年五月初三，宪宗颁布敕命予陶鲁，以其杀贼有功，特升广东按察司佥事。参见《世烈录》卷2，转引自黄朝中、李耀荃主编《广东瑶族历史资料》，李默校补，南宁：广西民族出版社，1984年，第757页。

4　《世烈录》卷2，转引自黄朝中、李耀荃主编《广东瑶族历史资料》，第757—758页。

后甚为关注。[1]丘濬有多篇记文，赞颂孔镛的功绩，称其"练达兵政，学博古今"。在《平蛮遗迹记》中他如此记录：

> 成化改元之二年，广东西峒蛮窃发，攻劫州县，戕贼生民，民失其业，士坠其教。广之属郡高雷及廉数千里，几不闻鸡犬声。事闻，当宁命将往讨，简命在廷具文武才者，得都御史姑苏韩公总理戎务。公承命，夙夜不遑，克勤乃事，一鼓而渠帅就戮，再鼓而鼠穴始空。尤虑漏殄余孽奔遁山菁，分命副总兵范信、参将张通、布政使张瑄提兵自广之新会抵高、雷，乘胜破敌，易如拉朽，天戈所指，罔不望风披靡，擒戮俘获，贼势消铄。捷闻，廷议。时虽底平，人怀反侧，非良吏抚理弗能安也。乃遴选有司治行著闻者，佥举连山令孔侯镛拜高州守。侯始至时，尚有余孽凭阻逃遁，不即诛。孔侯宣天子威令，绥抚反侧，于是群酋悔悟，投刃顶伏，愿完父子，卒为华民。未几，西寇复侵郡邑，孔侯激励民夷，指授方略，协佥事陶鲁、指挥藤汉、欧磐，亲率师旅，直犯贼冲。前后擒斩逆贼千余级，俘夺贼属，被房男妇不可胜计。号令严明，士卒遵命，所以必克，寇难底平。于是兴学校以鼓士气，缮城池以保未危，化荒为穰，易疹为和，百工攸序，吏民允怀，厥功彰明。诏褒显擢，自荐绅缝掖以及编户之氓，咸欣欣色喜，诣余而请曰："盖闻有功德者，铭之太常，勒之金石，用彰不朽。吾郡非诸公戡乱，孔侯抚治，无以致今日矣。厥功在民，庸可不书于石，以垂永久？"予曰："诺。"乃历叙诸公臧贼安民之迹，以告来者。孔侯练达兵政，学博古今，文章之美，治行之详，姑俟太史作名臣传者书之，兹不赘。[2]

孔镛，字韶文，长州人。景泰五年（1454）进士，知连山县。连山西

1　参见朱鸿林《丘濬与成化元年（1465）大藤峡之役的关系》，《中国文化研究所学报》（香港）第47期，2007年，第115—134页。

2　（明）丘濬：《平蛮遗迹记》，万历《高州府志》卷9《文略》，第6页上—7页下。

连韶贺，"獐瑶出没无宁"，孔镛赈抚流民，使其复业。广西巡抚叶盛曾檄孔镛"率民丁随军征剿"，孔镛力主招徕。成化元年用叶盛等荐，擢高州试知府。尽管孔镛职位不高，但是因为得到韩雍与陶鲁的支持，而能"宣天子威令，绥抚反侧"。陶鲁在当地社会招募"义勇"，作为平瑶的重要力量。[1] 孔镛秉承了陶鲁的募兵政策，在高州募集乡兵。这些军队原本不是土司部武，而是地方上的自保组织。在孔镛征集的军队中，符琼与林雄二人可以说是地方军队的组织者。

王佐作《林雄传》，记录林雄事迹：

> 林雄，茂名县遵台乡四都民，自幼以义勇称于乡里。天顺末年，本府地方流土贼寇方殷，救军未至，民知必死，皆相率从贼以缓难。或弃其父母妻子，委添沟壑，去之，无复生望。于是，雄乃集其弟侄圭、泽，及同乡少壮符琼辈，三百余人，立会保境，以待大军。盟牲歃血，誓与同死。……各乡亦皆立会抗贼。去而从贼者，稍稍引复，而民始有图生之望矣。[2]

动荡之际，高州一带，由地方首领出面组织的军事组织具有普遍性，"各乡亦皆立会抗贼"。孔镛初至郡时，"郡兵不满数百"，[3] 他所倚靠的就是林雄等人领导的"义勇"。这些军队不仅守城自保，而且跟随陶鲁、孔镛转战广西北流等地。高州同知王佐在彰显林雄、符琼等人的战功时，指出了乡兵的战斗力所在——"本府各宗向化贼首，多是琼等会人，杀败之余，及复招之"。也就是说，所谓的"立会保境"，投诚者即是"义勇"，叛死者即是"贼首"。官员利用林雄、符琼等早期

1　科大卫将陶鲁"招募义勇"与明初何真等人募集军队做了比较。他认为，何真募集的军队是里甲中的军户，而这个时期，招募的军队似乎不问是否其里甲制度下的身份，面向所有的当地人。当各处有警之时，扎根乡土的"义勇"可以有效动员，辗转征讨。参见 David Faure, *Emperor and Ancestor: State and Lineage in South China*, p.95.

2　（明）王佐：《林雄传》，收入王佐《鸡肋集》（新订本），王中柱校注，广州：中山大学出版社，1995 年，第 403 页。

3　（明）王佐：《赠孔太守考满序》，收入王佐《鸡肋集》（新订本），第 322 页。

投诚者招募其余会众充实部武。从这个意义上说，平息起义也纠缠着地方军事组织间的斗争。官府既利用了义勇来平定流贼，义勇也打着官府的旗号显示其与贼首的分别。

王佐对成化三年（1467）北流之役的勾勒形象地表现出陶鲁、孔镛以及林雄等"义勇"之间的紧密关系：

> 成化三年七月，广西流贼陆公强等七百余众，侵扰信宜界，退入广西山中，寨名"游鱼"。……游击廉将军忠、陶佥事鲁统汉达军，孔知府镛领民兵，从而追之。直抵贼营，围之周匝。……陶佥事召："先登陷阵，乃能焚营落者，重赏。"未有应者。林雄后至，首应先登。陶曰："诚壮士哉！"即卸身甲授之。孔知府亦脱兜与之。雄感激叹曰："今日得所矣。"遂挺身犯寨门丛刃中而摧之，即时手刃三人，贼纷然辟易。汉达军乘之，遂充寨门以入。神机箭火，亦自营中起，烟焰障天，贼皆焚死。林雄身被十余创枪，犹烈火中强战而死。[1]

这段材料既显示出林雄的忠勇，又显示出陶鲁、孔镛对其卸甲脱兜以授的知遇之恩。林雄战死后，"报闻韩公，嗟悼久之。亲制祭文，遣知府孔镛诣其家致祭，所以慰吊忠魂，及存恤其妻孥甚厚"。成化五年，高州乡老请求旌表林雄、符琼，孔镛于是立烈士祠。

丘濬除了颂扬孔镛协佥事陶鲁，亲率师旅，直犯贼冲，底平寇难之战功，也赞赏他在群酋悔悟投刃，怀集流民的善后举措。丘濬在《孔侍郎传》中描述了孔镛初至高州的情形：

> 时广东州郡之界广西者无不残破，而高州尤甚。佥谓公有抚绥才，荐公试知府，事高州。城外四山，皆贼垒，仅余孤城。城外积尸如京观，民外死于贼，内死于疫。城中军民不满百。公

1　（明）王佐：《林雄传》，收入王佐《鸡肋集》（新订本），第404—405页。

至，首呼父老问计。咸曰："城中人多有贼之戚属，切宜防之。其来趋城者，其心不可保，惟宜闭门固守。"公曰："不然，高州本无贼，而贼之来也，皆自广西。往时守土者无远图，民携家属十百里来投城，将以求生也，乃闭门不纳，以致为贼所菹醢。其在城中者，又疑之，或加害焉，用是众心携贰，致外攻而内应。往时城陷，正坐此也。"乃大开门，来者无不纳。[1]

王佐等官员多次提到，"阖郡之民，几尽为贼也"，"其郡民之中，有始终不污贼者，十仅二三"。[2]孔镛的高明之处在于宣称"高州本无贼，而贼之来也，皆自广西"。看来，他清楚地意识到"民"与"贼"的流动性，通过承认"高州本无贼"，给予投城者合法身份。在战事平息之后，官府给重新躬耕稼穑的民众编派了差役。[3]万历《高州府志》的食货部分称，元代高州路"户"无考。洪武五年（1372），定民籍，高州府户二万一千九百五十一，口六万七千五百八十一。洪武二十四年（1391），没有重新厘定过户数，数目同前。此后，直至成化九年（1473），才再次出现户口数目的记录。府志称，"天顺间屡遭兵革，户口增耗不常，册无定数"。成化九年以后，留下了户籍十年一造的记录。[4]通过厘定身份，官府在行政上开始划分"民""瑶"地域。在民户居住地域设立都图，[5]而在周边瑶山设寨，征集瑶狼獐兵把守。[6]

对于成化初年平定高州起义的探讨，主要只能依靠官方的记录，如分析孔镛在高州的作为；但是，某种程度上仍能展现出大兵压境、群盗丛生时社会的面相。起义与平定无疑是地方社会进行重新整合的

1　（明）丘濬：《孔侍郎传》，收入丘濬《重编琼台稿》卷20，《四库全书珍本四集》版，台北：商务印书馆，1973年，第31下—32页上。
2　（明）王佐：《高州太守孔公遗爱碑记》，收入王佐《鸡肋集》（新订本），第289页。
3　（明）王佐：《高州太守孔公遗爱碑记》，收入王佐《鸡肋集》（新订本），第289—290页。
4　万历《高州府志》卷3《食货》，第1页上—下。
5　万历《高州府志》卷1《都市》，第25页上—下。
6　明中叶高州府电白县瑶山有五处，信宜县瑶山有四十一处。参见万历《高州府志》卷2《猺狼獐兵》，第17页上—21页下；黄佐《广东通志初稿》卷35《瑶獐》，据明嘉靖刻本影印，北京：书目文献出版社，1996年，第20页下。

过程。地方首领建立起各种军事组织进行自保，在这些组织中，"义勇"与"盗寇"的界限流动而模糊。孔镛秉承陶鲁利用乡兵的政策，依赖与笼络林雄、符琼等立会首领，将一批地方首领变成官府承认的"义勇"。在阖郡之民几尽为贼的情况下，官府重新承认投城者"民"的身份，同时厘定粮差。明中叶高州地方社会的很多民众通过户籍登记改变了身份。[1]

在这个时期的记录里面，没有关于冯姓人的记载。官员的记录在描述高州之时，大都渲染丧乱以来，"乡村残破，白骨满地，蓬蒿萧然"的景象，很少追溯到冼夫人的时代这个区域与朝廷的亲密关系。

成化年间的起义改变了当地人的社会身份，也改变了高州一带行政、军事以及信仰中心的格局。本章开篇提到的光绪年间诉讼案中冯姓与黄姓对新旧电白的争论，即与此时电白县迁县有关。

在高州地区最重要的两座冼夫人庙，是位于长坡镇旧城村（旧电白因其曾经作为电白县城而被今人称作"旧城"，位于今天高州市东北面 23 公里处的长坡镇旧城村）的旧城冼夫人庙以及位于茂名新高州城的高州冼夫人庙（见图 5-1）。在成化四年以前，旧电白集高州府府治、电白县县治于一身，并且已建有冼夫人庙。成化四年，陶鲁、神电卫马贵奏迁电白县于东南海岸的神电卫卫城之中。[2]同时，高州冼夫人庙所存嘉靖四十三年（1564）《重修谯国冼氏庙碑》称，成化四年，"盗充斥，府迁治茂名，庙随而南"。[3]因"盗充斥"而不得不迁府迁县，说明当时这一带的局面已经不能为官府所控制。尤其是电白县需要迁入军事卫城，更表明官府所能动员的主要是军事的据点。

1　刘志伟的研究注意到"民"与"瑶"身份的流动性。他谈到"民"的标志是"立籍"和"编审赋役"，"瑶"的标志是"不入编户"，"不供民差"。瑶"化而为民"以及被标签上"奸民""冒瑶"，反映的是这些人在"户籍"上的地位以及其是否向政府提供差役。在这里，社会身份的区分贴上了民族的标记，而民族的识别又由此成了一种与"户籍"登记有关的身份认同。参见刘志伟《在国家与社会之间——明清广东里甲赋役制度研究》，第 106 页。

2　嘉靖《广东通志初稿》卷 10《公署》，第 21 页上一下；万历《高州府志》卷 1《城池》，第 13 页下。

3　明嘉靖四十三年《重修谯国冼氏庙碑》记是目前所见唯一关于高州府府治迁址的记载，碑存于高州市高州冼夫人庙。

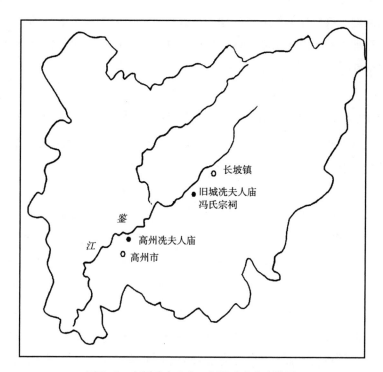

图 5-1　高州冼夫人庙、旧城冼夫人庙位置

资料来源：参考刘国光制图《高州市冼太夫人主要文物遗迹图》，《冼太夫人史料文物辑要》，第 75 页。

此后，府治迁往旧电白偏南的新高州城，电白县县治则迁移到南边沿海的神电卫，旧电白失去了以往作为军政中心的地位。

　　成化年间，高州面对的主要是来自广西北流、陆川一带的瑶人，官府感受到的威胁来自西线。成化五年，韩雍以及陶鲁奏请梧州开设总督府。霍韬评价道，"梧有帅府，两广乃如两臂，护其胸腹，浔梧府江之顽，自是不东。雷廉高肇，民有宁宇"。[1]也就是说，在时人的观察中，设置了苍梧总督之后，来自西线的威胁有所缓解。然而，入嘉靖、万历朝，高州东北面的西山与罗旁瑶民起义又成为烦扰地方官员

1　（明）霍韬：《三广公传》，收入霍韬《渭厓文集》卷 6《传》，《四库全书存目丛书》版，据北京图书馆藏明万历四年霍与瑕本复印，台南：庄严文化事业有限公司，1997 年，第 14 页上。

的问题。成化年间没有引起争议的迁治问题，因为起义形势的改变，重新被官员提出和访察。有官员认为应当恢复电白县，重设东北面的军事屏障。

嘉靖十年（1531），阳春瑶人赵林花陷高州。起义被平息后，巡按御史戴璟在巡视州境、访诸乡民并策问试子后，上奏要求复置旧电白。戴氏《旧电白议官镇守》的奏折清楚地展示了电白县迁址前后的社会情形：

> 御史戴璟奏其略曰：广东高州府地方东北西三面联属瑶山，而狮子坡、旧电白与信宜中道、巫口等处，实为地方要害。自汉设高凉县，梁置电白郡，国初仍元宋之旧，建电白县，以控制瑶人出入之路。彼时兵威尚振，田野尚辟，人民尚聚，以故李马斌、唐文清等势虽跳梁，终不敢长驱径入高州府城者，惧此县之掣肘而蹑其后也。后因神电卫指挥马贵奏，将县治迁附该卫城中，以宽目前之忧。于是百姓相告曰：官兵尚束手退避也，我安敢执耰锄持鶊蚌也。是故骈首逃窜，以全躯保妻子为得计，而赵林花乘间扬鞭直指府库，如履无人之境。虽有东北一带设狮子、电白二堡，而兵力单弱，犹一杯水扑车薪之火也。顷者，仰仗天威，大兵深入，西山一带固已荡平，而吾疮痍未起者，抑多矣。使当时若有所县不迁，如信宜仡仡则彼亦安能侵犯我城池，鱼肉我人民哉？今高州一府，居民咸追怨，彼时之失策而纷纷为迁县治之议。[1]

旧电白西通博白、陆川，北接阳春、信宜，东连电白、阳江，戴璟认为它"控制瑶人出入之路"，对于护卫高州城有重要意义。迁县以后，设电白堡，兵力单弱，百姓逃亡，由此"赵林花乘间扬鞭直指府库"。他认为迁县是失策的，奏请复置电白县。戴璟的提议未获实

---

[1] 嘉靖《广东通志初稿》卷35《猺獞》，第22页上一下。

行，也就是说，成化迁县奠定的格局此后没有大的改变。

戴璟在上奏折之前，曾亲临其地。在戴璟的笔下，高州一带人烟断绝，田土荒芜，一派萧瑟的景象。尤其旧电白一带"地广人稀"，瑶人"出没如沸"。[1] 如果说戴氏因其目的而作文，对于旧电白的残破有夸大嫌疑，那么，结合万历《高州府志》关于迁县以后重新划分旧电白辖区的记载，则可说明戴氏的记录并非毫无凭据。志曰：

> 据旧电所辖者附郭、朗韶等，地安、怀得六乡及后迁县，改属茂名。因遗下博五乡属电白，其上下保，俱故属也。若得善，乃腴沃之区，地广无人，后招韶州流民与之处，而图遂立焉。[2]

旧电白的辖区分别划入茂名以及新电白，旧电白县治所在之附郭则属于茂名。在善后的过程中，外来的移民进入当地社会，"招韶州流民与之处"。

高州府府治迁入茂名以后，冼夫人庙也随之而南迁，但是旧城冼夫人庙的香火仍然延续了下来。此后，方志在言及高州冼夫人庙时，主要记录这两座。如嘉靖《广东通志》载：

> 冼氏夫人庙在府东门外坡，嘉靖十四年知府石简建。每岁仲春诞辰，本府率官署致祭。又旧电白县宝山下亦有庙，嘉靖二十六年知府欧阳烈，访旧址，重建，每岁府遣礼官致祭。有城壕、教场二处垦田租及马踏石墟租，以供祀事。夫人化州、电白、吴川、石城皆有庙祀之。[3]

这段材料提到的府东门外坡的冼夫人庙，即今天高州冼夫人庙，嘉靖

1　嘉靖《广东通志初稿》卷35《猺獞》，第22页下。

2　万历《高州府志》卷1《都市》，第25页下。朗韶、地安、怀得、下博、上保宁、下保宁、得善均为地名。

3　嘉靖《广东通志》卷30《政事志三·坛庙》，第65页上一下。

年间由官员兴建，并且每岁诞辰，官府致祭。材料没有提到旧电白的
冼夫人庙始建于何时，很明显，官员也参与了这座冼夫人庙的重建与
祭祀。并且，时人已经注意到，在化州、电白、吴川、石城等地也有
冼夫人庙。

嘉靖四十三年高州府通判吴恩撰《重修谯国冼氏庙碑》，该碑交
代了成化年间迁庙缘由以及新庙与旧庙之关系：

> 冼庙在府旧治，今电白堡，相传建于隋。……成化四年，盗
> 充斥，府迁治茂名，庙随而南，其神灵之所依乎。县亦移神电，
> 兵民相依耳。今庙在府城外东南隅。而春秋报事，戒在有司者，
> 尚在旧电白，求祈神之所在而祭之。祭义其在兹乎。新庙圮，土
> 人新之。吏兹土者，善其民不忘世功。太守白溪周公、节推鉴塘
> 杨公谓予职当纂载，以备他日之修事者之所愿闻，兹固不容辞也。[1]

高州在经历了长期动荡之后，官员与土人都参与到秩序重建之中。正
如这篇碑记，主要是官员彰显"新庙圮，土人新之"之善举。吴恩没
有点名所谓"土人"的具体所指。有清代碑记追溯明末庙事，提到几
姓之人，合买田地，以冼姓为名进行登记。"土人"是否和这几姓人
有关，由于文献的缺少，不能妄断。吴恩强调了旧电白冼夫人庙的地
位"春秋报事，戒在有司者，尚在旧电白，求祈神之所在而祭之"，
说明虽然高州城建立新庙，但是新旧庙宇之间不是取代关系，旧庙依
然有官员去祭拜。

经过明中叶此起彼伏的地方起义以及迁城，至明中后期，高州冼
夫人庙的格局因为军政中心的变动而改变。高州城新修了冼夫人庙，
并逐渐成为官员游历题记、诗词唱酬的场合。电白的冼夫人庙也因为
这个地点既是神电卫所在，又作为电白新县城而受到重视。旧城丧失
了军政中心的位置，在地方志书的记载里，这个地点其后逐渐淡出了

1　明嘉靖四十三年《重修谯国冼氏庙碑》，碑存于高州市高州冼夫人庙。

修志者以及官员的视野。但是，通过田野调查，笔者发现，一群自称冯宝后裔的乡民以冼夫人庙为中心建立了冯氏宗族，下一节将详细述之。

嘉靖、万历二朝，征讨罗旁瑶人的问题一再被官员讨论。霍韬曾论广东郡县形势，他提到："罗旁、绿水之贼七八十年矣，为害已深，有司不肯议征，非不能征，不肯征也。"[1]万历四年（1576）两广总督凌云翼调集大军平罗旁瑶人。是役尘埃落定后，郭斐等于《广东通志》中勾勒了大征罗旁的过程：

> 罗旁东界新兴，南连阳春，西抵郁林、岑溪，北尽长江，与肇庆、德庆、封川、梧州仅限一水，延袤千里，万山联络，皆瑶人盘踞其中。……都御史马昂、叶盛、韩雍征之，皆弗克，无复有能至其地者。嘉靖四十年，都府吴桂芳自南江口至新村浲水，凡百二十里之间深入十甲关地，立营凡十所，设兵或百名二百名……久而懈惰，瑶乘夜分劫之，杀兵焚寨，于是不复言用兵。万历三年，督抚殷正茂上疏言状，请讨之。既报可，而正茂以迁去。代殷正茂者，凌云翼也。请兵二十万，……师出四月，破贼巢五百六十有四，擒斩贼级万六千百有奇，渠帅尽戮。……拓地千里，居然一乐土也。[2]

材料提到罗旁处于沟通诸郡的地理位置，平瑶之前"万山联络，皆瑶人盘踞其中"，"路径错杂，不可踪迹"，这个地区并没有成为联系各处的要道。万历四年大征之后，广大的不入版籍之区开始纳入王朝的体系。在罗旁设东安、西宁二县，改浲水县为罗定州统之，并且，改广韶高肇陆路二参将分驻东西二山，设宪臣总督之。官府还开拓了西山大路，高州是这条大路上重要的地点，是出了东西大山的第一个军

1　（明）霍韬：《两广事宜》，霍韬：《渭厓文集》卷10，第26页下。

2　万历《广东通志》卷70《外志·瑶獞》，据明万历二十九年刻本影印，北京：中国书店，1992年，第9页下—10页下。

政中心。从西线经由罗旁到廉、琼诸州都需从高州转运。

凌云翼大征之后上奏请求"开辟道路"，奏折称：

> 照得泷水而北有一小江，直透德庆。如东西山又复建县所，是三面血脉已贯。惟自泷水之南抵高州府四百余里，旧皆贼巢盘踞，今须改设驿路，庶几木拔道通。查自广东省城水路至新会县之蚬岗驿登陆，计至高州八站，至雷廉各十二站，至琼州十五站。若改由泷水自省城水路直抵泷城登陆，至高州只五站，至雷廉只十站，至琼州只十三站。较量道里，既为稍近，且以南北孔路直贯泷水之中，不惟血脉弗滞，而财货往来，元气更易充实。今据委官踏勘，得自泷水南行……由大陵至高州府一百二十里，俱平路，一日可到。通共四百五十里，计四日半可抵高州。[1]

凌云翼开辟道路的计划得以成功推行。西山大路开通之时，南海人陈万言作《开西山大路记》，记录了西山路的路线：

> 罗旁地方，为瑶蛮巢穴，所自来旧矣，世数弗可详矣。万历丙子，大征荡平，开创善后，其道路只以罗定州为总会。自州而南，则由罗镜冈转入函口、怀乡，以通乎高凉。自州而北，则循小河透出大江，以接夫寿康。[2]

西山大路的开辟改变了高州交通的格局，开通大路以前，罗定一带不为官府所掌控。从广州到高州，主要经由沿海州县，先至电白，再至高州。所以，这个时期神电卫的位置非常关键。成化四年，盗贼充斥之际，电白县要迁入神电卫。万历时期，西山大路开辟以后，从广州

1　（明）凌云翼：《奉命大征功已垂成并预计善后之图以保久安疏》，收入应槚修《苍梧总督军门志》卷26《奏议四》，据明万历九年广东布政司刊本影印，北京：全国图书馆文献缩微复制中心，1991年，第47页下—48页下。

2　（明）陈万言：《开西山大路记》，《广东文征》卷13，第301页。

至高州可借西江水道，至德庆州转泷水水道，一路行船，到达泷城。而登岸不久，入高州境又有鉴江、窦江、罗江诸水连接高州、信宜、化州直至海边的吴川梅菉。吴川梅菉既是内河水网的南端终点，又是海边重要港口。入清以后，梅菉墟保持了长期的繁荣，以至光绪《高州府志》在绘制高州州县图时，专门绘制了一张梅菉图。在这个主要由水网沟通的交通路线上，电白因为没有水道与之连接而失去一席之地。[1]

二　冯氏家族的谱系建构

明中叶，除了官方的记载，没有留下多少文献记录经历了巨变的乡民如何应对来自朝廷的影响，也没有当时的材料记录冯氏宗族的发展。我们只能通过分析几部冯氏族谱的编纂结构，试着猜想和推测这个群体在怎样的历史脉络中建立起以血缘为名义的联系。然而，今天族谱所见的记录，与唐代的记录有相当距离，虽然加插了唐史的记录，但很明显，很多记录是将不同地方冯氏材料加以收集、重新编排与书写而成的。

在高州旧城，我收集到了《州村冯氏族谱》《广西崇左冯氏族谱》以及当地学者冯守伦参考正史和多部族谱所编订的"高凉冯氏世系图"。[2] 另外，在旧城附近的低垌村，我收集到了《高凉冯氏谱记》。

冯守伦编订的"高凉冯氏世系图"是目前所见之高州旧城冯氏最完整系谱。在这一部分，他首先撰写"冯冼家族史话"并考证"冯氏封号"，接着便追溯各代祖先。笔者根据该系谱整理而成冯氏世系简图（见图5-2）。

1　光绪《高州府志》载陶鲁在任之际，曾主持工程从电白开水路至阳江，因陶鲁去任而未果。"电白枕山滨海，舟楫不通，与会城隔绝，货贿不至。陶鲁召父老咨询地里高下之势，泉流通塞之宜，知可浚河达阳江通省。于是鸠工兴役浚之⋯⋯以入阳江，由恩平蚬冈竟至省城。时开浚后，其舟自省城五昼夜可抵电白，所艰者止一二高浅之处耳。惜鲁去任，功未竟焉。"光绪《高州府志》卷48《纪述一·事纪》，据光绪十五年刊本影印，台北：成文出版社，1967年，第25页上—下。

2　冯守伦：《冯姓考略》，未刊稿，1990年。

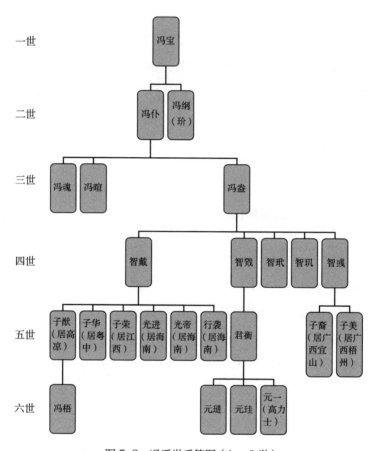

图 5-2　冯氏世系简图（1—6 世）

注：在冯守伦追溯的谱系中，高力士作为智戫之孙。而在第一章所引用唐人韩炎《唐故开府仪同三司兼内侍监赠扬州大都督陪葬泰陵高公（力士）神道碑并序》中，高力士之祖父为智玫。

自六世冯梧起至二十四世的系谱是：（6）冯梧 —（7）冯翎 —（8）策辅 —（9）缺 —（10）缺 —（11）缺 —（12）宾进 —（13）士樊 —（14）陵叔 —（15）世和 —（16）冯邰 —（17）冯审 —（18）应征 —（19）怀俊 —（20）缺 —（21）缺 —（22）缺 —（23）景清 —（24）玄政 / 玄厚。[1]

1　冯守伦：《冯姓考略》，第 45 页。

世系图显示，冯宝是作为一世祖受到祭拜。一世祖到六世祖的记载完整而详细，从冯宝、冼夫人到六世祖高力士兄弟都是正史记载的人物。从七世祖到二十三世祖每代则只列一位祖先，且多有缺漏。可以看出，冯氏的文献没有明确记载这一段历史。冯守伦也没有说明间或列出的祖先名讳出处何在。从二十三世景清起，谱系又完整起来，并且开始有世系分支。根据冯守伦的注释，霞垌大村《木窜塘冯氏族谱》记录了二十三世景清公生平，"生于南宋时期，原籍居南雄府保昌县牛田坊。淳熙九年，避苏妃之祸，二子玄政、玄厚随民百户陆续而来（高凉）"。[1] 至此，谱系在冯宝、冼夫人开创高凉冯氏家族的故事上叠加了另一套表达祖先源流的传说——南雄珠玑巷的传说[2]。

笔者虽然没有看到《木窜塘冯氏族谱》，但是通过解读《广西崇左冯氏族谱》的几篇谱序，大致可以勾勒出两个祖先传说叠加的过程。《广西崇左冯氏族谱》开篇是题款为"万历壬寅（万历三十年，1602）秋不肖侄孙仲琚顿首序"的谱序。这篇年代最早的谱序记录了明中叶一群"欲叙族谱以联同姓一本，欲创立祠堂以聚宗族英灵，设立蒸尝以供岁时祭祀"的"冯姓人"，在不明白自身世系的情况下，如何追溯祖源。序曰：

> 但恨先严孝敏江南公固当乱离而播迁异郡，故于世系未熟习其源流。其于分不敢有僭，于是仅存鄙衷，以叩我列祖诸父。时有凤林叔祖，讳克略者，盖聪公之曾孙，博闻强记人也。诏予曰：族谱厄于兵火，克蓄此志久矣。子与予言及之，其始祖公在天之灵，有以启子之衷乎？甚哉，义举也。然而，克也识其派，莫识源；闻其概而不得详，必也。其我澄溪族弟乎？盖澄溪者，讳应

1　冯守伦：《冯姓考略》，第 44 页。

2　珠玑巷的传说主要是居住在珠江三角洲一带的人追溯自己祖先来源时所讲的故事，传说内容可见黄慈博《珠玑巷民族南迁记》，广州：广东省中山图书馆，1957 年。也有学者指出，在珠江三角洲一带，故事的产生与明代里甲制度的实行有密切关系，可参考 David Faure, "The Lineage as a Cultural Invention, the Case of the Pearl River Delta," *Modern China*, Vol.15 No.1, January 1989, pp.4–36。

春之玄孙也，学闻沉潜，孝友纯笃。其父八十一岁宾天，其于祖
宗世系必得其渊源者乎。子盖往而叩之……于是，欣然出其父祖
所遗录并所手编族训一卷，以付予兄仲瑛、仲琚……是以总其讳
陋，重以辑之，非敢曰润色之也，昭实录也。[1]

可见，仲琚不熟悉家族世系源流。凤林叔祖凭借记忆，可以追溯周围
与之有关的支派，但是也不能说出宗族的源头。仲琚也提到，叔祖口
述的族谱，"其概而不得详"。于是，他往澄溪处访求，如愿得到"其
父祖所遗录并所手编族训一卷"。仲琚"重以辑之"，开创了《广西崇
左冯氏族谱》。由此，仲琚找到了宗族的祖先，并且和澄溪甚至凤林
叔祖确立了"血缘上"的联系，成为文字记载的同族之人。

在序言之后，即冯仲琚依照澄溪族谱所重辑之《广西崇左冯氏族
谱》。这篇族谱，没有提到冼夫人，却在"冯氏受姓"的故事上倾注
了大量的笔墨。大体来说，他是这样叙述的：周武王伐商纣之际，封
祖先毕公高于冯地，"因封赐姓，曰冯。是毕公高者，实冯氏受姓之始
祖也"。周幽王之后，诸侯自相攻伐，冯氏失其土宇，子孙离散。唐
宋之际，黄巢之乱，"我祖明哲保身，居于福建省汀州府宁化县石壁之
区"，宋代迁居"上杭县大屋场之乡"，后来"我祖兄弟来广东，今子
孙散布三阳"。冯仲琚认为："福建之祖，我祖兄弟。……夫揭阳者，
长房也。揭之蓝霖，普之黄坑者，是其后也。"[2]

在记录长房的历史时，仲琚提到长房诸位初为他姓，而后改冯姓
的祖先。他说：

长房自大屋场移来，始居躐坑。随母去王者，故有王五二
郎、王五三郎之说；又有依姑丈家者，故有吕一郎之说。后转姓
冯，故有冯念四郎之名。其妻温氏。传梅岗崎岭冯元进，甲辰年

---

[1] （明）冯仲琚：《广西崇左族谱序》，《广西崇左冯氏族谱》，手抄本，编纂年份不详，藏于高州市
　　长坡镇旧城村。

[2] 《广西崇左冯氏族谱》冯仲琚所编订的部分。

生，于嘉靖十五年闰五月死，则代矣。故今子孙充当揭阳蓝田都第十七图里长，散居蓝田都。

　　结合这些材料，想象当时场景，大体可以揣测出冯仲琚开篇即讲述"冯氏受姓"故事的深意。仲琚找到的澄溪族谱实际上记录了一些姓名，这些姓名不是冯姓，而是像"王五二郎""王五三郎""吕一郎"等名字。当时的人不能解释这样的现象，做出随母姓王、依姑丈家姓种种猜测。"吕一郎"之后留下了"冯念四郎"的名字。当时人猜测这种转变是"吕一郎"代替了冯元进，并且其所取代的不仅是姓氏，还继承了这个冯姓人里长的身份。族谱强调，此后居住在蓝田都的冯姓子孙的身份是编户齐民，"充当揭阳蓝田都第十七图里长"。也是从这个时候开始，族谱记录的子孙姓氏为冯姓。[1]

　　仲琚所著族谱后附有"冯公大郎"传下的子孙所编订之族谱。这段族谱没有注明编修的年份以及编纂者姓名，但是说明了修谱理由，《冯氏族谱》仲琚虽作，但我传下，亦当著名，以传来际"。看来，在仲琚的《冯氏族谱》中没有这群冯姓人的记载，因此，他们自己作文以追溯家族渊源：

　　　　我祖法旺公讳清，治仙冈杭默林，自皇明弘成年间移来长乐县大都约老虎石乡半岭泉水塘居住。是旺公乃冯氏乐邑始居之祖也，姓陈孺人。由旺公推而上之，始祖冯公大郎，姓张孺人，系旺公之父。其二位金骸尚在原乡，未曾带来，未问及程乡梅林葬在何处。二世祖冯念三郎，姓宋孺人，系冯公大郎之子，旺公之父也。其金骸是旺公带来长乐，葬大都河布洞坑唇婆。宋孺人之金骸，未曾带来，不知葬在何处，不敢强记。三世祖冯法旺，讳

---

[1] 《广西崇左冯氏族谱》冯仲琚所编订的部分。陈永海的研究认为，郎名与道教的过度仪式有关。参阅 Chan Winghoi, "Ordination Names in Hakka Genealogies: A Religious Practice and Its Decline," in David Faure & Helen F. Siu, eds., *Down to Earth: The Territorial Bond in South China*, Stanford: Stanford University Press, 1995, pp. 65–82。

清，系冯氏长乐开基始祖也。[1]

在没有文字记录的时代，这些人主要是依据祖先墓地来追溯家族源流。他们可以具体指明祖先墓地所在，是从冯念三郎开始。冯念三郎之前，追加了一位冯公大郎后就无法再上溯了。一世和二世祖用的都是郎名，从法旺公开始，名字的形式有所改变。法旺公生四子——荣德、荣役、荣贵、荣鉴。这篇族谱虽然没有说明撰写的年份，但是所列举的子孙事迹最迟发生在乾隆年间。也可以说，到乾隆年间，这些人还是认同这样叙述世系的说法的。

仲琚留下的材料显示，万历时期，有一群不在高州或不一定在高州的人自称冯姓，希望编修族谱，建立祠堂。他们的祖先没有留下文字记录，时人也无法清楚说出宗族的源流，于是他们依靠其他人的族谱，加以重新编辑，创立自己的族谱。在编修的过程中，他们发现，族谱记录了一堆郎名，这些名字也不一定是冯姓，于是，他们给这些郎名赋予种种解释。由此可见，立志于创祠修谱的冯仲琚当时是在当地建立新的传统，他把他人以文字为媒介记录的祖先世系和自身口述的宗派源流结合起来，在文字的层面，为一群人建立了血缘联系。从此，也改变了这群人记忆祖先的方式。另一群没有在仲琚的族谱中留下详细记载的冯姓人，其后也撰写族谱，以传来际。

各地冯姓逐渐将宗族源头统一于冼夫人和冯宝，与明清以来朝廷对冼夫人的襃封与推崇有关，与冼夫人信仰的广泛流布有关，也可能与乾隆年间一群冯姓的人在广州倡修冯氏大宗祠有关。从乾隆元年（1736）和乾隆三年留下的碑记来看，倡修者皆不是高州人，而是南海庄头、大江二房的冯姓读书人。他们以为"惟谯国公与冼氏夫人考妣昭然，且又事功显赫，立庙奉为始祖"。碑记还说明，各房以入股的形式参与大宗祠：

---

1 《广西崇左冯氏族谱》关于法旺公支的记载。

> 鼻祖入粤，世系相继，本同一脉。但各房人数多寡不同，量
> 力签题，多者数股，少者一股。每股捐金二十两，推一头人董
> 理，自备盘费，到省城仙湖街新买郑家房屋改建大宗祠内，会集
> 议事，公众举行。

碑记没有说明，大宗祠是否编修新谱，但是祠堂"高建神楼"，各房族谱的世系在神祖牌位的安放次序上可以得到体现并强化，"始祖下分六层，各房世祖，以宋元明清序次定位，左昭右穆，俨敦大家之伦焉"。没有记录显示，高州的冯氏家族曾参与广州建立的冯氏大宗祠，但是旧城低垌《高凉冯氏谱记》也收入了《广城开基大宗祠引》。[1]

清末，诸多冯氏家族在叙述家族源流时都以冯宝和冼夫人作为自己的祖先。《广西崇左冯氏族谱》收入了嘉庆十五年（1810）撰写的《顿梭镇旧坡村族谱头》。这篇谱序和仲琚之谱不同，以冯宝与冼夫人作为祖先：

> 谥曰"诚敬夫人"，茔墓在县境，或云在高凉岭，或云在电白县北山兜村娘娘庙，后迄无定所，今并存之。隋炀帝大业十二年，高凉冼宝彻反，冯盎公率兵破，恭帝封为左武卫大将军。……冯盎公长子智戴公勇而有谋，太宗皇帝授智戴公卫尉少卿，迁左武卫大将军。卒，帝赠洪州都督，迄其后嗣，或迁广郡，或迁福建，或迁粤东，虽屡迁不一，究竟复回高凉旧城村。[2]

嘉庆时期，已经存在关于冼夫人墓位置的争论，这本冯氏族谱也没有给出确定的答案。虽然对冼夫人归葬各处意见不一，但是此时各处的冯氏人似乎都试图建立与冯宝和冼夫人的联系，"虽屡迁不一，究竟

1　本段引文皆出自乾隆三年《广东冯氏建大宗祠序》，《冯氏族谱》，2000 年修订，藏于高州市长坡镇旧城低垌村，第 35—36 页。

2　《顿梭镇旧坡村族谱头》，《广西崇左冯氏族谱》。

复回高凉旧城村"。看来，旧城村已经成为冯氏人所认同的宗族起源。比如，广西博白旧坡村的冯姓也称其始祖文凤公，"自高凉旧城，迁居于旧坡"。[1]

《广西崇左冯氏族谱》收入了《冯氏溯源略》，如果我们把其叙述的世系勾勒成图谱，会发现它和冯守伦绘制的世系图非常相近。《冯氏溯源略》主要强调了下（霞）垌大村开基的冯京公，正是这一支有子孙迁居木甯塘，所以，冯守伦所见之霞垌大村《木甯塘冯氏族谱》可能与《冯氏溯源略》之记录相近。在《冯氏溯源略》里，智戴之后子孙居所不定，至冯京公，"洪武丁巳年（洪武十年，1377），由南雄迁居山口下大垌村开基"。也就是说，高州霞垌大村这一支其实本身还有一个南雄珠玑巷的传说。通过讲述一个智戴之后子孙流散各地，复又从南雄返回的故事，重新与冯宝、冼夫人建立联系。

同样叙述有支派繁衍至木甯塘的《州村冯氏族谱》称，"吾冯姓宗支虽繁，皆属业公"，这一支追溯到"冯寒公"。[2] 在冯守伦编订的世系中，冯寒和冯京是兄弟。对比这本族谱在不同时期撰写的序言，就会发现，越迟撰写的序言，往后延续的世系越多，所联系的地域也越广大。最初的一篇序言由自称为六世孙的庠生撰写，讲述的主要是州村一支由冯寒开基，生子盛，盛公三子文学、文举、文德为三房。至民国 20 年（1931），十三代的冯姓子孙冯宗撰写了《编纂冯氏族谱序》以及《纂辑族谱序》。前者以宣扬国族主义为基调，称三房各房绵延之至，"不知多少，不能一一列举"；后者详细考订了世系源流。很可能正是在这个时期，前文提到的广西崇左支派被整合进了整个谱系。冯宗追溯到盛公三子为三房后，继续往下追溯：长房文学公生子志观、志绍，志观有四子周、贵、广、宗。其中，周、贵二人由州村逃难。冯宗这样讲述周、贵二公逃难的故事：

1　《旧坡族谱序》，《广西崇左冯氏族谱》。

2　《州村冯氏族谱序》，《州村冯氏族谱》，手抄本，编纂年份不详，藏于高州市长坡镇旧城村。

　　因军米逼迫，兄弟二人逃难，佩有香火神像三尊，称为黄、
沈、赵三位真人，从州村到廉江石城丰三上石角地方。冯周改名
富一公，冯贵改名富二公。两公既没，后富一公后裔迁居上山，
更有自上山迁居北牌下垌等处。富一公生二子，长子法广，次子
法旺，两公都明朝年间人。所以，按我所思，广西崇左由广东恩
平县迁去。崇左族谱所注，他始祖是法旺公，有的相同，但法旺
公子孙后裔有所不知。[1]

兄弟逃难，带走的不是祖先的牌位，而是三尊香火神像。或许，这三
位真人是当地崇奉的神明。在这个故事中，周、贵二公改名是关键，
两套族谱很可能因为二公的改名而找到共同的祖先。崇左冯氏族谱以
法旺公为始祖，因此，冯宗认为崇左和州村可能同源，不过，这样的
渊源"法旺公子孙后裔有所不知"。

　　其实《广西崇左冯氏族谱》的复杂命运，集中体现了不同时代的
人如何把当时的历史和叙述叠加上去。万历年间冯仲琚参考他人的族
谱，加以修订，编修族谱；而法旺公的一支因仲琚之谱不载，亦作谱
以传来世。在这两个谱序中，都没有冯宝和冼夫人的身影，所载的祖
先都是一些冠以郎名的人物。清代，各地的冯姓在追溯源流之时，以
冯宝和冼夫人为祖先，"复回高凉旧城村"，如顿梭镇旧坡村冯氏、州
村冯氏、霞垌冯氏；在省城广州还有一群读书人修建了冯氏大宗祠。
其中，霞垌冯氏的祖先故事其实是珠玑巷的传说。通过一套"智戴以
后，子孙流散"的叙述，从南雄逃难而来的子孙，完成了与冯宝、冼
夫人谱系的连接。清中后期以后，越来越多关于冯氏溯源的材料出
现。1931 年，冯宗为崇左法旺公一支建立起与州村的联系，从而广西
的冯氏也与整个高凉冯氏的谱系联系起来。

　　在崇左族谱的祭祖祠正龛祝文里，不同时代不同版本所讲述的冯

---

1 《纂辑族谱序》，1931 年，《州村冯氏族谱》。

氏家族故事中的祖先都受到了后世子孙的祭拜和怀念，其中也包括冼夫人与冯宝。不同时代和传统的祖先记忆恰到好处地融合了起来：

> 太始考讳毕公高、冯城太始祖考讳毕万公。北燕之祖考讳弘公。入粤始讳业公，四世祖考敕封谯国公讳宝公，宝祖妣敕封谯国夫人。……先祖考子华公，讳宽公，讳宿公，讳元登公，讳惠公，讳大郎，讳二郎。……二世伯祖考念二公，念三公。祖考讳念九公……[1]

行文至此，我们看到的是从明中叶至清末，广西、广东南海以及高州州村、霞垌等地的冯氏家族如何与冯宝、冼夫人的故事建立血缘联系。多个谱序都提到，"转徙播远，虽非一定，究不离高凉旧城"。相比周边地区，故事的核心地点——旧城村留下的材料非常有限。

由于没有旧城村的冯氏族谱，只能依据冯守伦编订的世系以及旧城低垌的《高凉冯氏谱记》来分析推测的情况。据冯守伦的考订，旧城冯氏来自玄政公支系，玄政公是二十四世，到三十二世有禘安、禘简、禘常三公。其中，禘安祖为旧城的开基祖。"禘"，本意是帝王或诸侯在始祖庙中对祖先的盛大祭祀。以"禘"为开基祖的名字，显然有其深意。冯守伦是这样编排从玄政到禘安的世系的：

（24）玄政 —（25）仲霖（琳）—（26）冯康 —（27）冯庄 —（28）冯卓 —（29）冯俭 —（30）

二十九世到三十二世的谱系见图5-3。

以上谱系所列的三十世冯寒和三十一世冯盛的故事在《州村冯氏族谱》中有所记录。冯京是霞垌的开基祖，《冯氏溯源略》也有详细记载。也就是说，在今天可以见到的文献材料里，三十世左右的祖先多是作为高凉周边地区的开基祖而被记录。旧城冯氏就是由三十一世禘

---

1 《祭祀祝文之祭祖祠正龛祝文》，《广西崇左冯氏族谱》。

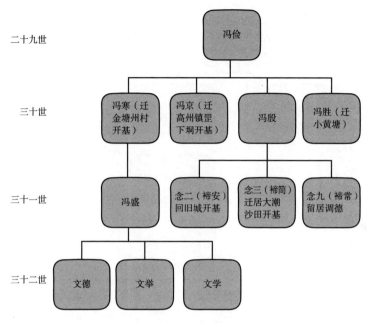

图 5-3　冯氏世系简图（29—32 世）

资料来源：冯守伦：《冯姓考略》，第 47 页。

安公开基。冯守伦列出了自裰安祖以下五世的祖先。如果以开基祖裰安为一世，则头五世的世系见图 5-4。

　　低垌是旧城冯氏宗族之一房。在新春的"年例"仪式中，旧城冼夫人庙冼太出巡经过的村庄也包括低垌。[1]低垌所见之《高凉冯氏谱记》开列历代祖先。以冯宝的曾祖父冯业为一世祖，冯宝为四世祖，列至十九世怀俊。从十九世至裰安祖之间是没有记载的。随后就是从裰安祖开始的旧城低垌的世系。从裰安祖开始，该谱记录了历代祖先与先妣墓地所在以及方位坐向，但是没有记录这些祖先确切的生卒年月。从裰安祖开始记录的世系以裰安祖为一世，直至十一世才开始有祖先生卒日期的记载，而从十一世到十四世则仅列年月，未书年号。十五世达宇公生于道光年间。如果以三十年为一代推算，裰安祖生活的时

1　根据 2007 年 2 月笔者在高州市长坡镇旧城村考察的田野笔记。

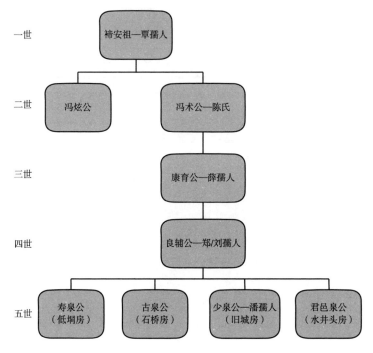

图 5-4　冯氏褅安祖房世系简图（1—5 世）

资料来源：冯守伦：《冯姓考略》，第 47 页。

代为 1400 年前后，也就是明初。如果说编订族谱之时，修谱者一般上溯五代祖先的话，那么旧城冯氏很可能是从寿泉公时代才开始编修族谱。也就是说，旧城的四房冯姓大约在 1550 年，依照宗法的制度，建立宗族，并在谱牒上确定下共同的血缘关系。根据今天旧城冯氏祠堂的神主牌位推算，褅安祖排列于 31 代，最晚近进入祠堂的是 52 代，也就是说中间大约相隔 20 代，以每代 30 年计算，相差 600 年左右，符合前文的推算：褅安祖生活的时代大约在 1400 年，冯氏人合族分房大约在 1550 年，即明嘉靖年间。

　　在高州，除了冯宝的后裔冯氏家族，还有冼夫人的娘家冼氏家族。距离旧城 12 公里的雷垌村居住着冼姓村民。他们认为雷垌是冼太故里，每年举办"姑太探外家"等庆典。在雷垌笔者收集到《高州雷垌冼氏族谱》、《冼氏年庚流水簿》以及部分仪式的科仪书。这些材料反映了冼氏宗族的发展情况。编辑于 1991 年的《高州雷垌冼氏族谱》之编后话说明：

> 传说冼氏曾有族谱，今遍查本族宗亲，无人见过真本，也无人听过关于冼氏族谱之详述。帝寿公到雷垌定居开族以迄，未曾编印正式族谱，只有各地冼族人自编手抄之"流水簿"，或世代相传之传言。……今宗亲人等，各持手抄本，所载史实不尽相同。……经过调查研究，去粗取精，去伪存真，由表及里，从而获得编辑之材料。[1]

到 20 世纪 90 年代，雷垌修谱之际能收集到的材料是"流水簿"以及口耳相传的传说。在村民们看来，流水簿不是族谱。其实，在书写的结构上，流水簿与族谱非常相似，都是记录家族世系。不同之处在于，流水簿的记录范围是某一个家庭的祖先世系。1991 年编修的族谱将这些流水簿整合起来，在血缘世系层面建立起各个流水簿之间或者祖先故事之间的联系。族谱中，冼氏世系见图 5-5。

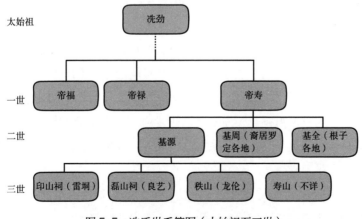

图 5-5　冼氏世系简图（太始祖至三世）

---

1 《高州雷垌冼氏族谱》，未刊稿，1991 年，现存高州市雷垌村。

　　该谱将冼氏溯源至传说中东晋平定海寇卢循之乱的广东参军冼
劲。由于冼夫人是出嫁之女，因此，族谱虽然记录冼夫人和冯宝故
事，但是没有放入谱系之中。从冼劲到帝寿之间所有世系全部省略。
谱序说明"今高州冼氏编谱，由于远祖之历史未详，只好从明朝冼帝
寿公定居于高州茂北雷垌起始"。族谱对于帝寿公的记录语焉不详。
《始祖帝寿公序》称，"（帝寿公）鉴于兄弟众多，地少人稠，英雄无用
武之地，乃矢志向外发展，决意带子居茂名雷垌（古称俚垌）"。也就
是说，帝寿开基的故事是一个移民的故事。在此之前，没有祖先故事
的记忆。和旧城的相同，雷垌的开基祖也以"帝"为名，很可能此处
的"帝"即"褅"。二世祖以"基"为名，也与很多宗族追溯开基祖
时所用的名讳相似。

　　从这个谱系来看，雷垌冼氏显然无法像旧城冯氏那样在正史中寻
觅到大量的材料和依据。基本上，他们是从帝寿公开始往下记录的，
而最早记录这些世系的可能是流水簿。在收集到的《冼氏年庚流水
簿》中，记录了祖妣名讳、当地人或者后世子孙所赋予的官职名称以
及墓地方位。前七世祖先没有记录生卒年份，第八世祖先冼梧，生于
雍正壬子年（1732）。如果同样按照 30 年为一代的方法计算，帝寿公
生活的时代在 1500 年前后。记录世系者若向前追溯五代祖先，记录
者本身大概是明末清初之人。[1]

　　虽然今天所见之冼氏族谱编纂于 1991 年，但是在年庚流水簿却
提到最迟在道光年间已经建立祠堂，并且同治七年（1868）十世祖有
"遗尝租廿八石"的善举。在田野考察中发现，今天的雷垌尚存祠堂
两座，一为三世祖祠，一为五世祖仲芳祠。三世祖祠气势宏伟，但已
蒿草丛生，牌位尽失。从世系推算，仲芳公可能为清初之人，故建立
该祠不会早于清初。

　　雷垌所见的冼氏宗族的文献比较零散。访谈中，当地人对于祖
先的记忆也模糊不清。他们谈到周围十个自然村都姓冼，是一个太公

---

[1] 《冼氏年庚流水簿》，手抄本，编纂年份不详，藏于高州市雷垌村。

传下来的,但是太公什么时候来的就很难说了。他们也提到,很迟才
有谱。这里所说的谱指的是以文字的方式记录世系。新年举行年例之
际,村民会把太公请出来,还有冼太的父母。当问及都有哪些人时,
当地的老先生拿出一本小册子,并说在这本神明谱上都有记录。[1]

被称为"神明谱"的小册子封面写着"保安社圣目"。小册子开
列各"霄"请来的神明名单,当地有道士解释"霄"就是请神来享受
信众的供奉和宴饮。从这本"圣目"来看,被邀请的神明主要包括冼
夫人和冯宝,各村的土主、村主,以及境内各座庙宇的神明。其中有
不少神明是冼姓或者冯姓,如村主冼念二尚书、村主冼念二国公、村
主冼念三舍人、冼念一真人、境主冼念一太郎、冼念一国皇大帝、冼
念二国皇大帝、冼念三国皇大帝、冼念四国皇大帝、冼念五国皇大帝
以及冯远舍人、冯金舍人、冯谷舍人等。[2]

显然,"圣目"展示了和流水簿或者族谱完全不同的传统——这是
一个神明的系统。在当地老人的记忆里,神明也包括他们的祖先。如
果可以大胆猜测,当地社会很可能早就存在一个根深蒂固的神明谱
系,神明或者也是他们的祖先,这是原有的社会组织的依据。明中叶
以后,当新的家族礼仪要在既有的家族组织或者神明体系之上建立,
神明与祖先就转变为需要区分的两套传统。

与此同时,万里之外朝廷所提倡的风尚,深刻影响着经历社会
整合与巨变中的民众选择何种方式,来表达自己与他人以及国家的关
系。嘉靖初,朝廷发生了"大礼议",并引发了地方礼仪的改革——
家族伦理庶民化并普及化,表现之一是祠堂的修建逐渐普及。[3] 1550
年前后的高州,经历过成化年间的大征以及嘉靖十年(1531)赵林花
的劫掠,官府在"相率从贼"的乡民中编订里甲册籍,推行礼仪,改
变风教,着力使动乱之区整合入王朝的体系。王朝倡导的礼仪改革,

1　根据 2006 年 9 月笔者在高州雷垌田野调查的访谈笔记。

2　《神明谱》,手抄本,编纂年份不详,藏于高州市雷垌村。

3　科大卫:《祠堂与家庙——从宋末到明中叶宗族礼仪的演变》,《历史人类学学刊》第 1 卷第 2 期,
　　2003 年,第 1—20 页。

恰好为乡民提供了重建地方秩序、确立社会关系以及表达身份认同的语言。不过，据笔者的田野考察所知，虽然在文献上旧城对于冯氏宗族叙述家族源流非常重要，但是，旧城冯姓人的活动中心主要在冼夫人庙，而非冯氏宗祠。对于当地人而言，最重要的两个仪式——冼太诞和新春年例都是以冼夫人庙为中心举行的。关于仪式的部分，本书将在第六章进行讨论。

对于冯氏而言，冼夫人和冯宝的故事是收族敬宗最有力的工具，其他地方的冯氏宗族也越来越多地和以这个祖先故事为基础所编订的世系建立联系。对于冼氏而言，冼夫人是嫁出去的女儿，正史没有留下太多记载，而雷垌的村民或许很晚才有文字记录本身的世系。因此，他们主要依靠墓地来记忆家族世系，至明代就无法再上溯了。据雷垌老人介绍，由于番禺大洲房的冼氏宗族想编修《世界冼氏族谱》，直到 2006 年雷垌才与他们建立谱系上的联系。[1] 置于这样的背景之下，我们或者可以理解，为什么生活在同一方水土的冯氏与冼氏开列出的祖先世系会有如此大的差别：今天冯守伦勾勒的谱系是不同时期不同地点的系谱统合叠加的结果；而冼氏在修谱之际，因文献的缺乏，更多地保持了其原有的状态。

三　高州冼夫人庙：身份、控产与拜祭

明末清初，高州经历了长时间的战乱。顺治时期，李定国从云南征兵东征，广西、高州一带是清军与之周旋的战场。康熙初，高州迁海，八年，居民复业。十四年，高州总兵祖泽清响应吴三桂叛。康熙十七年，清军讨平祖泽清后，社会秩序才逐渐恢复。[2]

清前中期，高州冼夫人庙没有受到官员们的重视。立石于嘉庆元年（1796）的《复回名目事碑》记录了乾隆六十年（1795）高州 137

1　根据 2006 年 9 月笔者在高州雷垌田野调查的访谈笔记。

2　光绪《高州府志》卷 48《纪述二·事纪》，第 18 页上—19 页下。

位绅民联合进呈茂名县知县要求恢复冼夫人秋祭的事件，碑曰：

> 府县志载，岁黄钟二十日，夫人投悦之辰，动支官镁银五两六钱，制金花缎裳牲品，以祝春秋。支茂邑均平银四两四钱，以供烟祠，后朝享祭无疆。因乾隆十五年县礼房，全系新充，未谙旧例，造报奏销册内，特此各项名目漏报，至五十三年始为补详。奉史藩宪查驳，奈礼房沉搁，并不分析造册，遂使永享之祀典，一旦中废，延今四十余载。[1]

"黄钟二十日"，即农历十一月二十日。高州冼夫人庙以农历十一月二十四日为冼夫人诞辰，因此，黄钟二十日也就是神诞前数天。依照清初的制度，衙门礼房的官吏要在此时负责庙宇的祭祀。在碑记里，高州绅民将冼夫人秋祭中断四十余载归咎于衙门礼房差役新充人员的失误。其实，这也说明，四十年间，官府没有为冼夫人举办过秋祭。时至乾隆六十年八月，官府才给予一定的经费支持，恢复秋祭，且由于祭祀"需费浩繁"，出示劝谕士民题捐。

但是，在官府忽略对冼夫人祭祀的四十年间，民间的祭祀从未中断。前文提到，明嘉靖四十三年（1564）已经有高州府通判吴恩为高州冼夫人庙撰碑，彰显"新庙圮，土人新之"之善举。崇祯朝，有几姓民众，买田捐租，以供香灯。清代的几块碑记为解决祭产纠纷、重整祭祀规矩而立，记录了这些乐捐者的姓名，以及捐田祭神的方式。

乾隆十四年（1749）八月中秋日所立的《捐租记事碑》记载一群杂姓人买田祭祀冼夫人的事情：

> 谯国冼太夫人，丰功伟烈，彰彰史册。其永□高凉者，千有余载，高人敬为万年香火，户户皆然，可谓诚矣。念梁秀祯、卢灿平、李现鲜、丘居彦、刘我彤、聂禹章父祖六人，生于高凉，

同居梓里，纯赖圣母洪恩。于康熙甲子年（即康熙二十三年，1684）合捐分资，积贮数年，买受田米四斗二升，载租二十石零八斗，土名坐落杨耳坑插花等垌，久经税割呈明，奉批拨入上三道甲，另立冼长明名下输纳。其田大小共四十六丘，交佃许瑞珍力耕。递年值班二人，收六月上期早谷三石，发粜立收，银米全完，余者贮当班祃期公用。尚有冬谷十七石，糯谷八斗，该佃仲冬初旬，运至当班二人收足发粜。采买猪只蒸□一百二十斤，祭品等物，逐一备齐，至十二早，摆列寿筵，共祝千秋，□□先人至意。迄今世远年长，虽然分次极少，而子孙众多，仍照旧例分作两班办理，周而复始，毋始□乱。瑞珍祖父历耕三代，租无亏久，子孙日后不必生端易耕等弊。珍仍前完租，不得少欠。我等子孙贤肖佃户，租完粮完，同庆无疆。是以志石，以垂不朽云尔。[1]

碑记说明，康熙二十三年（1684）已有梁、卢、李、丘、刘、聂六姓人，捐资买田，供应香火。他们所买之田经过了官府的登记，但是，田产不是记录在六姓中任何一人或者一姓的名下，而是以"冼长明"的名字载入册籍。可见，官府册籍中的"冼长明"不是一个真实的人，而是一群异姓人供奉冼夫人的组织。六姓管理祭田的办法是将祭田租佃给许姓人。六姓人每年安排两人值班，分六月和十二月两次收租发粜，并备办祭品。

异姓以冼氏为名登记祭田，不是六姓独有的现象。道光二年（1822）《记事碑》提到崇祯年间周、麦二姓就已经有类似的活动：

谯国高凉郡主、诚敬冼太夫人，庙建城东，昭垂炳于纲目三书。我等先祖周盛虞、麦美明，在于前明崇祯年间，捐置土名水划垌，田租三十六石，载民米一石四斗三升，粮归上三里道甲冼

1　清乾隆十四年《捐租记事碑》，碑存于高州市高州冼夫人庙。

　　　诚敬名下输纳，立遗永庆夫人会田。[1]

碑记提到，周、麦二姓捐置的田产，"粮归上三里道甲冼诚敬名下输纳"。这句话的措辞"粮归……名下输纳"和前一块碑用"另立……名下输纳"稍有不同。从字面上看可以有两个解释：一是冼诚敬仅是一个名字，是个虚拟的纳粮对象；一是冼诚敬是一个真实的人，田产虽是周、麦所买捐，但是以他的名字进行登记纳粮。不过，后文没有提到周、麦二姓与冼姓人有田产的联系。所以，这里的冼诚敬很可能也和前一块碑记的冼长明一样，是异姓人虚拟的纳粮符号。祭祀与修庙所需费用均从会田拨出，周、麦二姓没有建立轮流值班的制度，而是将田契租斗交给住持管理收租。住持每年"内交租谷十石"与周、麦子孙"自办牲仪果品，定于每年仲冬朔六，预祝夫人寿诞"。

　　碑记记载，崇祯末年至乾隆四十二年（1777），这个祭祀组织运转顺利。乾隆四十二年，重修冼夫人庙之际，修庙者与周、麦二姓发生了纠纷：

　　　至四十二年，……另举住持秦胜邦与男秦太仪，将其田契印簿租斗，尽交东关耆民黄靖收租修贮。原议贮租五年，修庙完好，租归还庙管理。殊修延至二十年末，并不告竣，冷落香灯，废弛失祭。

　　事发后，周、麦二姓向茂名县知县状告黄靖。状告的理由，一是工程拖延，一是"难忍祖敬湮灭"。他们实际上关心的是，田产由住持打理，抑或交给修庙者管理，以租谷充修缮费用，对于捐田者的利益有很大差别。住持管理田产之时，每年以提供祭品的名义向捐田者交纳租谷。相反，若"借修庙名色"，将祭田交给承包修缮者贮租修庙，捐田者就无法向住持收到租谷。黄靖拖延二十年，比原议五年多

1　清道光二年《记事碑》，碑存于高州市高州冼夫人庙。

十五年。也就是说，周、麦二姓比预期少收了十五年的租谷。[1]

当时的状告者不止周、麦二姓，捐田入庙的黄姓人也有同样的遭遇。道光六年（1826）的《记事应亲碑》记录黄姓故事，并说明事发后洗夫人庙更换了住持。碑记这样描述由高州城内各区即"四关"公议，重新举充住持的情形：

> 越至道光元年，关内黄恒光呈印王主批准，出示四关，公议举充住持。业经四关衿首周桐封、梁国基、李承雯⋯⋯数十名人，诣庙内，议得道士卢明昌、廖时昌、梁积珍、何道盛呈请验充。蒙王主至公无私，亲诣洗太夫人案前，焚香祈告执阄。何道盛承充住持，印给租簿，庙款章程，交盛执凭，遵照旧例，每年交谷十石与我等备办果品牲仪，恭祝圣诞，同庆无疆。[2]

选举住持的场景集中体现了在洗夫人庙的管理问题上，城内各关与官府的关系。现在高州仍有"北关""西关""南关"等地名，但是没有太多的文献材料提到清代城内各"关"的内部组织与运作。从前碑可见，选充住持的程序是这样的：关内人先呈报知县，获得批准后，四关衿首在洗夫人庙内推荐数名候选道士。知县亲自到洗夫人案前执阄。阄中者，即新充住持。

不过，住持与捐田者之间的矛盾在道光二十年（1840）再次发生。周、麦等五姓人呈告知县，住持以修庙名义，扣存祭谷，并要求官府在庙中勒石晓谕。周、麦等人向茂名知县呈请时说：

> 第住持人等仍不肯给足旧岁祭谷，诚恐将来不无翻异更张之处。况民蓝姓尚未竖碑，虽有案可稽，恐年久湮没，无以垂久远。即民等丘、麦、周、黄四姓，虽有碑记，因无立案遵行，惟

1　清道光二年《记事碑》，碑存于高州市高州洗夫人庙。
2　清道光六年《记事应亲碑》，碑存于高州市高州洗夫人庙。

联呈乞示勒碑，仗肃霜威，常昭耳目，方足以垂久远而绝蒙混。[1]

碑记提到有丘、麦、周、黄、蓝五姓人捐田入庙，以供祭事。其中，周、麦、黄三姓前文都已经提到，没有碑记提过蓝姓。

冼夫人庙内，有嘉庆二年（1797）的碑记记录蓝姓立会祭祀的事情：

> 想我蓝氏始祖，迁居来高，卜宅茂邑城南肖山，传至球等十一世矣。兄弟三人，□字衍派，球、锦、秀是也，共组同庆冼太金，定期每岁十一月十八日恭祝宝诞。殊伊锦积欠会款一百一十六千，伊秀积欠一百三十二千，以致该会停顿，缘启衅端，争讼数年。是岁孟冬，蒙县府判决息争立案，嗣后伊锦、秀子孙会，虽有份然胙肉不颁，该会均归球子孙经理等判。伊球乃自念襟利同枝，恐讥羞后人，宁甘共苦，即将该会之田一十四石，坐落土名速埔垌班鱼塘，共田四十四丘，连东南北界至山场一所，尽拨为郡城冼太夫人万年香烟之资。诚恐年远湮灭，爰勒碑志，以垂永久。[2]

碑记说明迁居高州的蓝姓人到十一世分球、锦、秀三房，三房人以田地山场为基础共建"冼太金"，恭祝宝诞。而在祝贺神诞之际有分胙肉的仪式。由此可见，在蓝姓人看来，拜神祈福和敬宗收族是同一回事。尽管瑶人中多蓝姓，但是由于材料的缺乏，不能妄断这些人的祖先就是瑶人身份。

在调查中，我们还发现庙宇与庙宇间的关系可能就是当地人田土关系的集中体现。在雷垌多位老人提到"姑太探外家"的仪式。《冼太故里：雷垌》一书介绍，冼夫人出生在雷垌，嫁给冯宝后，在距

1　清道光二十三年《告示碑》，碑存于高州市高州冼夫人庙。
2　清嘉庆二年《捐租碑》，碑存于高州市高州冼夫人庙。

离雷垌4公里的良德处理政事。冼夫人诞辰（农历十一月二十四日）前十天，雷垌村要派人到良德的冼夫人庙内为夫人更衣。到诞辰之日，雷垌村民到良德把冼夫人迎回雷垌，即"探外家"。[1]当地人还特别强调，良德的冼夫人庙是雷垌冼氏的祖宗建的。雷垌把田地拨给良德，一年收几十石租。拨去的田地大多位于良德，在毗邻冼夫人庙的地方。老人们还补充道，雷垌全村人姓冼，而良德不同，良德是杂姓村，以梁姓和蓝姓为主。[2]如果将田野的材料联系到几块碑记所提到的异姓人以冼姓的名字登记田土，当地人所说的"拨给田地"，很可能是显示良德梁姓、蓝姓与冼姓有某种投靠关系，由冼姓代出赋税，而一年一度的"姑太探外家"，正好强化和重整这样的关系。

　　可见，碑记的出现，代表了一个历史过程。嘉靖四十三年（1564），高州府通判吴恩所撰之碑记录的修庙"土人"未曾留下姓名。崇祯到康熙年间卢、梁等几姓民众捐资献田，这些田土在官府立案，并以冼姓登记。嘉庆、道光间的碑记，记载了租佃纠纷以及捐田者与司庙者之间的矛盾。从碑记的内容来看，清前中期，官府既没有格外关注冼夫人庙，也没有直接参与民间祭祀田产的管理。而民间却利用行政制度，将共同建立的祭祀组织合法化，在这个过程中，杂姓人也将庙产登记在一个姓冼的户口之下，这既是缴租的单位，也是集资合股的办法。这正是地方社会向国家整合的体现。

　　"冯宝嫡裔"的确定与清末高州社会的动荡有关。道光末年开始，高州一带动乱频仍，朝廷也开始重视对地方信仰的承认。广西东南与广东西南山区活跃着众多"会匪""西匪"，高州府府城甚至几度被围。高州士绅杨廷桂概述了清末高州弁绅兵勇在境内外参加的战斗：

　　　　高州去京师八千里，其地负山包海，其民俗多尊君亲上，恒不惜其躯命，以敌王所忾。自嘉庆初至今剿贼于境外者，凡

1　高州市社会科学联合会、高州市长坡镇人民政府合编《冼太故里：雷垌》，未刊稿，2005年，第160页。

2　根据2006年9月笔者高州田野调查访谈笔记。

五次。自道光三十年至今，剿贼于境内者，凡十一次。在境外者，曰川楚，曰八排，曰罗镜，曰容县，曰金陵，所至皆有声绩。……剿贼于境内者，自凌十八始至李何娘止，中间何明科、谢八、吕九、谢溃三、张勾七之徒，多者万余人，少者数千人，皆随起随扑……至咸丰十一年春二月，陈金缸陷踞信宜，拥众五六万，蹂躏七八县，扑邑城者两次，围邑城者三年。当是时，贼势张甚，城之危与睢阳等。然大小数十战，互有杀伤，我勇之死亡者虽多，而贼之死亡者更不少。卒能慑贼党，使斩其渠来归正而高邑以安，即雷廉琼亦恃以无恐。[1]

这篇记文是杨廷桂为改建昭忠祠而作的。昭忠祠原建于嘉庆八年（1803），改建于同治四年（1865），因此杨氏所说的"至今"在同治四年左右。[2]可见，从道光三十年（1850）凌十八到同治二年（1863）陈金缸起义平，高州兵民所参与境内境外"剿贼"，此起彼伏，是相当紧张的年代。高州一带当西山大路要冲，因此，高州的安危对于雷廉琼是否会尽陷于贼，非常关键。咸丰十一年（1861）二月，陈金缸率部绕道广西岑溪进入信宜，占领县城，"以学署为伪宫，以县署为伪元帅府"。三月，攻茂名城。举人杨廷桂入城主持，与知府蒋立昂誓以死守，危城获安。光绪《高州府志》对杨廷桂力挽危城之举给予很高评价："当信宜初陷时，郡城迁徙一空，使举人杨廷桂由乡入城主持，大局力挽，邑绅会同筹办，则事已无可为矣。"[3]同治二年九月，官军收复信宜，陈金缸起义平。

事平后，举人杨廷桂以及高州知府瑞昌改建了高州冼夫人庙，将昭忠祠从城隍庙迁入该庙。杨廷桂《改建高邑昭忠祠记》交代了改建缘由以及落成典礼之隆重：

---

1 （清）杨廷桂：《改建高邑昭忠祠记》，见杨廷桂《岭隅文稿》，收入许汝韶编辑《高凉耆旧文钞》，广东省立中山图书馆藏。

2 光绪《高州府志》卷9《建置二·坛庙》，第9页下。

3 光绪《高州府志》卷51《纪述四·事纪》，第7页上一下。

　　则弁绅兵勇因桑梓而捐躯者，其血性可嘉，其情可痛，而功尤不可泯也。同治四年，郡之绅耆请以境外境内前后死事诸人，遵嘉庆八年诏，崇祀于昭忠祠，以慰忠魂，而光巨典。顾旧祠湫隘不足以展礼。观察英公与余及寮属绅耆公议，改建于城东郭冼太夫人祠之侧，堂基栋宇崇闳广大，足以壮观瞻。诹吉入祠，大总戎郑公、观察使英公偕余与僚属绅士同来展礼，而各死事者之子孙均得遵例，来与祭。是日也，鼎匜笾豆之光华，礼牲粢盛之丰洁，管弦箛鼓仪仗旌旗之嚖呓煊赫，父老子弟环门而观者，数千众，莫不喷喷叹美。谓忠烈者，食报当如是也。[1]

　　光绪《高州府志》记录了是次殉难绅民的人名。[2]战事的主要地点遍布高州所辖的茂名、电白、石城、信宜、吴川等地；名单显示，高州城附近的村落中殉难者较少，与冼夫人拜祭有密切关系的冯姓和冼姓更是寥寥无几。

　　动乱平息后，重整社会秩序之时，旧城冼夫人庙与高州城冼夫人庙一样受到了官府的关注。旧城冼夫人庙毁于兵燹，同治二年，高州多位官员捐银助修。职员张和仁作《修复旧城冼庙神像引》以记之：

　　　冼太夫人万家生佛也。……所以建祠奉祀，亦香火万家。惟旧城一庙，正夫人钟灵肇迹之区，而辛酉春，以陈逆之乱，侵占石骨，焚掠乡民，毁及祠宇，犯室像，裂冠袍，可胜叹哉！越癸亥秋，陈逆伏诛，信城收复，知溟漠之中，籍庇良多也。沐恩信生同知劳岐瑞、职员古耀堂、军职陈光荣、职员古荣、三堂把总冯大昌、恩职冯思永等，拟欲新其宝像，整其官袍，隆其庙貌，

────────────

1　（清）杨廷桂：《改建高邑昭忠祠记》，见杨廷桂《岭隅文稿》，收入许汝韶编辑《高凉耆旧文钞》。
2　光绪《高州府志》卷46《人物十九·殉难》，第1页上—28页下。

壮其威仪，闻者莫不欣然。爰是共襄厥举，捐资乐助，集腋成
裘，以报万一。是为序。[1]

碑记提到的辛酉春陈逆之乱，即咸丰十一年，陈金缸陷信宜，围郡城
之事。在这次动乱中，旧城冼庙遭受破坏。倡修者主要是军队的官
员，其中职位最高者为高州同知，还有两位冯姓低级武官。由于没有
材料佐证，很难断定这两位冯姓武官是否就是自称冼夫人后裔的旧城
村人。序言后，还记录了乐捐人名，杨廷桂也位列其中。除此之外，
众多商号以及高城团练总局也都曾捐资。

　　同治三年（1864），署广东巡抚郭嵩焘题请敕赐谯国夫人暨部将
封号。光绪《茂名县志》记录了当时留下的档案材料：

　　同治三年五月二十六日，礼科抄出署广东巡抚郭嵩焘题请，
敕赐谯国夫人暨部将封号，并准择裔奉祀一疏，于五月初三日
奉旨该部议奏，钦此。并据该抚将事实册结、志书、碑记揭送到
部。臣等查原题及清册内开高州府茂名、电白、信宜等县旧有冼
太夫人庙。夫人系高凉太守冯宝之妻，陈石龙太守冯仆之母。功
胪信史，德被生民。每值阽危之际，默邀援救之灵，凡兵戈水旱
之灾，祷祀立应，因而师行必克，凯奏频闻。且读《御纂子史精
华》，独于冼太夫人备录《隋书》本传，是则夫人之勋德早邀帝
诏之褒嘉。恩请加崇封号，以光祀典。再夫人开府时，有长史张
融，部下复有甘、盘、陈、廖、祝五将，虽勋名未附于青史，而
传闻必颂其丹诚。请分别敕加封号，并择冯宝嫡裔承充奉祀生，
以答神庥等情。[2]

郭嵩焘所请示之事有三：其一，敕赐谯国夫人封号；其二，敕赐甘、

1　清同治二年《修复旧城冼庙神像引》，碑存于高州市长坡镇旧城村冼夫人庙。

2　光绪《茂名县志》卷2《建置·坛祠》，据光绪十四年刊本影印，台北：成文出版社，1967年，
第17页上—下。

盘、陈、廖、祝五将封号；其三，择冯宝后裔承充奉祀生。虽然郭嵩
焘没有题请加封冯宝，但是，在这则奏疏中，冼夫人不仅作为神明和
其部将一起请封，且被作为冯氏家族的祖先对待。郭嵩焘特别指出
"择冯宝嫡裔承充奉祀生"。礼部查核《隋书》，公同酌议，认为"应
如该抚所请，敕赐封号，以光祀典，而答神庥"。[1]

　　在光绪《高州府志》中，修志者把郭嵩焘的题请放在有关高州城
冼夫人庙的记载之后，给人以高州城冼夫人庙为受封庙宇的印象。不
过，该志注明所录之档案出自郑业崇等编修的《茂名县志》。查阅光
绪《茂名县志》可知，郭氏的题请是置于关于旧城冼夫人庙的记载之
后的。[2]从编排的结构看，受敕封应该是旧城冼夫人庙。今天，旧城冼
夫人庙依然高悬着由郭嵩焘题请加封的"慈佑"匾额。看来，所谓的
"择冯宝嫡裔"指的是旧城的冯氏家族；或者，旧城的冯氏家族自认
是"冯宝嫡裔"。

结　语

　　从南北朝到清末，跨越了近一千五百年。在这段漫长的历史里，
地方社会必然经历了诸多演变。梁陈之际，冼夫人出现在正史的记
载中。当唐代的盛世成为过去，冯冼家族也渐渐淡出了史家的视野。
宋代，与海南、雷州等周边地区相比，高州没有多少文人、官员留
下文字记载，更不是朝廷的关注所在。明代高州受到了韩雍等人的
关注，其历史要置于两广瑶民起义的大背景中来看。由于电白县的
迁移，行政中心由高州的旧电白迁移到茂名以及神电卫，冼夫人信
仰的格局也随之改变。旧电白的冼夫人庙依然香火延续，而在茂名
官员们又新修了另一座高州冼夫人庙。在地方社会士大夫化的过程
中，沉寂了许久的冼夫人的故事又被不同的人群所重视、叙述并

1　光绪《茂名县志》卷2《建置·坛祠》，第18页上。
2　光绪《茂名县志》卷2《建置·坛祠》，第17页上一下。

改写。

地方社会的战乱与巨变改变了当地人的身份认同。从今天留存下的族谱大体可以推断，明中后期，当地的某些家族开始按照家族伦理编订谱系。旧电白出现以冯宝嫡裔自居的冯氏家族。周围的冯姓家族以及冼姓家族也开始将家族的故事与冼夫人、冯宝的谱系联系起来。

明中后期的社会变革延续到了清代。清代的碑记显示，高州冼夫人庙的维持与祭祀主要依赖当地的民众。他们通过捐献田产，建立拜祭组织，并利用田土登记的规矩，将土地合法化。清中后期会匪之乱后，高州和旧电白的冼夫人庙受到官府的关注。旧电白的冼夫人庙受到敕封，由冯宝的嫡裔主持祭祀。[1]由此，我们可以了解为何会出现冼夫人墓是在新电白还是旧电白的争论。

在这段历史中，也许有很多原先与冯宝和冼夫人没有关系的乡村，陆陆续续把对冯、冼二人的祭祀加到乡村礼仪之内；又或许有很多地方，在接受这个转变的同时，也保留了很多原来的风俗。这些地方上的分歧，没有改变长时段的趋势。在长时段的礼仪变化之中，寻求正统的过程，新旧礼仪之间不是相互替代，而是叠加。在文字层面，族谱的记录既保留了华南地方社会原有的谱系结构，比如郎名、神明谱、年庚流水簿，又整合了明中期以后宗族礼仪中以血缘承传为依据的新结构。在信仰的地理空间层面，冼夫人庙从长坡到高州城与电白的转移，源于行政的变化。移动后，冼夫人的拜祭便出现了不同的据点，而不同的地点又以本地为核心制造出冼夫人的故事。这些故事随着时代的变化而不断被改写。地方上的人群，唯独不能改变的是正史里面的文字记录。由此，正史的记载既变成故事演绎与创造的出发点，也变成各执一说的人们竞争正统性的武器。也就是说，正史的记录被地方上的人群认为是，也实际上充当了唯一可以轻松运用的"客观"标准。

1　光绪《高州府志》卷11《建置四·冢墓》，第24页上。

　　地方礼仪多样性的问题就本该是题中应有之义。不同区域，虽然在控产、祭祀等概念上相似，但在具体的运作过程中可以呈现出各自的形态。这些相同与相异的部分，就是历史学者可以用来重构地方历史的资料。

第六章　建筑、仪式与历史记忆

　　前几章的论述，以传统史料为主，辅以田野中搜集到的文献。传统史料包括正史、实录、方志以及文集等。田野材料则来源于历次田野调查中搜集到的族谱与碑记。但是，历史的遗迹，除了保存于文献中，还存留于建筑物的地点和生动的仪式演绎。然而，这些非文字媒介的传承都不是凝固的。今天所看到的建筑物，是屡次重建的结果；今天还在上演的仪式，在历史的长河中可能已经变化多次。那么，是否可以用这类材料去重构过去的历史？

　　这样提出问题，是把田野研究的重点放在长时段的历史发展，而不是某一个时期的当代观察。历史有重构的成分，现在已经不容置疑。但是，从历史学者的观点来说，在历史重构的背后，确有过去实在发生过的事情。在归纳历史学的人类学化之时，张小军认为它体现在口述史、田野研究、微观研究、文化研究四个领域，[1]但更为关键的是，非文字媒介的材料不仅仅扩大了历史研究的领域和视野，也将在传统历史文献中失语的人纳入考察的范围。利用这些材料所撰写的历史和文献材料所勾画出的图景不同，因此，很可能改写历史的整个图像。

　　仪式表演与建筑演化，表现为一系列重复性行为的变化。所以，新的礼仪往往不完全排除旧礼仪，而覆于其上。正如在地基还没有完全铲除之前，新房子的建构包含旧房子的轮廓，礼仪重叠与取替，也常常隐藏着旧礼仪的痕迹。因此，这样的材料呈现的不是一个时间点，而是历史过程中的列序的叠合。现在还可以观察到的建筑与礼仪，像一本反复编纂的书或层层累积的遗址，可以阅读，可以发掘。礼仪是非文字媒介的材料中尤其重要的部分。礼仪的根据是规矩，就是"怎样做"这个问题的答案。[2]礼仪的表达虽然不可避免地有重构的部分，但是重构的背后还是一个层累的历史过程。

　　本章通过对庙宇建筑、石雕、仪式表演以及传说故事等文本进行分析，说明非文字的材料不仅能给予文字文本重要补充，而且，建筑的呈现、仪式的表演，往往传递和表达出深藏于文字背后的社会关系，甚至当地人对于文字讲述的情感与偏好。结合这类非文字的表达进行探讨，文字材料才能充分发挥历史记录的功能。

　　历史人类学的作用，就是在文献材料的基础上，充实和比较田野材料，反映出被遗忘于文字之外的，或者是没有文字的人的声音。

1　张小军：《史学的人类学化和人类学的历史化——兼论被史学"抢注"的历史人类学》，《历史人类学学刊》第 1 卷第 1 期，2003 年，第 1—28 页。

2　Gilbert Lewis, *Days of Shining Red: An Essay on Understanding Ritual*, Cambridge: Cambridge University Press, 1980.

一　历史建筑物与石雕

有学者统计高州地区的冼夫人庙有 200 余座。[1] 其中，高州旧城冼夫人庙被当地学者与民众视为历史最为久远的冼夫人庙。该庙的简介说明，其"建于隋朝，是全国最原始、最古老的冼夫人庙"。不过，这种说法尚未在史料中找到依据。方志与碑记记载的重修有两次，第一次是嘉靖二十六年（1547）高州知府欧阳烈重修，第二次是同治二年（1863）官兵重塑冼夫人宝像。嘉靖十四年，高州州城建立冼夫人庙，旧城的冼夫人庙并没有被取代。但是，由于旧城不再是政治与军事中心，在地方志的记载中，也不再吸引官员和文人的目光。明清以来的《高州府志》和《电白县志》都是以茂名和电白为核心来编写的。但是，田野的观察显示，在冼夫人信仰的层面，旧城的冼夫人庙始终是当地社会实在的和想象的核心。

目前旧城村有 4000 多人，其中 2000 多人姓冯，另外还有邓、侯等姓，邓、侯两姓有祠堂。"文化大革命"时期，冼夫人庙以及冯氏宗祠都不同程度被拆毁，现在的庙宇是其后重修的。[2] 也就是说，今天看到的旧城冼夫人庙是不同时代重修以后的结果。

今天的冼夫人庙与冯氏宗祠气势恢宏，两座建筑并排而建（见图6-1）。庙有三进，分前、中、后三殿，最后一进由正殿与偏殿构成。正殿供奉的诸位神明是：冼夫人、冯宝公、祠庭土主，甘、祝、盘三位先锋。偏殿供奉观音、十八罗汉、关圣帝。冼夫人庙的建筑与布置无声地表达了不同时代与背景的人对于朝廷以及地方关系的看法：中殿高悬的同治年间加封之"慈佑"牌匾，彰显着朝廷给予的荣耀与庇护；而正殿安放着的复制铜鼓，则代表着粤西一带根深蒂固的土著权威。近年来，高州博物馆在庙内布展，展出出土文物，宣传冼夫人事迹，介绍各处遗迹，集中反映了高州市政府对冼夫人文化的宣传。

1　叶春生：《民间信仰的升华与超越》，收入卢方圆、叶春生主编《岭南圣母的文化与信仰——冼夫人与高州》，第 4 页。

2　以上材料为 2006 年 9 月 29 日在高州市长坡镇旧城村冼太庙对管理庙宇的冯先生访谈所得。

图 6-1　旧城冼夫人庙、合和庙与冯氏宗祠

冯氏宗祠也分三进，中殿内设有"冼夫人历史陈列"以及"冯氏先贤事迹陈列"两套展览。天井的墙壁上挂着各地冯氏子孙敬赠的匾额与捐资人名录。从捐资者所处地区可见，除了旧城，冯氏子孙遍布广东、广西。正殿分三个神龛，摆放祖先牌位，现在的牌位是重修后所制。在中间的神龛，依次排放了一世祖冯宝公到三十六世祖共 129 个牌位。两侧则按左昭右穆的原则，排放冯氏 37—52 代祖先的牌位，共有 550 余块。当地人认为冯宝公之前还有四代，由于他们的配偶姓氏史书无载，所以尊冯宝、冼夫人为始祖。[1]

在冼夫人庙与冯氏宗祠之间建有一座低矮小庙，供奉冼夫人和冯宝坐像，当地人称之为合和庙。要明白合和庙的作用，必须比较其他的庙宇布局。例如，高州冼夫人庙是目前高州地区规模最大的冼夫人庙，三间四进。正殿供奉冼夫人神像，后殿是冯公庙，内设冯冼夫妇坐像，即合和神。"文革"前，冼夫人庙的左侧原是潘仙祠，右侧原是昭忠祠。在中殿次间的庙墙上镶嵌明嘉靖年间至清末的十几件碑刻。由于文献阙如，很难证明二者在建筑形态上存在模仿的关系。但是，如果可以大胆推测，高州冼夫人庙于嘉靖十四年（1535）从旧城

1　《广城开基大宗祠引》，《高凉冯氏谱记》。该文提到："今庙内议立业公为始祖，但世远之传，妣皆书缺。惟谯国公与冼氏考妣昭然，且又事功显赫，立庙当立为始祖。"参见《高凉冯氏谱记》，手抄本，编纂年份不详，藏于高州市长坡镇旧城低垌村。

迁移而来时，旧城的合和庙可能很早就已存在。明中期以后，当家族礼仪逐渐影响到建筑风格，旧城冯氏家族才在庙旁建立冯氏宗祠；而且，现在的冼夫人庙也是以后扩建的。在高州，以官方名义倡修的冼夫人庙没有冯氏家族参与，所以也没有家族祠堂设于近旁。从这个例子所见，观察的历史与文本的历史是配合的。

如果将目光投向更广阔的地域，我们将看到在同一时期的雷州雷祖祠也经历着一个类似的过程。如第四章所述，今天雷祖祠既是信仰中心，又是陈氏供奉祖先的场所。前殿祭祀雷祖陈文玉，后殿供奉陈文玉及其父亲的神像以及家人的牌位。陈文玉是天神也是祖先，家族的崇拜与地方神的崇拜在他身上叠合为一。

以旧城、高州与雷州三地为例，宗族与神明的关系可见于建筑形制的变化。旧城冼夫人庙与合和庙相结合的时期，冼夫人作为神明与作为祖先的身份没有被清楚区分。冯氏宗祠建立以后，家族的礼仪与制度成为冯氏家族建构血缘关系的依据，在祠堂内冼夫人作为始祖冯宝的配偶受到祭祀。由此，在建筑的形式上，清楚区分了冼夫人的神明与祖先身份。在雷州雷祖祠，明清时期，雷祖陈文玉成了雷祖祠周边陈姓人的祖先。陈姓族人力图将始祖陈文玉从卵生雷种变成乡贤名宦。并且，在《雷祖志》中雷祖祠的后殿画着陈氏大宗祠的匾额。不过，后殿的形制与其说是一座祠堂，不如说是一座加入了家族特色，如神主牌位的神庙。在这个例子中，观察所见的礼仪与文本的礼仪没有冲突，但是礼仪传统的重叠，起码比文本明显得多。

雷祖祠与海南儋州宁济庙摆放的石雕，也非常值得注意。宁济庙坐落在儋州中和古镇（宋至清为衙署所在），光绪《琼州府志》载："宁济庙，在州署南，祀谯国夫人冯冼氏。宋绍兴间封显应夫人，名其庙曰宁济。"[1] 本书第二章已经提及淳熙元年，五指山生黎峒首王仲期率其傍八十峒在此处"研石歃血，约誓改过，不复抄掠"。[2] 南宋以

1　光绪《琼州府志》卷8《建置·坛庙》，第25页。

2　（宋）赵汝适：《诸蕃志》卷下《志物·海南》，第25页下。

来，该庙几经重建，最近的一次为 1988 年。正殿供奉着冼夫人神像，没有供奉冯宝。[1] 院子里安放有石雕九座，大小不一，称"九峒黎首石雕"。斑驳的表面和风化的程度都表明这些石雕经历了相当长岁月的洗礼。居中的石雕最为高大，双手被敷于身后，其余八个呈戴枷跪拜状（见图 6-2）。在雷州重要的庙宇——雷祖祠，也有类似的石雕。雷祖祠的五尊土著形象的石雕放置在院子里，以跪姿正对雷祖陈文玉（见图 6-3）。其中一尊石人的头像已毁。

没有文献记载这些石雕的来历和意涵。[2] 有学者根据这个区域曾有

图 6-2　海南儋州宁济庙之九峒黎首石雕

1　2002 年 12 月，笔者对儋州宁济庙进行考察，有关宁济庙的描述依据此次田野考察笔记。

2　陈雄考察之际曾见到过碑刻两块：其一为《儋州冼太夫人庙碑记》，由清道光二十八年八月学正林湘源等立，林召棠撰文；另一块为《宁济庙冼夫人加封碑记》，碑已残断，仅见三块，为知州徐锡麟立。笔者未见原碑，仅见抄录的道光碑文。该碑记录夫人传略、在儋踪迹，以及捐钱买田以资香火等事，没有记载石雕的来历和意涵。参见陈雄编著《冼夫人在海南》，广州：中山大学出版社，1992 年，第 55 页。

图6-3　雷州雷祖祠石人

隋唐时代黎峒归附冼夫人的记载以及土著归附陈文玉的传说，断定这些石雕雕刻于唐代和五代。但是，石雕着重表现土著的归服。石人浓眉凸眼，短衫跣足，充分体现了长期以来所谓中原对于"南蛮"形象的想象。石人或被捆绑，或上枷锁，渲染着强烈的武力征服色彩。反之，在冼夫人的时代，朝廷通过培植一个忠实于朝廷的土著上层，控遏南方。双方的关系体现在"令子入侍"，即南方首领送儿子到长安的宫廷，既接受中原文化的熏陶，又作为交给朝廷的人质。取得皇帝信任的冯冼家族几次平息动乱。平乱后，冼夫人亲载诏书，宣谕各部，仍令各部首领统率部众。[1]宋代，仍少有王朝的大军南下岭南。淳熙元年，五指山生黎峒首王仲期率众归附之时，在官员的笔下，黎峒首领不是负枷请罪的形象，而是"髻露者以绛帛约髻根，或以采帛包

髻，或戴小花笠，皆簪二银篦。亦有着短织花裙者"。王仲期还身着锦袍，面对官员时，自云先代曾"纳土补官"。[1] 所以，这些石雕的形象与文本所见唐宋土著的描述并不契合，他们不可能是唐宋土人的代表。

直至明中叶，尤其平广西藤峡起义后，明王朝在这个地区派驻军队多次大征广西和海南，在"瑶乱"和"黎乱"的概念指引下，官府编订里甲、移风易俗。强调武力的彰显和文教的修备，蛮夷的归化才变成这个请罪的模式。所以，在不同时期，文本表达的历史，有两个相反模式，石雕表现的形象只是其中一段历史的见证，其俭朴的表象，覆盖了早期的、相反的历史过程。

二　仪式表演

正如石雕并不代表一个长时期的历史情况，仪式所反映的当地社会也和文献的记录有所分别。海南、雷州和高州三处，每年最热闹的仪式是正月元宵节前后的祭祀神灵活动。雷州称这类活动为傩，高州称为年例，海南则称为公期。此外，每于神诞之际，当地人也会游神演剧。明清以来，伴随宗族制度的发展，这一带的宗族活动也相当频繁。除了拜祭，于重要的节日，例如清明，族人也会祭祖。由于冼夫人和雷祖具有祖先与神明的双重身份，因此以血缘表达为依据建立的宗族关系和以地缘关系为根据形成的祭祀范围往往叠加在一起。

1. 高州劏牛会和年例

早期的仪式，现在不易得见，比较明显的是旧城劏牛会。[2] 冼夫人诞后两天，农历十一月二十六日，旧城冼夫人庙举行劏牛会（见图6-4）。劏牛会由道士主持，重点在于犒赏冼夫人的三位先锋，而不是

1　（宋）赵汝适：《诸蕃志》卷下《志物·海南》，第25页下。
2　2007年1月在高州旧城考察，关于冼夫人诞以及劏牛会的描述根据是次田野考察笔记。

图6-4　旧城冼夫人庙劚牛会

供奉冼夫人。没有材料记录劚牛会的缘起。但是，文献的记载和仪式的区分是配合的，即先锋和冼夫人不是出自同样的传统，他们的存在来自传说，而不是正史。根据光绪《高州府志》记载：

> 隋冼夫人开府置官属，史惟载长史张融，不知何县人。相传有甘、盘、廖、祝四将，甚有智勇，佐成武功。今庙中塑四将军像者是也。又有一将姓陈，三桥人，毅勇刚直，屡著奇功，今霞洞夫人庙犹塑其像，乡人称陈三宫。[1]

同治三年（1864），加封冼夫人之际，对于五将也分别加以封号。不过，从府志的记载来看，清人已经注意到关于五将的故事出自传说。旧城冼夫人庙祭祀的是甘、祝、盘三位先锋，高州地区，也有其他冼夫人庙祭祀其他两位先锋的。引文中的霞洞夫人庙，当然也是冼夫人

1　光绪《高州府志》卷54《纪述七·杂录》，第2页下。

庙；霞洞也有冯姓居住。不过，现在宰牛祭祀的只有旧城一地。[1]

宰牛不是官方的礼仪。北宋绍圣年间流放琼州的苏轼作《书柳子厚牛赋后》，该文以杀牛为岭外的风俗：

> 岭外俗皆恬杀牛，而海南为甚。……以巫为医，以牛为药。间有饮药者，巫辄云：神怒，病不可复治。亲戚皆为却药，禁医不得入门，人牛皆死而后已。[2]

所以，旧城劏牛的风俗，是地方习俗，而非朝廷礼仪。尤其是在传说中这个仪式是为了犒赏先锋而不是祭祀冼夫人，很明显，当地人明白并支持两套仪式的分歧。更值得注意的是，苏轼记录的巫，已经不存，代之而起的是附会到正一传统的道士，主持劏牛。所以，这个仪式刚好印证了宋代海南的记录，也表示旧城的冯氏是岭外风俗传统下繁衍生活的人群。

年例的主要活动是驱邪，洁净社区。[3]旧城的年例由当地的十社合办，正月十四日开始，正月十六日结束。主持年例的道士与主持劏牛会的相同。村民热烈参与的程度，非亲身经历，难以想象。正月十四日下午，童道入庙，敬奉诸神。当地人解释，所谓"童"是指身着红色道袍专门祈求吉祥的道士。凌晨两点半，道士率众迎神。众神就位后，开始敬表。随后，道士洁净纸船，颁符，启船，准备出游。巡游的队伍包括仪仗、冼夫人神轿、纸船以及白花榜，该榜记录了当年社内新添的男丁。各社村民预先准备好醮铺，冼夫人神轿一到，即敬献参拜，并玟卜问吉。

1　材料提到的祭拜陈三官的霞洞夫人庙，即浮山下霞洞坡的诚敬夫人古庙。光绪《高州府志》的作者做过考证："考电白冼夫人庙，霞洞为最古。冯盎为冼夫人之孙，时家于良德，即霞洞堡地。宋署灵山知县崔本厚即其地建庙，后与乡人王姓重修，分设二像祀之。古驿路由狮子铺至驿岭塘至油麻坡，入高州，下化州，至雷琼，皆经过此庙。以在晏公岭之阳，土人名晏公庙。"光绪《高州府志》卷9《建置二·坛庙》，第24页上一下。

2　（宋）苏轼：《书柳子厚牛赋后》，《东坡全集》卷93《书后二十八首》，第20下—21页上。

3　2007年2月考察高州地区的年例活动，关于旧城年例的描述依据是次田野考察笔记。

从正月十五日清晨五点至晚上八点，冼夫人的神轿巡游十社。2007 年巡游的高潮，所谓"醮尾"，在低垌村举行。当时，皓月当空，火把熊熊，丝竹齐鸣。因为仪式每年表演，村民对道士的作法有相当了解和期望。例如，道士将污秽的东西收进纸船。他首先在船里放进了纸钱包裹的几截竹子。然后，在相当长的打斗仪式后，以很熟练的手法，把公鸡的头扭了下来，放进碗里，并将碗埋在田边。围观的妇女立即紧张地把散落的鸡毛捡起来，让纸船带走。按当地的说法，鸡毛是很不洁净的。随后，村民高擎火把，带领巡游队伍，穿越蕉林和蔗田，从田间小路回到城冼庙。

巡游归来，活动尚未结束。村民请冼夫人归座，船也回到庙里。随后，徒弟举着火把，到门口念唱写着各班人名的榜文。接下来，道士开始调兵捉耗。为了让纸船送走社内各种鬼怪，并画了三个小人，嘱咐他们押送诸鬼。随后，道士开通船路，村民在船路上点燃蜡烛，为花船照明。大约午夜十二点，此段仪式结束。

从凌晨一点到三点，前来帮忙的年轻道士，为村民珓卜问吉。此时，庙外的村民燃烧火把，为送船做准备。三点十分，送船仪式开始。参加送船的都是青壮年男子，他们高举火把，一路疾走，穿梭在蕉林和野外。行至半路，道士就返回了。村民把花船送至水边烧化，并把所有的火把都投进火堆中。由于担心鬼怪会尾随回家，返回之际，村民既不能说话，也不能遵循原路。

这里强调仪式细节的目的，是希望能展示出仪式的复杂程度。在仪式进行的过程中，道士需要和村民紧密配合。可以定期以紧凑的程序表演一个复杂的过程，往往是地域社会得以维持和延续最起码的条件。

至少在清代，高州已经有关于年例的记载。光绪《高州府志》这样描述：

> 二月祭社分肉。……自十二月至于是月，民间多建平安醮，设蔗酒于门。巫者拥神疾趋，以次祷祀，掷珓悬朱符而去。神号

康王，不知所出。乡人傩，沿门逐鬼唱土歌，谓之"年例"。或
官绅礼服迎神。选壮者，赤帻，朱蓝其面，衣偏裻之衣，执戈扬
盾，索厉鬼而大驱之，于古礼为近。[1]

"乡人傩，沿门逐鬼唱土歌"句，只点到仪式的重点，不足以显示田
野所见的气派。比较清代的记载和田野的观察，可以发现，当时年例
进行的地域单位——社，是这个仪式涉及的范围。社的诸分子对社里
每年所做的礼仪，由参与获得认同。仪式不是一成不变，而是在大众
认同下改变。当年的巫者已经为今天自称正一派的道士取代。红巾花
面且身披戎装的壮者，在 2007 年我考察之际也不可复见（但是，在
雷州地区尚可以见到，下详）。在这段材料中，年例的主神不是冼夫
人，而是康王。在高州地区，至今康王庙仍很普遍。

年例仪式在高州地区普遍存在，一般以社为单位。社是重要的
基层祭祀单位，以土地神为核心。年例的时候，以一个土地庙或者
超越土地庙范围的庙宇为核心，几个社或者一个社组织起来，游神巡
境。如旧城年例的十社就各有土地神，冼夫人庙为十社共同的中心
组织。

茂名人梁联德，雍正丁未（雍正五年，1727）进士，官任兴国知
县，于乾隆年间作《蓝田社例序》，记录了蓝田社从其祖父时代开始
的发展：

余祖父率乡之人春祈秋报于是者将百年矣。社，故茅茨，蘧
欲祖自城南移居帅堂，始易瓦椽。阅八十余年，乾隆庚午（乾隆
十五年，1750）庙圮，余捐银二十余两，复修之。[2]

乾隆十五年，梁联德重修社庙。距离他修庙之时，乡人于社庙春祈秋

1　光绪《高州府志》卷 6《舆地六·风俗》，第 12 页下。

2　（清）梁联德：《蓝田社例序》，《恒峰稿》，收入许汝韶编辑《高凉耆旧文钞》，第 3 页上。

报将近百年，也就是说，大约在清初的时候已经有社庙拜祭的传统。社原本很简陋的，其祖父开始为之迁移并置瓦椽。

梁联德还回忆了社例时的场景：

> 社例，上元赛神。初十日，乡之绅者买花灯三五架，各携樻，庆饮于庙。犹忆儿时从父兄后，偕侪辈争啖果饵。年每三夜。十三日，迎神散醮于首事四人之家。其童子摇扇唱歌，文人墨士杂野老互相唱和，竟有佳句。舞杂戏，放花爆。乘月提灯杂沓来观者，十五夜人最伙。各拉二三知己，酌清酤，席地而坐，唱酬达旦，此亦居乡之乐也。[1]

社例即上元赛神，可见社神在整个仪式中非常重要。当时的整个仪式分三日进行。初十日，买花灯，庙中宴饮。十三日，迎神散醮。十五日，唱酬达旦。至今，高州地区的年例仪式中，"灯"的角色仍很重要。虽然在旧城年例不游花灯，但是不少社的年例都有游灯的环节。比如，在东岸镇大双村，农历正月十一日由广福社的土地公与土地婆出游巡境。添丁人家要摆白花醮，想添丁的人家要摆平安醮。次日凌晨三点左右，道士作醮，迎神。上午十点，包括冼夫人在内的诸神巡游。在土地巡境的仪式中游灯是重要环节，村民组织的浩浩荡荡的花灯队伍在仪仗的最前列。在珠江三角洲很多地方，"灯"意味着"丁"。当年添丁的家庭往往要在庙里或祠堂举行"开灯"的仪式。在大双村看到的游灯仪式和村内的人丁户口也是紧密联系的。仪式进行的过程中，祖先亦参与其中。村民以香炉代表祖先，请其前去鉴醮。仪式完成后，又将香炉送回祠堂。可见，乡村中并存两套体系——行政的和家族的，在这个仪式中都得到了很好体现。土地代表的是行政的体系，新生的男丁需要向其报告，同时，添丁也是家族的事情，所以祖先也前往鉴醮。

---

1 （清）梁联德:《恒峰稿》，第3页下—4页上。

梁联德笔下的居乡之乐好景不长：

> 未几，而灯废，而杂戏花爆废，而唱咏童歌废，来观者寥寥矣。奉神故有例，因费重而退者十余人。今见修社事者二十余人，以四人班次，四五年一周，班数而费愈重，欲退者又数人。

社不是恒久不变的组织，参与者也可以退社。因此，梁联德筹款重整社事：

> 维念乡之科头赤脚者，皆余祖父衣冠引之，以礼于社之神者，而忍其贫而散耶？弟联赞合乡之乐善者，其捐谷六石五斗生息以助例费，数年多逋欠。余于辛未（乾隆十六年，1751）始领其事，迄丙子（乾隆二十一年）会计得钱若干，略有成功，于是乐于从事者三十人，以三人一班，十年一周，其间因时制宜于旧例，中稍变通之条例载社簿。[1]

乡人祭社也许历时久远，但是直至清初在梁联德之祖父的影响下，才有衣冠祭拜之礼。由于经费之不敷，联德之弟联赞联合乐善者捐谷生息，联德也于乾隆十六年组织社例，并制定新的轮流规则，由四五年一周变为十年一周。

可见，清初茂名地区已经开始组织类似于今天年例的社例。百余年中，仪式的表演中的多个传统时有消长。清初，读书人或居乡士绅引领乡人衣冠祭社，今天年例仪式中推选出来的表首始终立于道士身后，代表村民祭拜。不过，旧城的表首依然装束如常，没有恢复古代士大夫的衣冠。清代，玟卜颁符者为巫，今天整个仪式都主要由道士主持。清代，村民颂唱土歌，作傩，今人主要请戏班来演剧酬神。高

---

1 （清）梁联德：《恒峰稿》，第 3 页下—4 页上。

州地区的演剧分人戏与木偶戏两种。所以，戏班的传统也是整个仪式中的一部分，且易为人所忽略。乡民还有自己的传统与风俗，如游灯、宴饮、唱酬等。另外，神明巡游的过程强调境的观念，巡游醮铺的路线即社的范围。考察发现，高州地区的普通村民对社的地域范围非常熟悉。年例就是将地域的界限确定化和清晰化的手段。

2. 雷祖巡城、雷州传统民俗文化节和雷傩

雷祖巡城、雷州传统民俗文化节以及雷傩是正月期间雷州最主要的仪式。[1]清中期的雷州，陈姓族人成功地把他们的祖先——或称陈文玉的雷祖——放进了乡贤、名宦祠，并且在方志编撰者的笔下确认为雷州的创立者。但是，在仪式层面，人格化的雷祖，并没有完全取代兽形的雷首。不同地域范围的民众对于祭祀对象有自己的选择，而神明信仰的地理范围又与地区水利的开发有密切的关系。可以说，社会在信仰领域的分层与结构是长期历史过程积累下的呈现。

雷祖出巡的仪式主要由雷祖后裔陈氏家族筹办，分为两部分：巡游周围陈姓乡村以及巡游雷城。后者就是雷祖巡城（见图 6-5）。

农历正月初十早上，在雷祖祠内道士开始进行早忏。早忏结束，陈氏族人将"雷祠三殿"的三位神明（雷祖陈文玉、李广和英山石神）的行身请上銮舆，开始出巡。整个仪仗由一千余名族人组成，声势浩大。开路的横额为"纪念雷州刺史陈文玉巡城 1368 周年"。沿途的村民都准备了烤乳猪等祭品酬神。每到一座庙宇，或者道路的关隘，神轿停留片刻，接受村民的参拜。

第一站是麻扶雷祖公馆。当地人介绍，这里是雷祖巡游的必经之路。雷祖在此接受公馆执事的祭拜后，继续前行。中午，巡游队伍到达东井村。道士在该村的陈刺史祠进行午忏。晚上，队伍在西边村陈刺史祠留宿。第二天下午，村民抬着銮舆进城。进城后，道士在雷城

---

1 笔者多次到雷州考察，关于雷祖巡城、雷州传统民俗文化节以及雷傩的讨论根据 2006 年的田野笔记。

图6-5　雷祖巡城

东门天福庙举行午忏。午忏结束后，雷祖开始在城中巡游。傍晚，巡游队伍进入城南真武堂，进行晚忏。晚忏结束，銮舆抬出真武堂，村民迅速有序地重整仪仗，返回雷祠。在城内，不见城市居民有活跃的参与。

从巡游路线来看，在乡村之中巡游的是雷祖祠附近几个重要的陈氏乡村，祠内事务主要由这几个乡村管理。除此之外，麻扶雷祖公馆、东门的天福庙以及南门的真武堂都是神轿必须停留的地点。巡游的路线是有历史渊源的，前两处地点在雷州的水利系统上处于重要的位置。

正如前文所讨论，宋代修筑的何、戴二公渠奠定了雷州整个环城水利灌溉体系的基础，明清两代的多次重修都以此为据。[1] 位于麻扶的那耶陂是这个水利系统重要的部分，主要影响西洋田的灌溉。据万历《雷州府志》记载：

1　万历《雷州府志》卷3《地里志》，第19页上—20页下。

那耶陂在县西南五里第四都麻扶村，以石得名。宋宝祐四年（1256）郡守孟安仁始为塘。洪武八年（1375）通判李希祖易为陂，建闸灌麻蛇洋田。[1]

直至清代，麻扶在水利上的重要地位依然没有改变。乾隆十五年（1750），当地的数名乡绅、首事重修陂闸。在雷祖公馆立有碑刻，记录此事：

雷城西南五里洋田百余顷，地名麻扶四村。其间有渠上接崩塘之长流，下通渡南之□溪。天造地设，自有利济通洋之具。迨人工不继，任其自然，则自有之，而自耗之，祇（只）类临溪美鱼，束手无策矣。宋乾道间郡侯戴公、邑侯何公捐兴工作以通利济之桥，复设堤闸以□灌溉之利，桥名浮碧，闸曰那耶。斯时岁丰□粟，民赖有年。郡不幸咸旱为灾而一泓秋水□盈沟，□平洋一带，恃□无恐。阙后世远年湮，闸圮沟废，咸旱频仍。及雍正元年，继蒙沈道宪台念切民□倡修闸口，未□，赴诏引见，工兴不果。至容□夏，海咸作祟，全洋俱立若□数□之清流，亦却灾伤之大年。于是，绅衿父老共商重建，但工程浩大，支度无资。乃兄斯用，考翁忠藩，谋协同众志，呈恳府县二天造福生民，借动公项。荷蒙欢□伐石鸠工。自庚午（乾隆十五年）盂春始，迨仲夏，功始告成。凡沟路渠围，以及桥之将圮未圮者，皆修饬而一新之，从此□□有资，禾苗秀实，斯土共乐，利之□千载，享长养之福，金希镌石用铭，二天之德于不朽云尔。是为记。[2]

该碑碑末列出了共商重建的绅衿父老的姓名，有吴、蔡、林、陈等众

1　万历《雷州府志》卷3《地里志》，第23页上。

2　清乾隆十五年《重建那耶闸碑》，碑存于雷州市麻扶雷祖公馆。

多姓氏；立碑者还包括雷州府知府李珏、海康县县令胡之楚等地方官员。另外，在麻扶雷祖公馆竖立着多块清代官员处理当地水利纠纷的碑记和管理水利的规则。这说明尽管陈氏宗族在这个地点享有特殊的地位，但是麻扶的陂闸是超越了陈氏宗族的地域性的水利要害。麻扶陂闸是官方支持下建立的水利系统，所以，麻扶雷祖公馆既是雷祖祠下的一个机构，又是超越雷祖祠范围，与官府衔接的地点。各姓在这个地点，表现对地方的参与，就是显示对水利系统的控制有参与的权利。

这双重的性质也折射在祭祀礼仪上。一方面，作为"行宫"的这座雷祖公馆，供奉的主要神明就是雷祖、李广和英山石神。每年雷祖巡游，这里是首先到达的地方。另一方面，麻扶雷祖公馆的地点又称"麻扶歌台"。在雍正十三年（1735）以前，每逢端午节日，龙舟竞渡于公馆东侧，此处即为龙舟待命之坞，遗址迄今无恙。环州城的水道，尤其是南渡河河段的村民都参与这一盛典。雍正十三年，礼仪发生变化，由龙舟竞渡变成了诵唱雷歌。因此，这里又称作"麻扶歌台"。[1] 很明显，作为竞渡船坞或者麻扶歌台，这个地点举行的仪式，就不是陈氏宗族专有，而是与更广阔的区域相联系。

雷祖巡游的另一个重要地点是雷州城的东门。前文已经提到，第二天的午忏就在东门的天福庙进行。据嘉庆《雷州府志》记载：

> （东门）在东关外，旧有北府神祠。明万历四十一年（1613）乡民陈观瑞等呈府准建天师庙。……国朝顺治十年（1653），守道陈嘉善倡修上座。康熙四年（1665），知府陈允忠倡捐修中座以及拜台、头门。洪泮洙记。后添设雷祖三殿像于中座。[2]

看来，万历四十一年之前，这个地点是"北府神祠"。至于什么是

1　《雷祖公馆碑记》，1996 年，碑存于雷州市麻扶雷祖公馆。

2　嘉庆《雷州府志》卷 8《坛庙志》，第 7 页上。

"北府神祠"，连当地人也说不清楚。康熙八年，洪泮洙为天师庙之重修撰碑时说："天师庙曷为乎建也，曰伊前有北府祠之故。北府祠曷为乎存也，曰伊士民爱戴之故。神有福于国则祀之，有庇于民则祀之。"[1]万历四十一年以后，这个地点成为天师庙。及至康熙年间，天师庙才开始供奉雷祠三殿。不过，这段材料没有体现出来的是，除了雷祠三殿和天师外，天师庙还供奉着雷首。[2]

这个地点的重要性何在？首先，洪泮洙从风水的角度解释了在此建立官方承认的庙宇的意义，"雷城东，病闲旷，假神祠以镇之，为全郡藩屏"。[3]雷州东关外就是广袤平坦的东洋田。所以，明清时代，春耕之际，官员们都要来此扶犁，以示对农桑的重视和丰收的期望。所以，这里也是官府活动的礼仪重点，雷神出游到这里参拜也有其特殊的意义。

其次，天师庙门口就是迎春桥，该桥设置了灌溉东洋田的重要的水利闸口。乾隆元年（1736），刑部清吏司主政雷州人陈居隆为迎春桥的重修撰写碑记，明确说明了迎春桥对于东洋田的作用：

> 邑之东河导特侣塘之水以灌东洋田亩，其利甚巨。然不有以蓄之，则水势直注，利之巨者，犹无利也。旧建迎春桥，下施闸板，以时启闭，而水始有蓄泄。两河南亩实利赖之。[4]

迎春桥闸实为调节东洋水量的锁钥。在陈居隆笔下，乾隆元年的这次重修主要是海康县县令张元彪出资筹划。不过，光绪七年（1881）的《重修迎春桥路闸记》，更多地记录了参与重修的地方组织，天福庙是捐款最多的机构，在碑记上有特别的记录。"天福庙雷祖助钱

---

1 （清）洪泮洙：《天师庙记》，嘉庆《雷州府志》卷 18 下《艺文志》，第 13 页下—14 页下。

2 根据 2006 年 2 月笔者在雷州的田野考察所见。

3 （清）洪泮洙：《天师庙记》，嘉庆《雷州府志》卷 18 下《艺文志》，第 14 页上。

4 清乾隆元年《张邑侯重修迎春桥碑》，碑存于雷州城东关外天福庙侧迎春桥。

一百五十千文，界内河埠循历朝仍为雷祖香灯，此志。"¹这条材料没有说明"界"的范围，不过可以看出，在多种机构和组织参与的水利体系里，天福庙雷祖具有与众不同的地位。不过，雷祖祠的雷祖每年都要巡视天福庙，并在这里举行午忏。通过巡视的仪式，彰显这两位雷祖之间的主从关系。

另外，以"雷祖巡城"的名义进行的整个活动，进城之后仪式的队伍却只在真武堂稍做停留，也颇耐人寻味。此后一天由雷州市政府主办的传统文化艺术节显示，城内各关有其自成体系的神明系统，与雷祖无涉。传统文化艺术节于元宵节在西湖之畔举行。尽管是官方的活动，但是城内的民众巧妙地利用政府提供的资源表达自己的风俗与认同。文化节最主要的一项活动是民俗文化大巡游。在各关组织民俗文化方阵中，群众用各种方式表达对神明的崇拜。比如，各方阵出场时都会高举本关神明名号，有的方阵抬着没有神像的神轿，也有方阵用高大的白马道具代替白马庙内的神像，用"光华"的大招牌，彰显华光帝的显赫。这既是一场讴歌新世纪伟大建设成就的表演，也是一次关内众神的聚会。但是，在各关聚会、众神云集的场合，是没有雷祖的。比较各支巡游队伍，伏波庙的声势最为壮观。

很少有资料说明雷州城内的社会组织，《雷州城提灯会记事》非常难得地记录了民国 11 年（1922）正月十二日城内各关组织提灯会的情况。提灯会的缘起是庆贺司令黄强平定了雷州盗匪。从游灯的路线看，巡游范围不只是城内，还包括城外的一些地方，但是很明显雷祖祠不在其中。可见，此时城内各关认同的雷州城就已经不包括雷祖祠在内。²

民国年间的仪式与今天所见相对照，可以看出尽管有雷祖创雷州的记载，但是仪式表演显示雷州城有自己的神明体系，雷祖不是雷州城内的主神。但是，洋田水利的历史渊源是城内的西湖。雷祖巡游

---

1 清光绪七年《重修迎春桥路闸记》，碑存于雷州城东关外天福庙侧迎春桥。
2 高雷历史资料选编纂委员会编《高雷历史资料选》第 1 辑，香港：未注出版者，1989 年。

的目的地既然是水利系统内与官方建立关系的控制点，雷祖出巡期待到达西湖是合理的。同时，也可以想象，洋田引水与城内居民具有矛盾。巡游从来都是显示力量的机会，也是矛盾激化的场合，所以，长期以来当地的说法是雷祖进城常常引致冲突。

综上所述，处于雷祖巡游的路线的麻扶雷祖公馆以及东门天福庙正好位于环雷州城水利体系的东西两端，是调控洋田水量和分水的锁钥。尽管多种团体或姓氏参与了水利体系的运作，但是雷祖在其中地位特殊。尽管村落关系与家族关系叠加在这两个地点上，但是，在仪式的层面，还是可以明显地看出两者的分别。同时，参与雷祖出巡的陈姓，很明显是居于城外的群体，和城内居民有别，在分水和巡城等问题上双方存在矛盾。不仅如此，在信仰的层面，陈姓供奉的雷祖和其他乡村供奉的雷首也有所分别。

在雷州地区的广大乡村，雷傩是年例中最主要的仪式。这个仪式中，重要的神明是雷首，而不是雷祖。雷首与雷祖陈文玉不同，他没有成为家族的祖先，只是雷州的地方神。尽管陈文玉几乎包揽了士大夫笔端的所有位置，但是，在雷州的雷傩仪式和民间信仰中，雷首高擎雷斧的形象随处可见。因此，用田野的材料来讨论这位在正史记载中"失声"的地方神可以弥补文字材料的缺憾。

雷州松竹镇山尾村的雷傩于农历正月十三日在村庙三宝堂举行。[1] 概言之，道士们迎请的最重要的神明是雷首以及五雷公将。他们借用了正一道士迎请张天师的仪式来请雷首。村民通过这个仪式，将村子中的污秽消除，为新年祈福。仪式过程中，道士们念唱的《敕船雷歌》扼要地表达了雷首等神明的任务以及是次宝坛的内容和目的：

　　　　正月逢春元宵旦，祝贺上元一品官。遣灾集福十五景，庇佑子民笑扬扬。聘请五雷各兵将，十三日期动武装。雷首邓天兼主

1　2006 年 2 月，考察雷州几个村镇的年例，包括松竹镇山尾村雷傩、东岭村过火山、企水镇年例、下田村雷傩等。关于雷傩的描述根据是次田野考察笔记。

令，逐遣妖魔无蛮弹。五方五雷英雄将，奋武威扬征邪踪。各持
军器皆齐备，追遣灾邪一扫完。捕鬼洪罗乡大将，同心协力征邪
班。天府押灾都元帅，都天游逻秃仙娘。嘱致五雷各兵将，出征
妖邪要正端。若有营私与舞弊，拿着与邪罪相同。境主各天五雷
将，点兵起行征邪班。血精古炁不正鬼，押上花船下海洋。追遣
山魈与魍魉，一概扫完鬼魅踪。水手儿即撑橹起，乘风起帆船驶
行。船头艄公手扯撑，船尾艄婆要用工。载去扬州不准回，扬州
埠头任邪行。征去邪魔好得添，四季安宁本村庄。男女大家喜无
尽，多凭灵神笑开颜。显赫英灵神天降，为国为民保村庄。神是
民间之父母，庇佑子儿永安闲。各位神天在庙宫，庇佑子民乐安
康。又保猪鸡牛羊马，六畜保全总平常。神圣只有逢寿诞，沾恩
子民情感沾。胜过浮屠七级有，恩深如同百丈潭。神天功劳实浩
荡，保佑子民人千万。幼者添丁老增寿，春满乾坤福满堂。本村
一概总平安，共享荣华福无疆。年丰耕种又顺利，仓库盈余实安
闲。国家平宁心喜欢，神亦乐也人亦欢。男女穿装很美丽，快乐
逍遥真平红。愚民欢喜永平安，元宵规期心松松。神乐人欢好美
景，国家太平万古长。[1]

从祷文可见，雷傩的主令之神是雷首，协助的神明包括五雷公将、捕
鬼的洪罗大将、各地境主（即土地神）。同时，因为污秽是通过花船
带出村外的，所以也请了艄公、艄婆来撑船。除了祷文，部分神明还
参加跳傩的队伍，把除秽的活动表演出来（见图6-6）。

　　2006年正月十三日的活动是这样：凌晨三点半仪式开始。老道
士头扎红布，手持鞭子在神台前跪下。同时跪下的是当地的缘首，此
人身着长袍，头戴礼帽，一身民国时期绅士的装束。老道士师徒二人
一唱一答，迎请众神。接下来，年轻的道士换红衣，取神牌，到院内

1　根据2006年农历正月十三日松竹镇山尾村雷傩道士所用科仪书《敕船雷歌》原文抄录。参见
　　《敕船雷歌》，手抄本，编纂年份不详，笔者于雷州市松竹镇山尾村收集。

图 6-6　雷州市松竹镇山尾村雷傩

布坛，净坛，做武打状，请天兵天将。随后，念经，踏罡，跪拜，发表，清洁五方与自身，为迎请主神——雷首做准备。他首先请来符、马鞭、牛角、箭、雷令等神器，随后，高举雷斧，做雷首打雷状，这代表雷首已经驾临了。

　　请来众神后，道士开始为傩事做准备。他洁净跳傩的面具并把面具交给村民，向他们发号施令，场院练兵，并敬壮行酒。傩人有九位，分别为东、西、南、北、中五雷公将，雷首，土地公婆，洪罗大将。敬酒后，道士将神器交给各位跳傩的村民，其中斧给万天雷首。拿到神器的傩人迅速出发，村民抬着神台与花船跟随于后。

　　跳傩之人与道士到各家各户降鬼逐厉。五雷公将率先进入供奉着神主牌位的房间驱邪，接着由洪罗赶鬼，最后土地公婆向这户人家送子送福。活动从凌晨持续到下午。之后，返回当地的杨氏宗祠。道士玟卜后，村民抬着神台和纸船向村边的小河急速赶去，在水边化船。随后，村民抬着神台再次返回杨氏宗祠。在宗祠内，请神上轿。随后，仪仗开路，整个队伍浩浩荡荡将神送回三宝堂。道士给跳傩之人敬凯旋酒，请神归位，仪式结束。

元宵节期间的雷州，村民像山尾村那样，请道士作法，由雷首率领雷将跳傩，为村庄遣灾，是普遍的现象。如下田村帝帅庙的雷傩仪式在正月十五日举行。[1]在莫氏宗祠坐落的东岭村有雷麦陈三宫殿，其中"雷"就是雷侯王神陈文玉。在元宵节，三殿神明与雷首分开举行仪式。正月十五日凌晨为三殿举行过火山的仪式，与雷首有关的仪式则在正月十五日的白天另外举行。[2]山尾村、下田村和东岭村是在不同的时辰分别为雷首和"三殿"（尽管各地"三殿"供奉的神明有所区别，但都包括雷祖陈文玉）举行仪式。榜山村的仪式在元宵节举行。与以上三地不同，三殿的仪式和雷首的仪式同时举行。但是，很明显，村民和道士清楚地区分了两者的性质。游神的队伍分成两队。雷祠三殿一队，只巡游村中大道。雷首、道士和神将挨家挨户，驱邪祈福，遣送花船。所谓"神将"，即五位年轻人用颜料在脸上画出不同的脸谱，扮演五雷公将，并各扎神剑一把。

据万历《雷州府志》记载：

上元先数日作灯市，剪彩为花，献神庙寺观，遍悬公署。每夜设火树秋千，放爆竹烟火，妆鬼判杂剧，丝竹锣鼓迭奏，游人达曙。[3]

万历时期的材料是笼统地描述，没有提到傩事。嘉庆《雷州府志》说明：

1　下田村帝帅庙的雷傩仪式的整个过程和山尾村的类似，不同之处在于，傩人有12位，分为两队，由雷首和五雷公将组成，分别着黑色与红色的服装。年轻的下田村村民对于仪式的程序显得生疏。

2　东岭村三宫殿所谓的"三殿"指的是"郡主敕封三殿显应麦侯王神、郡主敕封三殿感应雷侯王神、郡主敕封灵应陈侯王神"，与雷祖祠祭祀的雷祖陈文玉、李广和英山有所不同。不过，三宫殿的"雷"也是指陈文玉。

3　万历《雷州府志》卷5《民俗志》，第4页上。

> 自十二日起，日开灯，连至十五夜。每夜彩灯或三四百为一
> 队，或五六百为一队，放爆竹，烧烟火，妆鬼判，诸色杂剧，丝
> 竹锣鼓迭奏，游人达曙，城中为最，各乡墟间有之。是日傩谓之
> "遣灾"，亦有至二十八日或二月十二日乃傩者。[1]

根据田野考察所见，可以猜测"鬼判"，当为"鬼判官"之意，是人格化的官员形象。今天所见的雷祖陈文玉与之类似。而傩显然和人格化的"鬼判"所主持的城中仪式不是同一回事，其目的在于"遣灾"，分布的地域主要不是城里，而是乡间。今天所见，负责傩事的神明以雷首和五雷公将为主。头戴面具或者以颜料彩绘面容的傩人装束怪异，刻意要掩盖扮演者作为人的特质，而彰显其所表演的神明作为天神的超人威力。

现实的田野经验告诉我们，除了雷祖这样逐步士大夫化的祭祀传统，雷州还保留着雷首。这一风俗在建筑形制上的表现是：在雷祖祠，除了雷祖陈文玉，亦供奉着雷首。这一风俗更扎根于年复一年的仪式表演：在雷州的广大乡村，乡民举办傩事时，迎请并表演的是雷首，而非雷祖。鸟面的雷首和人格化的雷祖究竟是不是两个不同时代雷神的表现？这个问题尚无法解答，只能推测；但是，雷祖和雷首属于两个不同的传统是不可否定的事实。历史资料的描述印证了这样的分化源于官与吏的差别，以及人们依据对官与吏职责的想象所进行的仪式表演。

三　从梁沙婆到冼夫人

新坡冼夫人纪念馆是目前海南规模最大和参拜活动人数最多的冼夫人庙，其占地 6000 多平方米，海南北部几个市县的群众多来此参

1　嘉庆《雷州府志》卷 2《地里志》，第 104 页下一105 页上。

谒。[1] 与高州旧城冼夫人庙不同，在新坡，管理冼庙的群体不是姓冯，而是姓梁。这一群非冯姓的人虽然无法把自己塑造成冯冼嫡裔，即冯氏或冼氏，但是创造出"梁沙婆"的故事，建立起梁氏家族与冼夫人的联系。

　　当地人称，新坡冼夫人纪念馆原建于梁沙村，后来因扩建所需才迁来现址，当地人一直把冼夫人称为"梁沙婆"。[2] 因此冼夫人纪念馆的前身是梁沙婆庙。碑廊中的碑记刻有"创婆人"的字样。由于当地人认为梁沙婆庙由梁云龙创建，要了解梁沙婆庙，首先应当从梁云龙开始讨论。

　　梁沙婆庙之原址梁沙村，处于琼山西南，明清时期属于仁政乡之梁陈都。[3] 明代，梁陈都文运颇盛，有两位进士和两位举人榜上题名。梁陈都曾立有三座牌坊以示褒扬。[4] 其中"进士世家坊"为万历梁陈都二进士而立。其一为梁必强。梁必强，梁云龙族弟，万历二年（1574）甲戌孙继皋榜进士，曾任晋江知县，恬退归林，设馆造士，著有《沧浪集》。[5] 另一位主角就是梁云龙。

　　梁云龙，字会可，梁陈人，万历十一年（1583）进士，授兵部武库司主事。[6] 此后，梁云龙开始了戎马倥偬的治兵生涯。万历三十四年，云龙卒于官，赠兵部左侍郎，赐祭葬。[7] 梁云龙之墓在龙坡之原，[8]

1　2002 年 12 月以及 2005 年 1 月笔者两次对新坡冼夫人纪念馆进行了考察。此节讨论依据两次考察的田野笔记。

2　根据新坡冼夫人纪念馆副馆长介绍。

3　咸丰《琼山县志》卷 5《建置》，据咸丰七年刊本影印，台北：成文出版社，1974 年，第 24 页上。

4　云龙坊，为举人蔡嵩立；进士世家坊，为进士梁必强、梁云龙立；亚魁坊，为举人蔡秉乾立。以上三坊在梁陈都。参见万历《琼州府志》卷 4《坊表》，第 24 页上。

5　万历《琼州府志》卷 10《进士》，第 44 页上。

6　万历《琼州府志》卷 10《进士》，第 44 页上。

7　据万历《琼州府志》载，梁云龙为宦时期，颇有建树。大司马郑公洛经略临洮，云龙赞划建言，果奏奇捷。云龙治兵天津之时，倭侵朝鲜，势甚猖獗。朝臣有增设边防之议，而他坚持协调将帅，固守阵地，省军费数十万两。后006布政使，补分守荆南，并以征苗功，荷旨，赐褒奖。当楚藩变起之时，他升任湖广巡抚，擘画楚事。有亲藩五人有罪，云龙欲宥大辟，时论难之，而皇帝从云龙拟。参见万历《琼州府志》卷 10《乡贤》，第 53 页下—54 页下。

8　万历《琼州府志》卷 4《建置》，第 116 页下。

墓前立"湖广巡抚赠兵部侍郎梁公谕祭碑"。[1]梁云龙之子梁思泰，由恩荫入太学，判荆州，升贵阳同知，以督饷征黔捐躯，谥忠烈，赐祭葬。[2]梁思泰的墓前立"贵阳府同知梁思泰谕祭碑"。[3]在琼山县西关，还立有梁忠烈公庙，祭祀梁思泰。雍正七年（1729），副使王璠、知县杨仙椿重修。[4]每岁春秋，由地方官捐俸致祭。[5]梁氏一门，父子忠烈，曾得到朝廷的褒忠与赐葬祭的待遇。

在明代的方志之中，我未曾见到有关梁沙婆庙的记载，也没有见到时人谈及梁沙婆庙与梁云龙之关系。清乾隆朝的《琼州府志》与《琼山县志》也均未见有关梁沙婆庙的记载。咸丰《琼山县志》则提及梁沙冼庙。这则记录非抄录于旧志，而是修志者采访得来，它是这样说的：

> 冼太夫人庙，在县南七十里梁陈都梁沙村，官民同建。内祀冯冼氏夫人，神甚灵显，数百里内祷祈者络绎不绝。每逢节诞，四方来集，坡场几无隙地。[6]

从这则记载里，我们可以看见此时梁沙冼庙就已经成为当地重要的庙宇之一，尤其是节诞之日，祈祷者络绎不绝。并且这则史料谈及"官民同建"，可见官员亦参与到修建冼庙的事务中，冼庙此时有了明显的官方色彩。

道光年间琼州知府林鸿年有重修冼庙之举。在其撰写的《重建冼太后庙碑序》中，林鸿年首先赞扬了冼夫人累世忠贞、安定岭南的赫赫功德，接着说明了此次倡修的经过。他是这样说的：

1　《湖广巡抚赠兵部侍郎梁公谕祭碑》，《石刻史料新编》第3辑，地方类（广东省），第487—488页。
2　乾隆《琼州府志》卷7《忠义》，故宫珍本丛刊版，海口：海南出版社，2001年，第34页上。
3　《贵阳府同知梁思泰谕祭碑》，《石刻史料新编》第3辑，地方类（广东省），第493页。
4　乾隆《琼山县志》卷2《建置》，故宫珍本丛刊版，海口：海南出版社，2001年，第40页下。
5　咸丰《琼山县志》卷9《经政》，第14页上。
6　咸丰《琼山县志》卷5《建置》，第21页上。

余任□□，同城陈游戎，好捐资以成人美。故，该处绅者恳为首事，爰此捐廉而邀合郡官员绅民协力捐资。照□正座，加建造拜亭、□廊，……规模较前华丽，足以观瞻。[1]

碑序还将文武官员、绅民捐资开列于后，捐款的名单中包括广东分巡雷琼兵备道道台、镇守琼州都督府都督、海口营参将等大小官员。参与重修的还有诸多的商号与商船。可见此次由知府宣传的重修将琼山一带的大小官绅都动员了起来。该碑记主要赞颂冼夫人之安靖岭南的功业，根本没有提及梁沙冼庙，也没有提到梁云龙与此庙的关系。

那么，在梁沙人的眼中，梁沙冼庙的形象又是怎样的呢？他们的记忆与叙述是否与官员笔下的梁沙冼庙有所不同？

陈雄编著的《冼夫人在海南》一书对海南各地的多处冼庙都有所考察。并且，此书辑录了流传于新坡的多种版本的"冼夫人助云龙"传说。

其一，"娘家赠宝"的故事。冼夫人第一次来海南就住在梁沙村梁安川家，自称"梁沙姑娘"，并成为梁家的干女儿。第二次来海南，她为梁家留下读书用的钱与书籍。经过几十代人的努力，梁必强与梁云龙终于先后得中进士。

其二，冼夫人梦授云龙战术。梁云龙每次战前，冼夫人都梦授战术，使之百战百胜。

其三，梁云龙取法丘濬。梁云龙多次考试不第，听说丘濬在拜祭冼夫人后才得以高中，于是去丘濬兴建的冼庙祭拜，并许愿倘若得中进士，他也在家乡建庙供奉。故事讲道，云龙为了报答冼夫人相助，集皇帝赐予之金银，铸冼夫人金像。梁沙人强调，在经历了历次兵荒马乱后，金像早已不知去向，不过替身（复制品）仍在。

据陈雄的研究，梁氏后人都称冼夫人为"梁沙婆祖"，称梁沙村

1　（清）林鸿年：《重建冼太后庙碑序》，收入谭棣华等编《广东碑刻集》，第 911—913 页。

为"婆祖外家"。在琼山新坡，古往今来每年的纪念冼夫人活动，都有"婆祖回娘家"这个项目，而这个娘家就是梁云龙家。[1]可见对于梁沙村的人而言，冼夫人既是女神，也是梁家的干女儿，是进入了梁氏家族的非血缘祖先。祖先的崇拜与对于神明的崇拜在这里是合而为一的。

梁沙婆故事与华琛在香港新界发现的地方神演变为天后的现象相似。华琛的解析也可以应用于此。国家的伸展，地方社会对国家的认同，体现在信仰领域——地方神逐渐演变成国家祀典内的神明，或者在某些场合以祀典神明的身份出现。正如新界某村的沙江妈演变为天后一样，梁沙婆也与冼夫人重叠了。[2]

结　语

历史过去了，但是历史留下了痕迹。这些历史的遗迹，包括正史、档案、文集、碑记、建筑、传说、仪式表演，甚至戏剧、舞蹈、图画、雕塑……但是，长期以来历史学者专注于文字的材料，忽视了其他的历史线索。在高、雷、海南地区，在很长时间内，土著没有文字，他们的声音只能靠蛛丝马迹去寻求。其中贯穿着一条很明显的线索，就是一千年来地方社会整合到王朝体系的历史进程。

宗族礼仪的建构，不论在高州或雷州，都是明中叶后期才出现。祖先如何替代长期得到承认与祭祀的地方主神，与主神的形象的演变关系密切。在高州旧城，冼夫人的身份是祖先与神明的合而为一。雷祖祠中，雷祖既是祖先又是神明的身份。明中叶开始，自称为冯宝、冼夫人后裔的冯氏和雷祖后裔的陈氏以宗族的伦理与规范建立宗族。在雷州，尽管清末雷祖陈文玉完成了人格化的转变，成为创立雷州之

1　陈雄编著《冼夫人在海南》，第37—75页。

2　参见 James Watson, "Standardizing the Gods: The Promotion of T'ien Hou ('Empress of Heaven') along the South China Coast, 960-1960," in David Johnson, Andrew J. Nathan, Evelyn S. Rawski, eds., *Popular Culture in Late Imperial China*, Berkeley: University of California Press, 1985, pp. 292-324。

雷祖，但是，在广大乡村盛行的雷傩仪式中，非人形象的雷首是遣灾驱邪的主神。雷祖祠既祭祀雷祖，又供奉雷首的格局，将历史时空中复杂的神明演变凝固于非文字的历史载体上。地方社会的演变，正是在神明与祖先的交替之中体现出来。不过，随着儒家伦理的渗透，原有的记忆逐渐被覆盖和遗忘，后人再来解释原有传统留下的现象时往往使用习以为常的宗族伦理语言，而忘记了儒家的礼仪曾经作为崭新意识形态进入土俗社会。这个被遗忘的土俗社会是有迹可循的，但是历史学者需要放下大一统胜利者的心态，才可以把这些痕迹发掘出来。

再举一个例子：明中叶海南儋州七方峒，经历了符南蛇起义，于嘉靖年间尘埃落定，土舍的军队成为官府平定其他黎峒起义的力量。可以说，七方峒是较早进行编户齐民的地区。但是，在这个区域进入"内地"近五百年后，今天海南儋州海头镇的七方村（即当年的七方峒），不仅保留着"峒"的生态环境，还弥漫着根植于当地传统的神秘气息。村民们依然在群山合抱的盆地种植水稻；但凡遇事，他们都需要向一位被称为"孟烈进人"的村民请教，这位老先生用神明上身的方式予以解答。七方没有祠堂，村口的小庙是一间新盖的水泥房子，非常简陋。小庙供奉了当地最重要的神明，称为"峒主"，又称"南蛇大爹"。"峒主"神是一尊手持宝剑的人形小像，村民称之为"黑面将军"。除此之外，靠墙的位置放置着一件剑形铁器，顶端插着香。据说，道士作法之时，用它穿过面部。每当有新房落成，或者有人喜结良缘，村民就把峒主神从庙里请到家中安放。让当地人念念不忘的，是符南蛇败亡时的故事。据说村口的大塘就是符南蛇落水而死的地点，至今仍有村民时常看见大蛇出没。[1] 土俗的传统依然根深蒂固地留存在地方信仰领域。

在田野观察中，类似七方峒的例子并不多见。至迟在明中叶以后，广东西南一带的很多地方，不仅在行政上，而且在文化上，渐渐

1　2005 年 6 月笔者对儋州海头镇七方村进行考察，此处讨论根据是次田野笔记。

演变成了"内地"。敬奉峒主或者部落首领的传统在王朝风教礼仪的普及过程中,改头换面,或逐渐消失。土崩瓦解了的土俗社会,只是在七方峒这样的少数地点还留下浮光掠影。因此,像考古学家一样,寻找和重建一个文献稀少的已经消失了的社会,必须寻找和考察这些历史的遗迹。同样的,在雷州,如果没有考察雷祖巡城与雷傩,我不会分辨它们是源于两个不同传统的仪式表演。由此,很难捕捉到嘉庆《雷州府志》所描绘的元宵节风俗中的细微差别——人格化官员形象的神明主要坐镇城里,今天看到的雷祖陈文玉即是其代表;而在广大乡村,生生不息的是遣灾傩,深入民心,不断表演着的是挨家逐户捉耗驱邪、送子祈福的雷首和五雷公将。

文字的叙述与实在的历史现场相比,显得无力而苍白。东岭村过火山的瞬间,夜色深沉,熊熊火堆边村民发出助威的呐喊,过火山的青壮年抬着神轿赤身冲过火堆,金光四溅,异常耀眼。乡村的雷傩,红彤彤的大灯笼,怪异的傩面具,鼓锣铙钹,场面震撼。而雷祖出巡时,仪仗队伍中的男孩子手握刀剑兵器兴奋不已,女孩子则身着单薄的裙装,高举灯笼迎风而立……聚落的结构,小区的认同,集体的记忆,就是在这样代代相传的仪式活动中一再地被调适与强化——这就是历史,过去的与现在的。

因此,只有置身于地域社会的实际场景,才能从心智与情感上给予研究对象以"同情之理解"。田野调查不仅仅是人类学学者的工作,也是历史学者需要掌握的技艺。

第七章　从家屋到宗族？ [*]

客家、本地、疍家和福佬水上人之间的巨大文化差异，乍一看，似乎和宗族的问题无关——水上人是没有宗族的，但实际上，值得追问：这种差异是只是因为经济和居住环境而导致的不同生活方式，还是深藏着一个文化背景阻碍了多代父系宗族的形成？当水上人上岸居住以后，又会发生什么变化呢？

——弗里德曼 [1]

弗里德曼有两本著作讨论华南的宗族：1958

[*] 本章的一部分曾以《从家屋到宗族？——广东西南地区上岸水上人的社会》为题发表于《民俗研究》2010 年第 2 期。

[1] Maurice Freedman, *Chinese Lineage and Society: Fukien and Kwangtung*, pp.93–94.

年的《中国东南的宗族组织》和 1966 年的《中国的宗族与社会：福建与广东》。他在撰写第二本书的时候以检讨第一本书为出发点，他承认第一本书是在刻意忽略文化差异的情况下寻找社会结构的通论。当通论已经建立，他认为是时候去探讨不同宗族形式以及不同亲属模式后的文化差异。弗里德曼敏锐地关注到水上人（疍家）。他认为，没有建立起父系宗族传统的水上人社会可以与主要是陆上人建立的宗族社会相互参照。他提出了关键性的问题：上岸之后水上人的社会会发生怎样的转变？

对弗里德曼来说，"上岸之后水上人的社会会发生怎样的转变"是个逻辑性的问题。也就是说，假如水上人上岸之后依然维持其原有社会结构，即没有建立起多代的父系宗族社会，我们可以推论环境改变没有引致社会结构在亲属结构方面的变化。水上人之所以没有建立父系宗族，可以说，是他们文化上的选择。反之，假如上岸以后水上人开始建立多代的父系宗族，则可推论，文化上，水上人和陆上人都倾向建立父系宗族，他们在水上居住时没有建立宗族，只是因为受到环境的影响。也就是说，在建立父系宗族方面，水上人与陆上人之间的分歧不是源于文化上的差异。

弗里德曼的探索止步于此。但是，他的问题确实是关键性的。虽然对他来说，"究竟多代的父系宗族是一种文化，还是一种对所处环境的反应"，只是了解水上人对宗族思想倾向的一个逻辑性问题。对我来说，更重要的问题是：宗族思想推广后有没有局限？也就是说，在没有条件建立宗族的社会，宗族思想是否会仍然以一种理想存在？有的话，为什么会存在？没有的话，局限在那里？这些问题关乎礼仪思想实践上的局限性。

在这些问题的困扰之下，2007 年我开始走访北部湾沿海的水上人，找寻可以和宗族组织相参照的社会结构。我的田野调查分多次进行，访问的地点主要包括广东省高州市鉴江沿岸平江街的水上人社区，湛江市所辖的硇洲岛，以及遂溪县界炮镇的文体村，雷州市的企水港、乌石港（见图 7-1）。其中，高州鉴江沿岸水上人的祭祖仪式

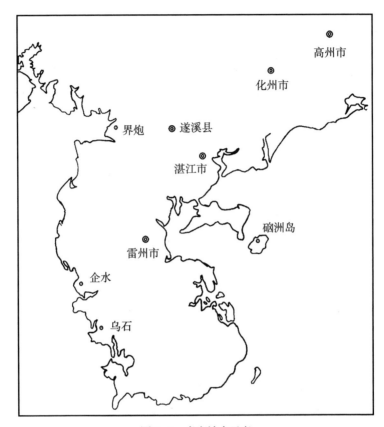

图 7-1　考察地点示意

集中地展现出水上人的社会在上岸居住过程中如何吸收与利用陆上人的宗族传统。因此，本章从这一仪式开始讨论。

一　水上人的祭祖：朝会

　　高州市北郊平江街紧邻高州主要的水路鉴江，距离高州市区仅十五分钟车程。在 20 世纪六七十年代，这里还是农村。但是，现在除了少量原有居民，平江街居住的绝大部分是上了岸的水上人。村委会的干部介绍，过去这里称水上乡，"文革"时期为水上公社，80 年代改为水运公司。70 年代之后，水上人才陆续上岸居住，他们上岸的时间并不长。由于 70 年代后，内河的水运迅速衰落，现在大部分居民都在陆地工作，仅存极少数的人仍在江上捕鱼谋生。

平江街没有祠堂，但是这里的水上人保留着一项特别的习俗——朝会。[1] 当地人介绍，"朝会"就是同一个姓氏的子孙在每年或者隔年择一吉日，将所有的"太祖"请到一处，共同拜祭。村民回忆，上岸以前就有朝会，过去在沙滩上进行，现在则是在冼太庙后的空地上举行。平江街的杨、刘、吴、莫、李、梁、黄各姓都有这一习俗，不过举行的时间各有不同。2007 年 10 月，我考察了杨姓朝会（见图 7-2）。

杨姓朝会一般于隔年的农历九月举行。举行朝会的坛是临时设的，是由金属管和塑料布搭建的棚子。坛中挂着一幅画，画着一座庙宇，画之左右各插了一面杨家将的帅旗。庙宇图以及帅旗显示出在仪式过程中这个临时的坛就是一座祭祀祖先的庙，也表明杨姓人自认为

图 7-2　2007 年高州平江街杨氏朝会仪式

1　笔者 2007 年 10 月在高州市平江街考察了水上人杨姓的朝会仪式，对仪式的讨论依据是次考察笔记。

是杨家将的后人。

朝会开始前，陆续有村民将"太祖"从家里请来。他们请来的不是神主牌位，而是一尊一尊的小神像。杨氏"太祖"一共有 38 位，包括佘太君、穆桂英元帅等杨家将故事里的人物，杨六国老、杨三总兵、杨一尚师、杨三国老等杨姓的神明，还有一位如来佛祖。除了 38 位"太祖"，村民也把平日家里供奉的神像请来共赴盛会。在仪式的过程中，道士迎请了众多神明，请来的神用各色小旗代表。所以，杨门太祖朝会不仅是太祖们的聚会，也是众神的聚会。村民请来的神像集中安放在坛外的长桌上，仪式开始后才依照一张事先准备好的"杨门太祖排位表"，一位一位按座次请上神龛。

仪式进行了两天一晚。主持仪式的道士从化州请来，也姓杨。领头的是三位年长的师傅。他们自己介绍，同为水上人，并且和这里的杨氏共敬一个始祖——杨六国老。仪式中有正一派道士的部分，也有闾山派道士和法师的部分。简要概括，仪式的主要目的是请来天兵天将，驱逐社区中的邪煞。

仪式的最后步骤是，村民通过卜问玟杯（当地人称"骑教"，疑为"祈玟"）的方式来决定 38 位太祖的新去向，只有三次祈玟都获得通过的人才可以请走一位太祖。这意味着，朝会开始时村民带来的太祖和仪式结束后请回家的很可能不是同一位。同时，由于参与祈玟的村民要比太祖的数目多得多，很多村民无缘将太祖请回家供奉。下次的朝会，村民们又会把各位太祖从家中请出，聚在一起享受供奉和盛筵。如此周而复始。

仪式的细节显示，水上人的朝会和我们所熟悉的宗族制度下的祭祖仪式有很大分别：第一，杨氏所供奉的不是神主牌位，而是一尊一尊的小神像；第二，他们没有固定的祠堂供奉祖先，平时太祖的神像驻于村民家中，每逢朝会则在临时设立的坛中接受祭祀；第三，尽管杨氏人同意杨六国老是始祖，但是 38 位太祖之间没有固定的谱系，并且身份多样，有人，有神，亦有佛；第四，村民用祈玟的方式决定谁带走哪一尊太祖供奉，也就是说他们并不确定也不在意自身和太祖之间的谱系关系。

为什么水上人的朝会和祠堂里的祭祖有如此大的分别？杨氏族人提供的《石浪杨氏族谱》可以为解答这个问题提供启发。[1]

《石浪杨氏族谱》1951 年创谱，1987 年及 2004 年两次重修。参照这三个年份的谱序就可以看出整个族谱的编修过程。1951 年化州杨氏搜集"各房所记之谱"创立该谱，1987 年收入"元福公"一支，2004 年重修之际"将高州东岸未上谱的嗣孙书写入谱"。可见，化州和高州的几支杨氏水上人是在不同时期整合进入了《石浪杨氏族谱》。族谱申明了如何确定同宗共祖的原则：

> 我们认为天下杨氏一家也，何况在过去的高州府，杨氏散居的不外乎都是石浪的仲荣、爵山的仲华这二兄的后裔，其他的分支甚少。然而过去的这些杨氏弟兄之所以被摒之门外，皆因过去的当事人为祯偿（疑作"蒸尝"——引者注）区区小利的原因。今天我们与化州的兄弟叔侄都一致认为一家颠倒了的历史到了今天应该再度把它颠倒回来，勿让它再错了。所以我们把这部分兄弟重新收入《石浪杨氏大谱》之内，恢复我们亲缘，让我们兄弟团圆，皆祖宗有灵。[2]

在"天下杨氏一家"的原则之下，高州的杨氏当然可以与化州杨氏建立谱系上的联系。

从对族谱构成的分析，同样可以推测出其编修的过程。族谱一共有两大册，主要由两部分组成。第一部分是抄录山东兖州杨氏的族谱，第二部分从十世逢明公（即杨六国老）开始，大量篇幅都是关于逢明公在化州的三子，即一举、贵举、科举三房的记录。高州东岸的杨氏放在荣举公之下，这一支的记录不多。荣举公派的谱序坦白地说

1　《石浪杨氏族谱》，高州市平江街杨氏家族收藏，本节所引用的族谱资料都出自此版本。

2　《石浪杨氏合江逢明公房谱》，《石浪杨氏族谱》，第 12 页。

明了编修族谱时高州东岸杨氏历史的空白与模糊：

> 根据《逢明公房谱》记载：有关资料及高州东岸村送来新编《东岸村杨氏族谱》前言的共同点是因前辈对族谱不重视，以至遗失谱牒，无法查获和寻踪。在今晚辈人尽记忆访根查源，这部分嗣孙实为荣举公之后裔。理由：一、这两地方嗣孙之祖公均是撑船为活；二、解放前后即民国末期及共和初期高州、化州两地嗣孙同一寺（疑为"祠"字——引者注）堂光宗耀祖和聚宗拜墓，后因前辈个别人个性刚强主见及两地分离较远交通不便，接着破除迷信二十多年之历史相隔等原因分离亲族；三、逢明公大房谱中注明逢明公生下有四子，并第四子荣举公注有"驱逐不载"字样。现根据大多数公叔认定东岸村嗣孙肯定是逢明公或逢昌公之后裔。至于是否是荣举公之后裔不敢绝对肯定，有待今后继续查实，故此暂编入荣举公之编。[1]

这段序言显示高州东岸的水上人没有用文字记录谱系的传统。族谱虽然一再强调该支与化州的渊源已经有较长的历史，但是也坦白地承认，由于种种原因"分离亲族"，他们与化州杨氏建立谱系关系是近年才发生的事情。并且，杨氏公叔关于血脉源流的讨论，更显示出修谱之际他们在整合世系时的混乱。荣举公的"驱逐不载"已表明在化州的族谱中其实没有找到高州东岸杨氏的记录。即便如此，他们自己也不能肯定是不是荣举公的后人。

从世系记录上看，荣举公是十一世，"从十二世到十七世祖公因故失牒，无法衔接，有待今后查明，现只能从十八世起字开具于后"，在族谱上十八世也只有一位祖先的名字，十九世和二十世祖先有名字以及娶妻生子记录，至二十一世姓名、生卒年月以及娶妻生子记录完整起来，族谱记录的最后一代是二十二世。这意味着从杨姓人所追溯

---

[1]《石浪杨氏合江逢明公房谱》，《石浪杨氏族谱》，第 223 页。

的荣举公直至十八世中间的记录多有空白。完整的记录从二十一世开始，最长者出生于 1930 年。也就是说二十一世恰好是编修族谱的那代人，他们只是对于父辈和祖辈还有记忆，再往上便很难追溯了。可见，杨姓人用文字书写宗族谱系的办法来确定社会关系是很晚近的事情，是上岸以后才开始的历史过程。到了 2004 年，他们将自己的谱系与化州的杨氏连了起来。在连谱的过程中，高州的一支被看成逢明公的继室所出后人。

除了以谱系追溯血缘的部分，族谱还有重要的一部分是关于诸位太祖的生平记录，这部分的标题是"一堂神圣，二铺朝筵"。[1] 族谱的记录中，太祖们都是通过"修道出朝"而登临仙境的神仙。比如，"天门得道杨一尚书和统管水司杨二尚书千年修练出朝"；"勇冠三军先锋大将，由十三世祖铨通公修道出朝，封为游行英灵杨二先锋，李氏封为内阁出圣显夫人"，但是族谱没有说明"修道出朝"的具体含义。

结合道教的传统以及在广东其他地区所见到的相似情况，我们可以对祖先即神仙的现象有多一些的了解。如前文在讨论高州冯氏和冼氏族谱时，已经对郎名的问题有所触及。在客家地区的族谱中，开头几代的祖先也往往拥有郎名。陈永海将这种现象与道教的"度戒"仪式结合来考察。他认为，成年男子通过度戒的仪式取得类似于道士的郎名和法名，由此获得法力。由于度戒仪式必须由师傅将法力传给徒弟，因此记录郎名的谱系，反映的不是血缘父子的承继，而是法力来源的脉络。[2] 在高州，杨氏所供奉的"太祖"全部都有"修道出朝"获得法力的故事，这与通过度戒而赋予凡人神力有某种相似之处。比如，主持 2004 年族谱重修的杨波枝在谱序中，既自称为二十二世的"嗣孙"，同时又以"杨一太师弟子"自居。[3] 杨波枝的两个称谓显然代

1　《石浪杨氏逢明公族事记录》，《石浪杨氏族谱》，第 8 页。

2　Chan Winghoi, "Ordination Names in Hakka Genealogies: A Religious Practice and Its Decline," in David Faure & Helen F. Siu, eds., *Down to Earth: The Territorial Bond in South China*, pp. 65–82.

3　《石浪杨氏合江逢明公房谱》，《石浪杨氏族谱》，第 6 页。

表的是两种不同的关系，一为血缘，一为师承。

　　杨氏奉为开基祖的十世祖逢明公具有双重身份。一方面，他是修道出朝的神仙：

　　　　十世祖逢明公在天启年间修道出朝，玉皇大帝封为通殿杨德君，游行三界，后再封雷府得道杨六阁老长官，立显杨门朝主。[1]

另一方面，他又是明末的进士和知州：

　　　　十世祖逢明公是翰表公次子，为明朝天启戊戌科进士，赴仕广西奉仪州知州。……长子一举公为一房，次子贵举公为二房，三子科举公为三房。续黄氏生一子荣举公为四房，落业高州东岸镇。房房丁兴财旺，支脉众多。子孙大部分在化州水上，还有分布在高州、北流等各地。[2]

通过这两个故事，科举仕宦之人逢明公与朝会仪式上放在正中的神像杨六阁老，高州杨氏的祖先与朝会仪式的核心——"朝主"结合了起来。不过，关于谁是杨氏的朝主还有一段插曲。族谱记载：

　　　　杨大阁老在很久以前修道出朝，落血地头潭塘村。原来杨大阁老为杨门朝主，后来禅让给杨六阁老，封为左部大阁老。[3]

杨大阁老"禅让"的故事，不仅改变了朝会仪式中的排位和神仙的地位，也改变了杨氏人追根溯源的支派。也就是说，杨六阁老也许并不一定是这群杨氏原有的"太祖"，即使位列其中，也不是"朝主"。在建立族谱的时候，他和逢明公结合在了一起。而化州的族谱从逢明公

1　《石浪杨氏逢明公族事记录》，《石浪杨氏族谱》，第8页。

2　《石浪杨氏逢明公族事记录》，《石浪杨氏族谱》，第6页。

3　《石浪杨氏逢明公族事记录》，《石浪杨氏族谱》，第8页。

开枝散叶，高州杨氏某些公叔认定自己可能是逢明公的后人，与化州的杨氏在谱系上建立起血缘关系。于是，逢明公作为杨氏的开基祖在文字上确定了下来。相应地，杨六阁老也顺理成章地取代了杨大阁老，成为朝会仪式上的朝主。从这个背景里来解读禅让的故事，可以推测朝主禅让很可能是调和原有祭祀方式与新建宗族秩序的高明手段。

沿鉴江一带，用朝会来进行社群整合是个普遍的风俗。化州的杨氏经历了与高州杨氏相似的上岸过程，只不过他们早在 20 世纪 50 年代就已经开始学习和模仿岸上人的办法编修族谱。族谱详细地记录了化州杨氏生活方式的改变以及上岸的经过：

> 逢明公逐渐成为化州水上发源之祖，到今有三百余载，男丁共有六百多人，现在发展为化州水上的望族。十二世祖长房隆贤公，二房隆德公，三房隆璋公、隆升公、隆云公，离岸下船，宏开基业，开始了用船运输货物的生意。船运业生意兴隆，一帆风顺。水上走，银河流，一代接一代。帆船越来越多，主要航线有化州、平定、宝圩、高州、吴川、茂名等。1964 年改用火力机客船，1965 年发展到内燃机动船，到 1968 年钢筋水泥船取代了木质船。开始成立水上人民公社，把原来私有制改为集体所有制。改编成五个船队，由水上运输社统一管理。后来，为扩大运输业的机构，由五个船队缩编成三个大船队。各大队都要派机动船在各处航线拖拉非机动船。后来运输社搞互助组，由一条机动船和三条非机动船组成一组。1978 年水上运输货物量超历史记录，为社会运输业做出了很大的贡献。到 1980 年，国家实行改革开放政策，公路修通了，铁路也开通了，陆地运输渐渐代替了内河运输。1982 年船只基本停航了，泊到鉴江两岸。征收土地，大办工业，大做生意。公叔有的在工厂上班，有的开车载客，有的做买卖生意，有的挖河沙，有的捕鱼，各显神通。各项各业应有尽有。杨门公叔落业在化州市区各处，从此结束了水上生活，改变

了以船为家的生活方式。[1]

生活环境的改变同样影响到朝会仪式的变化。据族谱记载：

> 杨门太祖立显排位伊始，基本上每年庆贺朝会，都是应平天诞（九月廿八）、罗杨诞（十月十三）、太师诞（九月十三），直到 1950 年都在官桥莞塘中间沙滩举行。……1952 年 4 月，……朝会停止召开。1982 年宝像采成，杨门太祖、天仙共三十二尊，于本年三月十六日晚在化州南津江中船上开光驾像。1982 年 9 月在靠化州大桥上游船上召开小朝会。1983 年 9 月也在靠化州大桥上游船上召开小朝会。1984 年 9 月，三届堂主汇集，在化州潭口江中用五条机船搭成楼台，隆重召开特大朝会。1985 年至 1995 年都在鉴江河中船上庆贺朝会。1996 年起改在下街垌南堤新村庆贺朝会。2000 年发动各姓公叔赞助资金建成星钱瓦盖顶、水泥地板的固定朝会场所。[2]

在水上举行朝会的时代，每一次的朝会地点都不是固定的，或在沙滩，或在船上。杨门的太祖宝像数目并不固定。据族谱记录，民国时期，太祖宝像一共有 10 尊。1982 年朝会仪式的时候，杨门公叔供奉太祖及天仙共 32 尊宝像。1987 年，他们多供奉了杨三总兵、杨五先锋、陈工夫人、李氏夫人等太祖以及天仙王氏仙姑的宝像。1989 年，增加至 40 尊宝像。民国时期，当杨姓人还生活在水上的时候，宝像的数目也曾增加过。据族谱记录：

> 南官飞来同宗结义的都督杨一太师，有两像。二像的由来：在民国年间，某地人去湛江经商，接太师宝像在店铺坐镇。后来

---

1 《石浪杨氏逢明公族事记录》，《石浪杨氏族谱》，第 6—8 页。

2 《石浪杨氏逢明公族事记录》，《石浪杨氏族谱》，第 23—24 页。

> 老板生意兴隆，把太师宝像送回。送到梅麓圩，恰好杨门公叔的
> 船不在，只好送到钟门船上。钟门某人不把宝像送还杨门公叔，
> 公叔后来决定重新采回宝像。钟门某人不好意思不得不把宝像送
> 回给杨门公叔，从此太师就有新旧二像。[1]

可见当杨姓人还生活在水上的时候，这些立在船上的宝像，可以在水
上人之间流转。朝会的参与者本身以船为家，生活流动，因此每次参
与仪式的人很难完全一致，他们依靠神与神的聚会来建立联系。当水
上人"结束了水上生活，改变了以船为家的生活方式"，流动的、临
时的朝会地点也变成了瓦顶水泥地板的固定的场所。

　　仪式材料和族谱材料显示，上岸不久的高州水上人正处于模仿和
借用宗族的传统来改变或描述原有社会关系的阶段。文字开始影响他
们的社会组织，他们使用文字在谱系上建立社会关系。但是，在这个
宗族的外衣之下包裹的是一个有着久远历史和根深蒂固影响的水上人
原有的社会结构与传统：祠堂只是一座临时的坛，血缘的系谱混合着
满堂神仙。

二　神明祭祀与社区结构：以硇洲岛天后诞为例

　　硇洲岛提供了另外一个例子。硇洲岛，位于广东省湛江市东海岛
东南 3.5 公里处，湛江湾港口与雷州湾口之间。岛略呈长方形，似盾
状，面积 56 平方公里，是广东省最大的火山岛。全岛今属湛江市硇
洲镇，人口 4.3 万。硇洲渔港是国家中心渔港，盛产鲍鱼、龙虾，岛
上的村民虽然上岸居住，不少家庭仍在打鱼。

　　硇洲岛津前村的津前天后宫是岛上历史最悠久、规模最大的一座
神庙。津前天后宫前邻硇洲水道，且处于水陆相接的集市之中，常年
香火鼎盛。当地人称，该庙建于正德元年（1506）。庙内宣传栏展示

---

[1]　《石浪杨氏逢明公族事记录》，《石浪杨氏族谱》，第 9 页。

了庙内保存的万历三年（1575）"海不扬波"匾。我亲眼所见的主要是清代文物，包括乾隆二十九年（1764）的铁钟、道光五年（1825）的宝炉炉座以及光绪六年（1880）的"海国艀幪"匾额。其中，铁钟的铭文是非常难得的清代资料：

> 罟长吴官招罘，黄富上、郭建现、黄国贞、何起上、林奂聚、石广富罟丁众等仝□洪钟一口重一百二十余斤，在□硇洲天后娘娘殿前□□□□。旨乾隆廿九年□□吉旦立。文名炉造。

资料只有寥寥数语，但是其中的"罟长""招罘""罟丁"等字眼显示当时渔民中已经有了某种组织。他们共同铸造铁钟，进献于天后宫。道光五年宝炉炉座铸有"津前天后宫"大字，铭文未说明敬奉者身份，仅曰："沐恩弟子郭□□村□□等□□宝炉一座重四百余斤敬。岁道光五年。"光绪六年的匾额则为吴川县硇洲司巡检葛诚所敬献，当然表达了来自官员的认可。这几件实物正好显示了至迟在清代津前天后宫已经是庙宇形制的建筑，并且拜祭者既有渔民，也有官员。

1939年当地人在天后宫创办了岛上第一所小学（1978年从天后庙迁出）。1949年底1950年初，中国人民解放军第四野战军下属部队，准备渡海解放海南岛的时候，指挥部就设在天后宫，今天天后宫设有纪念馆以及纪念雕塑。可见，不同时期，津前天后宫都与国家认可的象征符号——祀典神明、民国小学、渡海解放海南的指挥部相结合。

津前天后宫本身是一组以天后宫为主体，包括观音堂和雷神庙的建筑群。天后宫供奉四尊天后，正殿供奉其中三尊。这三尊神像高大辉煌，常驻庙中。观音以及两位雷神也常年驻于各自的神殿。此外，还有一位"金身军主天后圣母元君"，当地人称"金身妈祖"（见图7-3）。这尊天后神像与其他三尊不同，像高二尺余，安置在一座纯银镶金的神龛内。金身妈祖不驻于庙，而驻于"缘首"家中。所谓"缘首"，是道士在天后宝诞期用卜问珓杯的方式挑选的十二位津前村村民。金身妈祖在每位缘首家中驻一个月，依次轮流，如此一年。第二年天后诞，金身妈祖回到天后宫。神诞尾声，再进行新一届缘首的卜选。就整个天后宫而言，每年在正月岁首祈福之际，也会以卜问筊杯的方式选出十二位"福头"主理庙内事务。另外，每逢新春年节以及诸神诞期，华光、哪吒和班帅等三位驻于缘首家中的神明也会来到天后宫同赴盛会。

2007 年 11 月以及 2008 年 4 月，我先后两次在硇洲岛进行田野调查，第二次重点考察津前天后宫的天后诞。在硇洲岛，祭祀神明通称"上坡"或"拜坡"，意指在海边的高地祭拜。天后诞于每年农历三月举行，故又称"三月坡"。

仪式表演细致地展示了神明祭祀的实际运作情况。仪式分四天进行，前三日道士与福头、缘首均斋戒吃素，供品也尽为素食。其中，

图 7-3　硇洲岛津前天后宫的金身妈祖

农历三月二十日迎神，二十一日祭祀拜忏，二十二日信众到庙参拜。十二位天后宫的当值福头和十二位金身妈祖的当值缘首始终紧随道士一同礼神参拜。

二十三日是仪式的高潮。这一天的仪式围绕新旧福头与缘首的交接展开。凌晨三点，举行朝礼，道士请出岛上众神，接受参拜。道士每念一位神明的名号，福头和缘首就行跪拜之礼，目的在于请妈祖原谅福头和缘首一年来的不周之处。朝礼的完成代表着一届缘首职责的结束。

朝礼之后，开印颁符。随后，神人皆开斋。远远近近的信众敬献的供品达数百桌之多，场面壮观（见图7-4）。当地人称，过去一条船备一桌供品，现在则以户为单位。每户的供品主要包括一只鸡、五碗米饭、五杯茶、五盏酒，以及果品。有的户还供奉金猪。

在是日的午忏中，村民在天后与金身妈祖身上披上了写有缘首姓名的新披风。这一仪式表示神肯定了当届缘首完成了该年奉祀神明的职责。历届福头和缘首都将姓名留在了天后层层叠叠的披风上。随

图7-4　硇洲岛津前天后宫三月坡仪式

后，道士在天后宫的大门外卜选新一年的缘首。

津前天后宫祭祀的四位天后包括驻庙和驻家两种，二者整合的人群范围有所不同：祭祀金身妈祖的福头及缘首只能由津前村村民充任，非津前村的人没有资格参与。天后宫的年节庆典以及日常运作都是依靠福头和缘首的合作进行。但是，津前天后宫还有三尊常年驻庙的天后，非津前村村民在不清楚金身妈祖运作方式的情况下，仍可以到庙里来祭祀天后。

硇洲岛一共有 101 个村，在多个村落我们都见到了以缘首方式来供奉的妈祖，当地人称这些妈祖为"军主"。并且，各"军主"之间有地位高下之别，如前所述，津前村供奉的是"金身军主天后圣母元君"。我所采访的谭道士在硇洲岛当了二十余年的道士，对当地情况非常熟悉。据他介绍，按照"金玉满堂"的顺序，"金身妈祖"在军主中位列首席。

就整个硇洲岛而言，整合全岛各村最关键的神，是当时轮驻于赤马村的康皇与车帅。康皇是岛上最大的神，每逢正月游神，必须由其先行。与轮流供奉康皇和车帅的范围相比，供奉金身妈祖的范围，显得小许多。因为岛上所有的乡村分为六班来供奉这两尊神，这意味着，每班都有许多乡村参与其中，可达数百户之多。逢康皇诞，举行朝修仪式，道士主持卜问珓杯，选择供奉康皇的村民。参与卜杯的单位是户。如果卜杯得中，即使该户搬迁到其他地方去，也会把神请到异乡供奉。康皇诞于每年的农历三月初九、初十和十一日举行，地点不是在供奉者的家里，而是在坡地上。谭道士介绍，不管刮风下雨，都"在坡上打"。仪式进行的时候，道士用十四面旗子围成一个"营"。

至此，我们大致可以勾勒出硇洲岛神明信仰体系与不同地域范围之间的关系。从祭祀方式来看，可以简单地将岛上的神明划分为两类，一类是驻庙神明，一类是驻家神明。乍一看只是祭祀地点的分别，但是其背后却体现出不同的传统。驻庙神明，有固定的祭祀地点，如津前天后宫。就建筑本身而言，津前天后宫非常重要，它提供了一个自明末清初就已存在的固定祭祀地点。有地点，才会有题匾、钟、鼎、碑刻等文字和实物资料保留下来，才便于讲述、创造以及正统化其自身的历史。天后宫建筑从神庙到学校，再到解放海南的作战指挥部的演变，正说明这里已成为不同时代政府动员与教化的场所。更重要的是，固定地点祭祀的神明可以向所有的信众常年开放，因此天后宫有条件培养超越硇洲岛范围的信众。

但是，岛上的村民其实是不同年代上岸的水上人，在庙宇内祭祀神明在当地不是历史久远的普遍现象，今天所见的庙宇，大多为近年新建。没有固定的地点，以轮流的方式供奉神明，才是植根于水上环境的祭祀传统。以轮流供奉为基础建立的组织，不会随时向所有人开放，外来者很难弄清楚究竟哪一尊神何时供奉于哪一位缘首的家中，因此参与者必须是明白其俗例的人群。显然，这样的方式有利于祭祀群体内的整合。不过由于没有固定的地点，神明的历史更多地只能在口传和仪式等非物质的层面保存下来。

在三月坡的仪式显示，拜祭者通常以户为单位。这与过去水上人以船为单位相配合。户之上，则是由神明祭祀整合而成的不同范围的社区。康皇和妈祖的轮祭范围相比较，妈祖整合的是一个乡村内部的村民，而康皇的祭祀则建立起跨村际的联盟。

硇洲岛全岛姓氏众多，但有三大姓之说，即一谭二梁三窦。我所访问的窦先生掌管着津前天后宫，是岛上德高望重的老人。他收藏的《窦氏族谱》分两个部分：窦氏家族溯源以及窦氏历代名人录。族谱在世系图部分以黄帝为始祖，最末一代为 115 世，所有谱系几乎均为单线，缺漏甚多。比如，从 2 世直接连至 69 世，从 87 世直接连至 101 世。族谱也称其为"断续世系图"。整部族谱表明编修者无法整理出连续的世系，当地人原先没有记录谱系的传统。关于硇洲岛一支仅书寥寥数语：

再次是长房正宗公子孙，也于当年避难逃往硇洲居住，开发于今三百余载，十余村落，约人口五千人，由于当地宗族观念薄

弱，至今仍不重视编谱，也无历史记载。我们只知道历史记载道
光二十年十五世祖振彪将军出生于此。[1]

窦振彪，硇洲岛那甘村人，道光二十年任广东水师提督，后任福建水
师提督，在鸦片战争中曾抗击英军，道光三十年卒于任内。咸丰元年
（1851），窦振彪归葬于硇洲岛北港糖房村，墓园至今尚存。族谱记
载，1927年，吴川大寨窦姓人将窦振彪之纪念祠扩建为窦氏大宗祠。
这部《窦氏族谱》主要是由吴川窦姓人编修而成。因此，硇洲的窦氏
族人是在这样的背景下被该谱提及，为了将硇洲一支连至吴川的房
支，硇洲一支作为长房正宗公后裔，于明清之交的战乱中逃到硇洲。
没有任何资料说明硇洲窦氏有编修谱系的传统。

　　虽然没有祠堂，族谱也没有明确的谱系，但是当我们提到宗族的
时候，窦先生还是会讲一个祖先开基的故事。在口述的故事里面，硇
洲岛的窦氏人将自身的历史与宋皇的历史联系起来。窦先生说，宋帝
赵昰、赵昺为躲避元兵逃至硇洲，开设帝基，建造行营。岛上的窦姓
都是为了保护宋皇于宋代迁来。前文提到的赤马村，又称"宋皇村"。
在岛上，还有宋皇井、翔龙书院等遗迹。

　　硇洲岛与高州在祭祀神明的方式上有类似之处，二者都以卜问珓
杯的方式，选出缘首或福头轮流奉祀神明。二者之别在于，高州的水
上人以相同姓氏为基础。因此，朝会的太祖被村民视为宗族的祖先。
而硇洲岛的神明没有相同的姓氏，拜神的仪式并没有演变成祭祖。

三　水上人祭祖的普遍性与差异

　　前两节以高州和硇洲岛为例，讨论水上人上岸以后祭祀方式所体
现出来的社会演变。本节将以广东遂溪县界炮镇的文体村，雷州市的
企水港、乌石港为例，进行讨论和比较。2009年3月，我先后走访了

---

1 《窦氏族谱》，未刊稿，编纂年份未详，藏于湛江市硇洲岛，第10页。

这些地点，它们都是北部湾沿岸的重要渔港。三地的祭祖习俗各不相同。在本节，我先细述每处的访谈情况及当地的风俗，至于这些风俗的连贯性则留待本章的结语再做交代。

遂溪县界炮镇的文体村位于遂溪西海岸最北角。该村以海为生，村民自称均为渔民。村内建有天后宫、文武庙。当问及是否祭祖时，村民称，他们拜祖公。村里的袁先生带我参观了他家的祖公屋。所谓"祖公屋"，就是一个类似小庙的房子，平时大门紧锁。里面供奉的不是神主牌位，而是一尊香炉。每逢初一、十五日，子孙就会来此焚香祭祀，奉茶敬酒。参与祭祀者只有自家子孙，并不包括旁支亲戚。逢农历三月十八日至二十二日天后诞期，村民会从外地请来法师到天后宫进行法事，家家户户也会在各自祖公屋祭拜。祖公香炉并不请到天后宫去。只有遭遇丧事之时，祖公香炉才会被请至天后宫。袁先生说，主持仪式的法师能在香炉前请出这一家的几十代祖先，他也表示自己并不清楚具体请了哪些。

文体村有八大姓，每姓都有祖公屋，有的姓氏还不止一座。袁先生家的祖公屋紧邻孔姓祖公屋。袁先生说，在船上的年代，船头会放香炉。至于什么时候将香炉请到祖公屋里面祭祀，他也记不清楚了，他仅记得解放前当地就已经有这样的习俗。

祖公屋与祠堂相比，有如下不同之处：其一，祖公屋供奉的不是神主牌，而是一尊代表所有祖先的香炉。其二，祖公屋的祭祀者限于一个小家庭，旁系亲戚不包括在内。这样的祭祀范围与水上人以船为单位的家庭规模相适应。

企水港属于雷州市企水镇，万余人口，渔民过半，至今仍有老人舟居于艇，没有上岸。当我在海边走访这些老人的时候，满头白发的阿婆唱起了即兴创作的咸水歌。企水港有六座神庙，分别供奉陈王、雷首、财子、法令公、邬王以及忠王。每年正月十五日年例之际，当地人都会卜问玟杯选出十个头人，负责一年内所有庙宇的事务。

在企水，我采访了一些妇女，她们对于水上人家庭祭祀的介绍，使我深受启发。我和她们的交流是这样开场的：当时，我正在访问当地一位德高望重的梁先生，文化站的干部同时也邀请了十余位年长的妇女参与座谈，这些妇女年纪从六十多岁到八十多岁不等。访问伊始，主角是梁先生，妇女都很沉默。梁先生七十多岁，行船为生，年轻的时候住在小艇上，在没有机器的年代，利用风帆，常驾船到越南。他比较熟悉的话题是政府对渔民的政策。但是，当问及家庭以及拜神方面的问题时，他比较沉默，而坐在我们背后的妇女们则热闹又热情地介绍开来。虽然她们都表示自己不识字，但是她们对笔者所有的问题，都能非常迅速地领会并给予解答。我的注意力一再从男性受访者转向坐在我们身后的妇女们身上。

妇女们提到，生活在船上的年代就在船上拜祖公，代表祖公的办法很多，有香炉，有神像，即"木头公仔"。提到这些神像的时候，她们有时候称"祖公"，有时候又称"家神"。她们说，只有家里有事，才会请道士。所谓"有事"，在当地人看来是指家庭遭遇危机或不顺的情况。这个时候，几"房"人会把各自的祖公放在一起祭祀。当地人称这个仪式为"大宗事"。虽然用了"房"这个字，但是他们的"房"是一个局限于船的规模的家庭单位，而不是一个多代际的具有无限可扩展性的世系分支。这些家庭用以代表祖公的神像从几个到十几个不等，因此，大宗事的时候请出去的是整堂的祖公。仪式结束，各"房"又把各自的祖公请回自己的家庭。虽然大宗事与高州的朝会类似，但是在企水这些家庭带来和带走的祖公必须相同，用他们的话说"一点点都不能错"。妇女们说，他们没有族谱，但是按照排字辈的办法来取名字，所以从名字可以分得出前后辈。

访问之后，我拜访了一位受访的阿婶的家。她家祖公的神龛安在二层小楼的阁楼上，平时不轻易示人。神龛内有 13 尊小神像和两块神主牌。一块神主牌写有"本家先位众神老幼之位"，另一块则是新近去世的老人的神主牌，书写了明确的姓名。神龛的布局混合了两种不同的祭祖方式：以神像代表祖先以及以神主牌代表祖先。在水上人的神龛中，二者并存的现象非常普遍。从神主牌所列祖先的代际来看，这是近年才采用的祭祀方式。在没有明确系谱的情况下，要将神主牌的方式吸纳进来，折中的办法就是将所有的祖先都抽象地列于一个统一的神主牌之上。

在雷州西南部的乌石港，上岸后的水上人家里也供奉着类似的神龛。但是，神龛所奉的神像不完全是祖公，还夹杂着其他的地方神。在我采访的某户人家，神龛上供奉着 17 尊小神像，前排 8 尊是祖公，后排 9 尊是地方神。安放在一侧的小神主牌写着"本堂香火列为众神，本郡家先历代之神"，可见这些神像的安放者很清楚地将它们分成了两类。祖公与小神在外形上有细微差别。小神的服饰与庙里所见相似，只不过每尊高不盈尺。祖公的服饰则较多地体现了现实社会的风尚。如有的祖公头戴军帽，有的祖公骑上了摩托车。当地人非常兴奋地和我提到，有些人家甚至都让祖公开飞机了。当我向他们请教神像的名号时，村民无法回答。但是，神龛上的榜文、令旗以及法印，表示做仪式的道士是清楚神像名号的人。令旗上书写着 9 尊小神的名号以及各自调兵遣将的能力。这些透着生活气息的祖公，与水上人的生活水乳交融。当地人似乎完全没有考虑和在意是否应该用符合正统礼仪的神主牌来代表祖先。当被问及有无家族等问题时，乌石港的受访人也表示他们没有族谱，但是按照字辈来取名。

从对北部湾沿岸几个渔港水上人祭祖方式的观察，我注意到：头脑中的祖先观念与祭祀祖先的办法是需要分而论之的。从表面上来看，界炮镇文体村、企水港以及乌石港的水上人都有家族的观念，表现之一是他们按照字辈来取名，在名字上可以区别前后辈的关系，但是他们只能记忆晚近的几代祖先，没有办法追远。他们选择了不同的物质载体来代表祖先，有香炉，有神像，也有神主牌位。物质载体上看似细微的差别反映出这些水上人在家庭结构以及记忆历史方式上的分别。文体村的水上人上岸以后将船头的香炉放进了一栋小房子——祖公屋，祖公屋还没有发展成祠堂。在用香炉代表祖公的情况下，文字参与祖先记忆的分量非常有限。要从完全抽象的非文字的香炉转变成以谱系为基础的神主牌，至少还需要将文字书写的谱系整合进来。企水港和乌石港用神像代表祖先的现象，大概也

与水上人本身没有文字的传统相关。但是与香炉比较，神像把祖先
具象化，也就是说一尊神像代表一位祖公，一堂代表一个家庭，不
同家庭之间的祖公在形象上互相区别，在仪式的层面又可以组合与
创造。在这两个渔港，都已经出现神主牌的拜祭方式。以神主牌的
方式拜祭的主要是新近去世的祖先，也有用一块神主牌笼统地代表
所有既往祖先的情况。可以推测，这正是水上人上岸以后受到的陆
上人礼仪的影响。

结　语

如何理解水上人原有的社会结构？人类学者珍妮特·卡斯
滕（Janet Carsten）以马来半岛的渔村为研究对象，用"家屋社会"
（house societies）的概念来分析马来半岛的水上人的陆居村落。那么，
"家屋社会"的概念是否适用于广东西南水上人社会的研究？

几乎所有提到"家屋社会"或者"家社会"的人类学者都从列
维–斯特劳斯开始溯源，尽管他对此的讨论并不多。[1] 列维–斯特劳斯
讨论的是"家屋"（house）。在他的解释里，"家屋"基本上类似于中
世纪欧洲的贵族家庭制度，不是指一座建筑，而是指一个与继承、荣
誉、物质等连接在一起的控产机构。这恰好类似于中国的"房"。列
维–斯特劳斯的"家屋"当然不是指建筑意义上的房子。卡斯滕赞
成列维–斯特劳斯提出的用"家屋"的概念来进行社会的分类，这
样，进行社会分析和讨论的就不仅限于是谱系（lineage）。不过，卡
斯滕以马来半岛的村庄为田野点所勾勒的"家屋社会"恰好是以在建
筑意义的房子而建立的社会，房子是核心。[2] 可以说，卡斯滕继承了列
维–斯特劳斯用"家屋社会"去抨击只看到谱系，而无视当地人自身

1　Claude Lévi-Strauss, *Anthropology and Myth: Lectures 1951–1982*, Oxford：B. Blackwell, 1987, pp.
　　151–152.

2　Janet Carsten & Stephen Hugh-Jones, eds., *About the House: Lévi-Strauss and Beyond*, Cambridge:
　　Cambridge University Press, 1995, pp. 1–46.

传统的学者。不过她所赞成的将"家屋社会"聚焦于房子，恰好是列维－斯特劳斯所反对的。我觉得卡斯滕的研究对理解水上人社会有所启发。

在卡斯滕研究的渔村里，"家屋"是社区的核心，而每一个"家屋"的中心就是灶。人与人的亲疏在于他或她与这个房子的关系，通过在共同的灶里面吃饭，大家成为兄弟姐妹。这不需要事实上的血缘，也不是按照宗族的原则确定明确的父子长幼关系。在这个社会，线形的祭祀关系不是重点，人们关注在亲与不亲，而亲与不亲又是一个流动的概念，所以亲属的圈子可以变动和伸缩；向上追溯明确的祖先谱系也不是重点，人们更关心的是同辈之间以及后代之间以房子为基础的亲疏。同时，房子还是社区关系的复制，社会关系就体现在一个扩大的房子里。[1]

在我所看到的水上人的社会，在以船为单位生活的年代，船与船之间的关系是依靠放在船上的这些神明来建立的。正如在沙滩举行的朝会以及"大宗事"，平时祖先是一群放在船上的神。到了特定时期，船与船之间的联系就体现在仪式的空间里，这个空间不是祠堂，不是庙宇，也不是其他的固定建筑，而是一个临时的坛。这样的组合社会的方式不是确定的，可以不断地组合和流动。当船上的神明聚会之时，一个群体的社会就在那样的特定场合展演了出来。在这样的社会里，船的角色和家屋社会的房子是很配合的。随着船的移动，船上的神明可以与不同的水上人社区建立关系。

回到弗里德曼的问题，当水上人上岸以后会发生什么变化？环境改变会不会引致社会结构在亲属结构方面的变化？

在水上生活的年代，船的空间以及流动的生活无法容纳和维系稳定的多代际亲属结构。广东西南地区水上人社会也显示出与卡斯滕所描述的马来亚渔民社区相似的家屋社会特质。但是，上岸以后，改变

1　Janet Carsten, *The Heat of the Hearth: The Process of Kinship in a Malay Fishing Community*, New York: Oxford University Press, 1997.

了船居的生活状态，是否意味着一定会走向建立多代际的亲属结构？
就卡斯滕的例子而言，马来半岛的水上人在上岸居住后，没有出现编
修谱系的现象。也就是说，并不是所有上岸的水上人都会从家屋社会
走向宗族传统。与之相反，广东西南地区上岸的水上人恰好处于从原
有的家屋社会向宗族结构的变化过程中，所以我们很清楚地看到了两
套礼仪的叠合。也就是说，这群水上人上岸后建立宗族是他们文化上
的选择，不是对环境改变的自然反应。

　　今天的观察和年长者的回忆可以与民国时期的调查相参照。民国
23 年（1934），岭南大学社会研究所的伍锐麟、陈序经等教授曾调查
广东三水河口的疍民。陈序经先生概述道：

> 　　疍民的家庭，多为小家庭制，因为他们住居艇舶。地方有
> 限，故疍民子女结婚以后，多分裂为小家庭，住别艇舶。间有三
> 代同住一艇的，然而为数很少。

他将水上人小家庭的生活方式等同于"家族观念薄弱"，并有如下
解释：

> 　　现在一般疍民的家族观念，似乎较为薄弱，其原因有三。第
> 一，他们完全浮生水上，亲属移动较剧。第二，艇舶能容的人
> 数有限，男女结婚后分住他艇。第三，他们既少谙文字，谱系
> 不通，相传过三四代后，世系已不复辨别了。此外疍民聚居的地
> 方，多在通都大邑，都市地狭人繁，不适于大家庭制，故疍民的
> 家族观念非若中国一般农村社会的那样浓厚。[1]

当时的调查者的结论是船居的生活方式不利于大家庭的形成，居住在
一条船上的单位以小家庭为主。

1　陈序经：《疍民的研究》，台北：东方文化书局，1971 年，第 146 页。

但是，陈序经先生又补充说明"疍民亦并非无家族组织的"，他说：

疍民的姓氏，是本来固有的，抑或受过汉族的影响而始有？这里我们打算不详加讨论，但是他们为着同姓而像陆上居民有一种家族共同意识，是随处可以见到的。在广州的沙南，据我们调查所得，凡是同姓的人，多居住在一个地方。他们迁来沙南，大约是在乾隆年间。初来这里的不过三四姓，而同时也只有三四家。他们多数是在河里逐渐迁到河岸，其后子孙增多，更进而搭棚居住，有些填地建屋，同一祖宗分派出来的子孙多住在一块地方。

广东三水河口的水居疍民，同姓也多住在一块地方。如姓吴的艇舶集中在西北一带，姓邓的则集中西南一带。正像乡村里的同姓的人们住在一块一样。又在肇庆的疍民，大致上也因姓氏的区别为若干区域的，在梧州的疍民，也有几个地方是姓林的较多。

…………

三水河口吴姓疍民，于清末的时候，更建筑宗祠。这当然是疍民宗族意识发达的表现。祠堂在河口的西北岸。他们大半以渔业为生。他们为着同姓的兄弟，得到永久的团结，便联合起来建宗祠。据说当地举人吴朝亮对疍民建立宗祠帮助颇大。他本来是三水的绅士，曾当过三水县立中学校长，现任西南第十一小学校长。他是陆上居人，可是因为与这些疍民同姓，疍民常被陆上人们鄙视与压迫，所以吴姓的疍民，乃依赖吴朝亮的资望，以得到许多的方便。故疍民即当他为他们的同族了。

疍民之有祠堂者，虽然不多，但有族谱或家谱的却是很不少，这也可以表现疍民家族观念的一面。[1]

1　陈序经：《疍民的研究》，第147—150页。

从陈序经先生的描述来看，清末民初，三水的水上人已经开始了上岸的过程，比广东西南一带为早。三水上岸水上人的组织多样，有的"凡是同姓的人，多居住在一个地方"，有的"填地建屋，同一祖宗分派出来的子孙多住在一块地方"，有的"为着同姓的兄弟，得到永久的团结，便联合起来建宗祠"。

陈序经先生特别注意到同姓的问题，在他看来同姓与家族意识具有等同的意味，如"他们为着同姓而像陆上居民有一种家族共同意识"。但是，陈序经先生没有进一步分别出究竟这些水上人是以同姓神明为基础而建立的同姓关系，还是以血缘系谱为基础而建立的同姓关系。这两种同姓关系表现的是根植于不同环境下发展出来的两种完全不同的传统。

同样的，从广东西南的几个水上人社区祭祖的情况来看，以船为单位的水上人在上岸以后，其结构有着多种演变的可能。高州地区水上人的朝会显示，他们正在尝试用宗族的语言来表达对自身的认知，这些语言主要体现在同姓、同祖、族谱和祭祖的仪式上。然而，朝会不是宗法制度下的祭祖礼仪。从对族谱的分析，也可以看出用谱系和文字来建构和确定社会关系是很晚近的，长期以来他们自身并没有一个谱系的传统。硇洲岛的乡村没有模仿宗族的办法，他们主要依靠神明轮流祭祀来维持社区的整合。不过上岸以后，露天的、临时的"上坡"逐渐演变成在固定的庙宇中进行的"庙会"。在遂溪县的界炮镇，水上人模仿陆上人的做法，将祖先供奉在一座建筑物——祖公屋里面。他们尚未有明确的谱系，只是用香炉来代表所有的祖公。在雷州的企水镇和乌石镇，村民有房与字辈的观念，但是，他们的"房"用一堂家神来代表。举行仪式的时候，则把有关的几堂家神放在一起祭祀。

很明显，水上人是有宗族的概念的。虽然他们并不清楚自己的谱系是什么，但是他们强调水上生活的时候他们就已经有了字辈取名，明白字辈是以男性为主的谱系。可见，在没有条件建立"家族"的时候，"家族"是以一种理想的形式而存在着。上岸以后，物质环境容许"家族"理想进行实践。但是，上岸后的水上人并非按照一个实际的标准模式，而是根据他们理想中的模式来创造着"家族"传统，正如高州的水上人笃定"朝会"就是家族祭祖。刘氏朝会高悬"饮水思源"横幅，且称新修的族谱有十几册之多，家族源流可追溯至"刘邦"。同时，他们祭祀的"老太神"里有众多非刘姓的神明，比如马国尚师、仙女大神、程大元帅、吴仙金轮。当地人并不认为在刘姓人的祭祖仪式上供奉的诸多神仙，并且还有众多非刘姓的神仙有何不妥。

如何来理解这种多样性？

按照华德英的理论，追求正统的成功与否，部分当然取决于客观环境（例如可否在船上建祠堂），但是，也同时取决于正统礼仪形态对不同环境的指引与当地人对正统礼仪的认知。在正统礼仪越没有明确指引的领域，可存在的变异性就越大。由于家庭是水上人和岸上人共有的关系，与所有人相干，必定会受到意识形态模型的强烈影响。于是，我们需要考虑广东西南的水上人可以通过怎样的渠道接触岸上的亲属模型，以资认识、想象与模仿。这里不存在一个可以即时实践的标准答案，最直观的媒介包括建筑物，如祠堂、庙宇；可以传抄的文字，如族谱；另外，还有仪式专家——如道士的影响。前文的讨论显示，广东西南一带不同地点的水上人选择了不同的象征符号作为他们与意识模型拉近的工具。

综上所述，广东西南一带上岸的水上人正处于从以轮流祭祀神明整合社区，走向模仿宗族，用谱系建构社会关系的阶段，但是新的礼仪没有完全取代旧的结构，于是两个传统叠加在了一起，并呈现出多样的形态。回应弗里德曼的问题，在中国南方，水上人与陆上人的分歧不在于文化的差异，没有一个文化的背景阻碍多代际父系宗族的形成。由于意识形态模型需要按照自身的想象去靠近，因此会存在观念上的一致性与实际表现的差异性共存的现象。这正是一个以礼仪为核心的社会的常态，也是大一统文化的张力所在。

第八章　重访雷祖祠[*]

劳格文（John Lagerwey）在讨论中国宗教的合理性时，考虑到乡村地理空间与祭祀地点之间在对应上存在着某种结构，这种结构的形成、巩固与变动都扎根于村民处理社会关系的策略。[1]从这个观点出发，乡村的空间可以是多重的。由此产生了另一类问题：怎样算是一个乡村？怎样算是一个宗族？乡村与宗族有怎样的互动？这些看似简单却非常复杂的问题，都需要放到地方人士的叙事话语之内才有意义，也只有置于历史发展

---

* 本章的一部分内容曾以《祭祀空间与地域社会：雷州雷祖祠及其周边乡村的灵物、神庙与祠堂》为题发表于《历史人类学学刊》第 12 卷第 1 期，2014 年亦收入〔法〕劳格文、科大卫编《中国乡村与墟镇神圣空间的建构》，北京：社会科学文献出版社，2014 年。

1　John Lagerwey, *China: A Religious State*, Hong Kong: Hong Kong University Press, 2012, pp.168-170.

之中，才能把握演变的脉络。

　　从 2002 年开始，我多次在雷州雷祖祠及其周边乡村进行田野考察。2006 年，我着重考察了正月初十、十一日举办的"雷祖巡城"仪式。当时，我注意到游神路线上的乡村——亿年村、夏井村、井园村与西边村（见图 8-1），与雷祖祠有特别的关系。这些村庄内的陈姓人都宣称自己是雷祖后裔，巡城的活动由他们主持。以上内容可以见本书第四章。为了更详细地了解它们之间的关系，我在 2011 年与 2012 年特别访问了这四个村庄。同时，我又从了解雷祖祠周边的乡村与雷祖祠关系出发，重新考虑了与雷祖有系谱关系的另一个村——英山村的历史。此外，我访问了"雷祖巡城"仪式中特别停留的杂姓村——麻扶村。麻扶与雷祖祠附近的陈姓村落形成一个很有趣味的对比。通过理解与比较这些乡村的祭祀地点、系谱、口述故事以及仪式活动，本章希望展示出村落中空间观念的流动性与多重性，进而集中

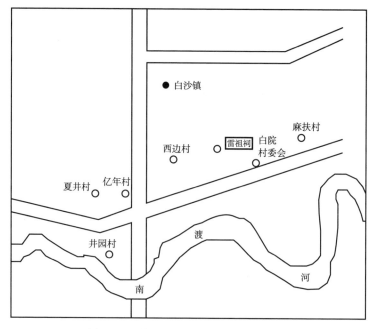

图 8-1　雷祖祠及周边陈氏乡村相对位置

讨论乡村社会中人们如何利用不同性质的礼仪与祭祀标识来建立认同范围与程度有别的血缘系谱和地缘空间。

一　作为长房的亿年村

雷祖祠附近的陈姓乡村都认同亿年村是长房。[1]亿年村是单姓村，陈姓。村内建有陈刺史祠，祭祀雷祖陈文玉。比之于珠江三角洲的家庙，雷州乡村里的祠堂规制狭小，亿年村的陈刺史祠亦然（见图8-2）。清静的院落，简陋的正殿，两旁的耳房，鲜见其他陈设。正殿门楣上，设一小龛，供奉关帝与文昌。该祠供奉神主牌三十九块，最早追溯到太祖陈锁、始祖陈文玉，最近者为四十六世，代与代之间有所缺漏。

图8-2　亿年村陈刺史祠

1　亿年村过去名为"一年村"，当地人以为"亿年"的意思更加吉利，因而改名。在很多场合可见"一年村"或者"乙年村"的写法。

祠堂所见可以与族谱记录互相参照。亿年村《海康县白沙社一年村陈文玉公长房族谱》的封面注明该谱民国戊寅年（1938）合族修撰，包括宣德四年（1429）、嘉庆二十年（1815）、光绪十七年（1891）以及1982年的四篇谱序。[1] 宣德四年的谱序落款者是三十一世孙陈本，他这样讲述自己初次见到族谱的情形：

> 余叨以戊子乡荐出宰容邑，簿书期会，惴惴焉惟恐玷厥宗风，恨不获以我祖治雷之政治容子民。去年秋，余子嵩来署，携家谱一帙，出示余曰，此乃汀州教授克忠大叔所续新稿，命质家君。余取阅之，见其序次分明，有条不紊，因向嵩而诏之曰："昔马璘读家传而慨然兴思，元超念盘石而泣然流涕，而小子独不念其本源乎？"旧谱纂自淳熙，凡屡经续辑，适皆值于兵燹，荒残之，遗其人事，未免有缺略，而应訾复。率由旧章，据核详考，不知其几费心力而能完此缺典也。亦何啻饮水思源，溯所由来者哉！阅竟聊取数语，弁之于首，以念来兹云。

这篇序言是我在陈姓各村族谱中所见最早的谱序。但是，从宣德至嘉庆的数百年间，再也没有其他的文字材料显示陈氏曾经修谱。嘉庆之后，修谱的活动才频繁起来。嘉庆的谱序显示，"计今以来，旧本虫蚀，敝朽篇次，将为失见"，由此"仍依旧帙，互相校雠"，透露出重修之际似有所本之意。

族谱记录的系谱远比祠堂牌位所见复杂。族谱同样以陈铇为太祖，陈文玉为二世祖。从二世至二十二世谱系连续，二十二世至二十六世之间出现了陈彦德、陈元鼎以及陈宏甫（见图8-3）。这三位陈姓人是方志的记录中除了陈文玉之外，海康最早的时贤。据万历《雷州府志》记载，唐代得荐辟者为陈文玉，宋代仅有两位，即得授参军的陈彦德以及陈元鼎，元鼎之子陈宏甫更于淳熙八年

1　《海康县白沙社一年村陈文玉公长房族谱》，谱存雷州市白沙镇亿年村。

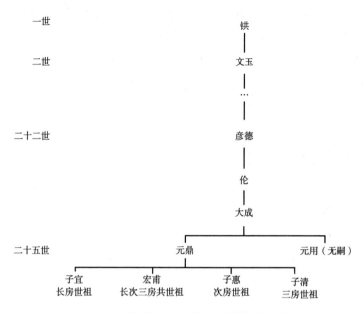

图 8-3 亿年村陈文玉公长房族谱简略系谱

（1181）成为雷州进士及第第一人，时人对此有"破天荒"的评论。[1]族谱说明从二十五世陈元鼎开始，"公始分三房"。进士陈宏甫排在次子的位置，作为三房的共同的祖先受到祭祀。元鼎的另外三个儿子子宜、子惠、子清成了三房各自的世祖，他们在方志中没有任何记录。

从祠堂所供奉的神主牌看，三世至二十一世缺漏，从二十二世陈彦德开始才完整起来。也就是说，与当地人社会关系密切相关的系谱结构其实是子宜、子惠与子清。子宜房至三十世分支，长子润甫为亿年村始祖，而次子毅甫则是夏井村始祖。由于是长房的族谱，对于次房子惠一支的分支状况没有详细说明。而三房子清一支则在三十一世后中断了记录。[2]与其他三个兄弟相比，宏甫在这个架构之中处于超然的位置。

1　万历《雷州府志》卷 14《选举志》，第 364—365 页。
2　夏井村族谱对于三房的记录也止于三十一世，西边村的族谱也注明三十二世三位祖先全"亡"。

　　显然，整个系谱的代际数目以陈文玉及其传说的年代为根据，陈钦、陈文玉、陈彦德、陈元鼎、陈宏甫这些在文字资料中有迹可循的陈姓海康名人是作为三房共同的资源被置于系谱之中。并且，通过三房共祭陈宏甫，以当地的社会关系为基础建立的系谱和以文献名人为基础建立的系谱契合在了一起。

　　长房子宜公的子孙不限于亿年村的范围。1993 年所作的《一年村刺史祠重修碑志》与《陈刺史祠文化大楼碑文》写明重修祠堂的发起人是北月村、木兰村以及亿年村。北月村和木兰村看来比亿年村经济状况优越，出资较多，在碑记上的地位也更为重要。当地的陈先生说，北月村是从亿年村迁出去的，而木兰村又是从北月村迁出去的，这两个村都在湛江，不在本地。但是归根究底，他们都是长房子宜公的子孙。碑曰：

> 　　祠堂是祖宗的根本，我们北月村父老兄弟研究，要有思乡之念，发动大家集资，支援吾旧乡雷州海康乙年村陈刺史祠门前环境场地。[1]

　　除了雷祖巡城，九月初一还有雷祖宝诞的仪式。宝诞的组织者与雷祖巡城的组织者相同，也是由雷祖祠附近的雷裔陈姓乡村轮流出首组织。宝诞的祭祀地点在雷祖祠内，不举办游神。2011 年张贴在亿年村陈刺史祠内的布告显示当年夏井村是组织者，而"人口款"的捐款则来自亿年村、西边村、井园村、夏井村以及东井村（白院雷祖祠所在）。在支出的记录中，有一项是"接待兄弟"的费用，这里的"兄弟"指的就是这几个乡村的陈姓人。当地人称"大家的祖公都是陈文玉"。

　　亿年村的祭祀地点除了陈刺史祠，还有两座土地庙、三师庙以及石狗（见图 8-4）。

---

1 《陈刺史祠文化大楼碑文》，1993 年，碑存雷州市白沙镇亿年村。

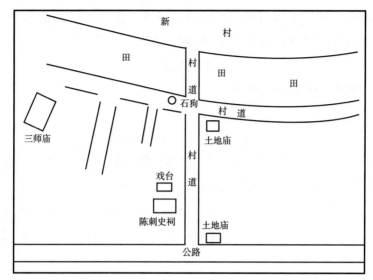

图 8-4　亿年村祭祀点

对于亿年村的地域范围而言，三师庙是最重要的庙宇。但是，村民对于主神张兴武的故事并不清楚。该庙供奉三位神明：境主敕赐白马灵岗三圣大王、会主玉封兴武张赵侯上帝、会主万天雷首主令邓天君。每年二月十二日的活动是为了庆祝张兴武的诞期。兴武诞以"丁"为捐款单位。在 2011 年的仪式中，每丁捐款 5元，村内的丁是主体，有 632 丁，其他乡村的丁 100 余人，共有781 丁。

由于新村建设，亿年村的空间正经历着改变。两座土地庙原本分别建在老村的村口，其中的一座正对着村外的稻田。但是，随着乡村的扩张，新村建在了田地的另一边，越来越多的村民搬到新村居住。因此，需要防备的村外范围，变成了乡村的一部分。乡村的扩张对神明的方位产生了影响，原本面对村外农田的石狗，现在只好掉头转向本村。

亿年村的村民虽然都是陈姓人，但是他们以不同的身份参与村内不同祭祀地点的活动。在土地庙、三师庙以及石狗，他们以村内"丁"的身份参与，他们与这些神明的关系基于地缘而非血缘。在陈刺史祠，他们用血缘的语言来表达彼此关系，他们是长房子宜公的子孙，与雷祖陈文玉的后裔结成"兄弟"。

二　雷裔陈氏的其他房支

在我所访问的这四个村庄中，陈姓人都清楚知道自己所在的房支，他们强调四村分作三房。亿年村为长房；西边村为二房；夏井是从亿年分出的一支，由此长房包括亿年、夏井两个乡村；井园又从西边分出，井园成了第三房。西边、夏井、井园这三个村都是杂姓村，有的村中陈姓并不是力量最强的姓氏，社会关系各有特点，不能一概而论，故分别讨论。

其一，西边村（当地人也称作"西排村"）。

西边村有 1000 多人，主要是黄、刘、陈三姓。黄、刘二姓没有祠堂，陈刺史祠坐落在乡村当中，正对戏台。当地陈姓村民宣称他们的族谱与亿年相同，并向我展示了由四十九世子孙于 1984 年续修的《海康县白院西边村陈文玉神祖裔孙谱》。

宣统年间的旧序清楚地记录了西边村始修专谱的缘起及当时情形：

> 兹以雷祖裔西排村陈族之谱古来未有人起而修之，至四十六世孙有年公、爵卿公抄录古代宗支，仅记本股祖讳，亦硕果仅存，一脉延一线。今得族父老恐其历久失传更多，即同心踊跃专托余修。余不自揣，强承其任，遂搜集各家神主，见夫或则讳氏不登，或则父子不记，或则神主不存，既无可稽，世远年湮，永无考据。不得不即其能识，亡葬备书；其不能识者，名氏存疑。用五代一起世，栋唐公以上之祖宗，一一注明，栋唐公以下之讳氏，（此处疑缺一"世"字——引者注）数莫稽，此亦事之无可如何者也。只翼后之孝子贤孙，诚念作之于前，因而继之于后，将此谱氏纂辑成书，谱系按世修明，伦序历年不紊，则世代相承，

贤豪辈出，用光神祖之灵英，后裔之炽昌焉。[1]

谱序透露了几个重要的历史情况：其一，光绪年间有年公、爵卿公倡议修谱之前，西边村原本并没有专谱。其二，有年公与爵卿公从某处的族谱中抄录了"古代宗支"，至于是否来自亿年村，谱序并未言明。可以肯定的是，有年公与爵卿公不满意该谱对于西边村祖先的记录，"硕果仅存，一脉延一线"。其三，有年公与爵卿公托付的族谱编纂者就是该序的作者——麻含村读书人陈乙辉。因此，序言里提到修谱时遭遇的困难就是序作者的亲身经历。陈乙辉说他主要依靠"搜集各家神主"来追根溯源，但是，神主的供奉与记录并不完善。其四，宣统谱将三十五世的栋唐公奉为西边村始祖。以栋唐公的二子元勋与汝隆为基础，村内的陈姓又再析分二房。陈乙辉提到栋唐公之上的祖宗，一一注明，而此后的祖宗，则有莫可稽考的无奈。

今天所见族谱，栋唐公之下的记录已相当完备。可以想象，自创修族谱以后，该系谱经历了不断发展的过程。从各代祖宗资料的详略，大致还可以推测修谱之时的情况。族谱中，三十六世至四十二世只记录了祖先名讳，四十二世以后祖先记录开始详细，出现了生卒年份以及墓地位置、朝向等资料。很可能，三十五世之前是有年公、爵卿公可以抄录的部分，三十六世至四十一世正是令陈乙辉感到无可奈何的资料空白期，四十二世以后距离修谱者已比较接近，因此陈乙辉可以找到墓地、神主，甚至传说故事等资料。对于有年公、爵卿公而言，四十二世是其曾祖，恰好是一般家庭祭祀中神主牌位所涵括的世系。值得注意的是，这篇谱序中完全没有提到陈刺史祠。若可以大胆推测，此时西边村很可能还没有修建陈刺史祠，也没有形成制度性的祭祖礼仪来祭祀超越家庭祭祀范围的多代际的祖先。

对比西边村谱与亿年村谱，在叙事的结构上大体可以互相呼应。

1　谱序的下款为"宣统壬午年十一月吉日麻含村陪贡生邻孙陈乙辉敬撰"。宣统时期并没有壬午年，疑抄录有误。《海康县白院西边村陈文玉神祖裔孙谱》，1984年，谱存雷州市白沙镇西边村。

两份族谱第一次析分房支都发生在二十六世，西边村属于次房子惠公之子孙，至三十五世栋唐公分支该村。在祖先的名讳等细节上，西边村谱与亿年村谱存在无关宏旨的出入，比如陈宏甫在西边村成了"子宏公"。我猜测，这或许是村民为了使他与其他三位"子"字辈的祖先在名讳上一致而做出的改动。但是，西边村的族谱仍写明子宏公是受到三房共同祭祀。另外，西边村谱记录子惠一支传至二十九世恭选"迁于廉江县斋堂角村"。下文将讨论到英山村认为恭选从廉江再迁至英山，从而成为他们的始祖。西边的陈氏村民显然了解英山村的这一说法。

西边村地处平缓坡地，这个村子的发展经历了从高处不断向下扩展的过程。村里正在进行旧村改造。进村道路两侧都是新房，新旧村之间的水塘边坐落着两座小庙（见图8-5）。两庙原本应位于村口，由于乡村扩张，才被包围进了村子中间。两座庙分别是邬白庙和天后宫。邬白庙奉"境主敕赐勇猛显赫邬蛇大王、境主敕赐白马灵岗三圣大王"，天后宫则奉"会主宣封辅斗护国庇民天妃齐天大圣后"。

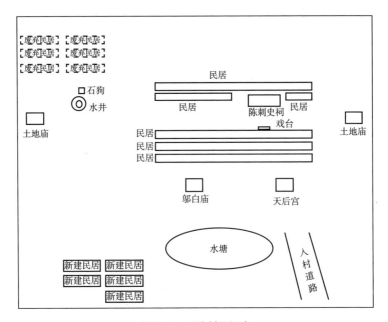

图8-5　西边村祭祀点

当地人说，正月雷祖巡游之时，邬王、白马及天后都会被请到陈刺史祠看戏。邬王是"地头"神，只给他做生日。正月初五给邬王祝寿之时，演六天戏。九月初一雷祖宝诞，村民会去雷祖祠祭祀。

西边村的东西两个村口各有土地庙。另有石狗一尊坐落在井边，这个位置今天是聚落的边界。但是，石狗正对着的并非旷野，而是人迹罕至的废弃民居。从石狗的位置可以猜测村子的扩张过程。当村民都向下移居之后，原本守卫老村的石狗，调转朝向，守卫新的居地，荒废的老村反而成了需要防备的空间。

其二，夏井村（当地人也称作"下井村"）。

夏井村由黄、陈、章三个姓氏组成。黄姓居村西，600—700人；陈姓居村东，500人左右；章姓居北，只有100多人。黄、陈二姓都有祠堂，而章姓则无。主要的祭祀地点包括陈刺史祠、天后宫、土地庙、黄氏宗祠以及两尊石狗（见图8-6）。

夏井村的陈姓人会和亿年等村的"兄弟"一起组织雷祖巡城和宝

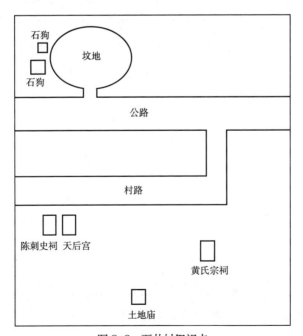

图8-6　夏井村祭祀点

诞。陈姓建立了陈刺史祠供奉太祖与始祖，其余神主牌都在二十六世之后。在这里我搜集到 1988 年修订的《陈氏族谱》以及 2008 年续修的《夏井村陈文玉族长房（子宜）十三世毅甫公支谱》。《陈氏族谱》无谱序，主体分两部分，前为"雷祠始祖说"，后为历代世系。从世系来看，和亿年村谱非常一致。第一次析分在二十六世，子宜房至三十世分支，长子润甫为亿年村始祖，而次子毅甫则是夏井村始祖。当地人始终认为，"夏井只是亿年村的一支"。夏井谱在三十九世之前包括亿年以及夏井两村的祖先名讳，三十九世后的世系则"只修夏井，别处无修"。从三十九世开始，夏井又再析分三房。

黄氏宗祠的规制与陈刺史祠相当，正殿的门楣上也供奉着文武阁。祠堂的正梁上写着道光三年（1823）建，1999 年重修。祠堂内悬挂着数块重修之时雷州各地的黄氏宗亲赠送的匾额。我没有看到黄氏的族谱。受访的黄先生，76 岁，他说，夏井黄姓的祖公原来在湛江平乐住，至十五世分支到此，至今一共二十五世。

黄姓人表示，正月的雷祖巡城，村内的陈姓不会邀请他们参加，因为他们不姓陈。但是，九月初一是雷祖的大生日，他们也会去雷祖祠祭拜。很明显，雷祖对于他们而言是地方神，而非祖先。

对于整个夏井村来说，天后宫最为重要，天后的神主牌写着"会主宣封辅斗护国庇民天妃齐天大圣后"。天后宫外立有道光二十一年（1841）三月立的《奉海康县正堂永禁碑》，记录了三姓耆老如何请求海康县知县订立禁约，移风易俗。天后宫正对戏台。据村民介绍，逢天后宝诞，农历三月二十一日晚请道士做法事，二十二日是宝诞的正日，二十三日黄、陈、章三姓一起供奉。诞期要请戏班唱戏，最少唱八晚，2011 年则唱足了十四晚；还要从雷祖祠请雷祖的四位部将到此坐镇看戏。

天后宫内安放有出游的銮轿，比较古旧，仪仗却是簇新的。访问之中，陈老先生说他没有亲眼见过天后出游，只是听闻，因为这个活动停办很久了，民国时期还曾举办。他讲述了听来的情况：农历三月二十日、二十一日、二十二日三天都有游神。二十日游到石狗坡做忭，晚上回到黄氏祠堂看戏；二十一日巡游村东陈氏范围；二十二日游到北门，再回来看戏。章姓的范围是不会特别巡游的。不过，他补充说明，现在章、陈的居地都已混在一起了。

天后巡游的必到之地石狗坡是怎样的地方？夏井村的石狗坡其实是村边的一大片坟地。这里的坟墓绝大部分都只是土堆，少数几座立有墓碑。在坟地的尽头安放着大小两尊石狗。石狗背部刻有卍字花纹，大石狗的生殖器曾被毁坏，现在用水泥新塑了一个。两尊石狗都面向村外。由此可见，这两尊石狗所在之处就是村子的边界。天后巡游的路线一方面强调包括坟地在内的村落范围，另一方面又体现与巩固着黄、陈和章姓之间的关系。

其三，井园村。

2011 年，我对井园村的访问进行得比较仓促。井园村的陈刺史祠正中供奉着文昌和关帝，十一块神主牌设于神龛之上，最早追溯到三十世国重公。这里人迹稀少，香火寥落。我没有搜集到该村的族谱，据西边村《海康县白院西边村陈文玉神祖裔孙谱》的系谱，井园属于次房子惠公之裔，至三十世国重公分房，从白院移居井园，作为井园村的始祖。在当地人的讲述中，从亿年分支的夏井没有被算作一房，而井园则被视为"第三房"。

在考察过程中，我常常遇到"三房"的说法。由于宗族的系谱本身是一个不断析分的过程，这些大小不同的支系，都可称作"房"，因此"三房"可以指涉的范围可以有很大的伸缩性，也就是说，它可能指的是从树状谱系中不同的代际点所析分出的支派。族谱记录二十六世子宜、子惠和子清分成三房，以及宏甫公"三房共祖"，这两条资料所指的"三房"是一致的。但是，在亿年村的族谱中子清公的后嗣在三十二世以后就没有记录了。那么，井园村被视为"第三房"又是什么意思呢？我发现，几个村子的陈姓人在提及雷祖巡城的组织者时，就是指四个村子，而不是从二十六世析分出来的大范围的"三房"谱系。但是，当地人很明白在文字层面有三房说法的存在，所以在实际的活动中，他们将四村的陈姓成员对应到"三房"的印象中去。

井园村村口正对着灵岗庙和陈刺史祠（见图 8-7）。灵岗庙供奉白马将军以及土地，白马将军的名号是"境主敕赐白马灵岗三圣大王"。神像前还有一个小神座，座上安放着一个红纸写成的小神位，上面有"神祖敕封老像阴兵忠顺侯"字样，据说是从雷祖祠请来的。在庙里上香的妇女说，白马是这里最重要的神——地头神，村民按户轮流祭祀白马，十五日一轮。在外的人若被轮派，也要请村里的亲友代劳。每年的正月十七日是白马将军诞辰，村内都会演戏酬神。

白马庙里立碑两块，都与当地事宜相关。嘉庆元年（1796）碑曰：

> 奸人舟覆网翻，踵庙赔罪免央（殃）。从此门港权利，神人共乐同沾。利为酌神香烛，权归陈符共享。两氏来世勿争，尊余遗志相让。勿轻业薄利微，保守增加为上。[1]

门港名为"麻井"，陈永高与符文琼代表有权的二姓同立此碑。嘉庆

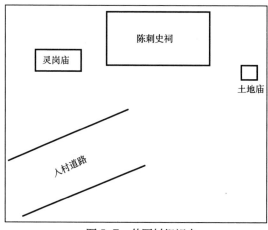

图 8-7　井园村祭祀点

1　嘉庆元年《门港碑权利记》，碑存雷州市白沙镇井园村白马庙。

五年（1800）《永远禁约碑》曰：

> 尝闻朝廷有法律，乡党有禁约，法律不可犯，禁约切宜遵。近有□之辈留□心觉浪，自谓本少利多，生平之所托业，□莫斯□愈。殊不知此风一倡，□□破产荡家，小则废时失事，当其胜败相关之际，子不让（此处缺多字）让兄，比有之，嗟嗟之风俗倾颓，至此极矣。切今会集村内□□人（此处缺多字）白马神前□禁。即禁之后，不许村中窝赃□，不许出外偷（此处缺多字）究治，尚其钦哉毋违，特□示。一议村中窝贼罚三千文（以下缺多字）；一议村内老幼出外□□，拿着，罚银二千文、米二斗、肉十斤；一议□工村内□□，拿着，责二十板，但□获□赏（此处缺多字）。[1]

这两块碑记给我们提供了更加丰富的材料，反映出地头神对于当地的影响。嘉庆元年碑就是陈、符二姓人就如何分配使用村中重要资源门港所达成的协议。碑的重点在于"利"与"权"为神人共享，一旦作奸谋利，神会惩奸罚恶。因此，人要获得港权，要在神前订立协议。嘉庆五年碑更清楚地说出"朝廷有法律，乡党有禁约，法律不可犯，禁约切宜遵"。可见，早在清中期灵岗庙就已是此地解决纠纷与处理村内事宜的核心机构。

　　总之，雷祖祠附近的陈姓四村所展示的乡村空间，尤其是祭祀格局有相似之处。第一，乡村中的主要姓氏大都建立了宗族组织。与珠江三角洲的宗族相比，这里的祠堂以及族谱都简单得多。村里的陈刺史祠平时没有多少香火，有些姓氏的祠堂甚至久缺祭祀。与村落内宗族祭祀冷清的状况相比较，四村陈姓所建立超越村际范围的联盟，则显得有序而活跃。在一年一度的雷祖巡游活动中，四村所表现出来的秩序是需要长期举办共同仪式才可以达致的。村落里的陈刺史祠也只

1　嘉庆五年《永远禁约碑》，碑存雷州市白沙镇井园村白马庙。

有在这些日子才香火旺盛。

第二，他们有地缘的概念，村落范围以及当地人的"地方感"依赖村子里的庙宇维持。比如，亿年村的三师庙，夏井村和西边村的天后宫，井园村的灵岗庙。在雷州，天后、兴武、白马以及邬蛇大王常常作为一个小的范围的主神，当地人称之为"地头"。在神主牌上天后被称为"会主"，兴武、白马和邬蛇则被称为"境主"。我认为，这里的"地头"所对应的意思就是一个"境"，大多时候一个境或者几个境的联盟与村民约定俗成的村的范围（非行政意义上的村）相配合。在这些村子内部，主要的祭祀活动其实是在地头神前举行的，而地头神巡游的范围往往就是境的范围。这里的"境"或者"村"不仅是指地理的边界，更涵括了根植于这一块地上的种种权益，比如建房子、葬坟墓、砍树等，即科大卫所指的入住权。[1]地头神的活动是村落内各个姓都参与的，当然他们所处的地位可能有所分别。巡游就是维系、巩固、调试甚至分化人群关系的集中展演。村里最重要的仪式活动是围绕这些庙宇展开的，与乡村关系密切的碑刻也大多竖立在这些庙宇中。

第三，雷州还有石狗的崇拜。本书将其称为"灵物"。雷州市博物馆收集了数千只石狗，可以想见过去雷州的石狗比今天所见普遍得多。今天所见石狗大多置于村落的边界，它们是保护村子的灵物。雷州的石狗都力求张显其雄性生殖器。[2]

如果说这几个村子的情况集中体现了雷州各地祭祀空间的模式，恐怕过于简化了。今天看似稳定且契合的模式从来都是处于变化之中的，四村的叙事也会受到外来力量的干预和挑战，其中之一来自英山村。

1　David Faure, *The Structure of Chinese Rural Society: Lineage and Village in the Eastern New Territories, Hong Kong*, Hong Kong: Oxford University Press, 1986, pp.30-36.

2　除了石狗，在雷州也发现了数量不多的柱状石且（男性生殖器状）以及突出女性生殖特点的女石人。这并非雷州特有的祭祀现象。金门广泛流布的风狮爷像与雷州石狗非常相似。在越南中部占婆人生活的区域，生殖崇拜也是普遍现象。在越南的乡村，也有崇拜石狗的风俗。关于石狗在北部湾沿岸的流布，所牵涉的范围非本书所能涵盖，因此笔者将会另外撰文讨论。

三　另一种叙事：英山陈氏

雷州市附城镇英山村位于雷城东部，不属于雷祖巡城的范围，也不属于白院雷祖祠周围的陈姓乡村联盟。

英山本身就是一个村委会，它分布在几个土墩上。英山村是杂姓村，包括陈、王、吴三姓。陈姓 1000 人左右；吴姓最多，2000 人左右；王姓人少，只有 100 多人。吴氏虽然人数最多，但是祠堂非常简陋，他们已经久不经营宗族之事。

在陈、吴二姓的范围之间，有一座天后宫，面向东洋田。陈姓老人说天后是全村人的神，神主牌写有"会主宣封辅斗护国天妃圣娘"。每年三月二十三日村民会请道士做忏，但是并不出游。庙墙嵌有嘉庆九年（1804）村民的捐款题名碑，捐款者来自陈、王二姓。村内有数座小的土地庙，以及兴武宫和白马庙。白马庙宝诞在农历正月十七日。兴武庙只有吴姓人去拜，农历二月十二日请道士来，拔草抬神过火。总之，以祭祀天后为基础的英山村是几个境的联合，每个境有各自奉祀的神，比如白马、邹蛇大王等。而祭祀天后的范围就是整个英山村的范围（见图 8-8）。这样的格局与前文所述亿年等村的祭祀空间类似。

对于四村叙事的挑战主要与英山村另一处祭祀地点——雷祖诞降处有关。

有关英山与雷祖关系的文献记载至少可以追溯到宋代。正如前文所述，北宋大中祥符年间雷州知州吴千仞搜集见闻，撰写了《英山雷庙记》，详细说明了雷祖诞生的经过，早期文献资料以及传说中提到的"英山"和"英灵村"都是英山村讲述自身与雷祖关系的重要历史资料。英山村建立了专门的庙宇来显示这个地点与雷祖降生的特殊渊源（见图 8-9），庙门的横额即"雷祖诞降处"。1994 年该庙成为雷州市政府公布的第三批文物保护单位之一，关于此庙有这样的说明：

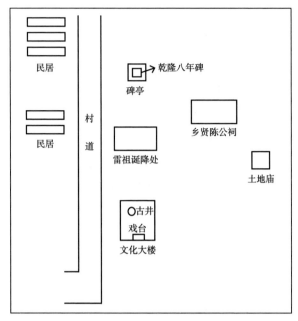

图 8-8　英山村祭祀点

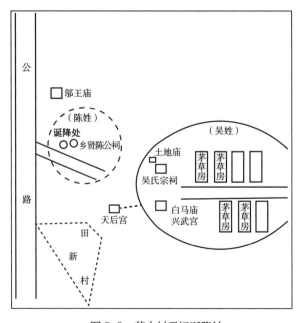

图 8-9　英山村雷祖诞降处

雷祖诞降地即唐代雷州首任刺史陈文玉的诞降处，位于本市
附城镇英山南村。……现在诞降处庙宇的中庭，还保留着"九耳
呈祥"卵窟。[1]

该庙规制较大，分为三进，坐落于村口。庙内并未见到"九耳呈祥"
卵窟，我估计正殿的神龛就是建于被视为"卵窟"的地点之上，因为
神龛最内层，镶嵌了一块绿色的石碑，刻有"雷母祠"字样（见图
8-10）。神龛中间一列供奉太祖陈铁、始祖陈文玉以及陈文玉的三个
姐姐，最外层则是雷祖、李广、英山石神的坐像以及神主牌。

　　神龛中的三列神明所代表的意涵很不相同：卵由雷母所生，雷母

图 8-10　英山村雷祖诞降地供奉神像及雷母祠碑

1　英山雷祖诞降地 1994 年被评为雷州市文物保护单位时，雷州市政府公布的诞降地说明。

所在就是卵窟所在，雷母与雷祖诞降关系最密切。这一层强调的是血缘关系。发现雷卵的陈铣与雷种虽然没有血缘关系，但是雷种姓陈却是由陈铣而来。并且，三个姐姐为了照顾幼弟矢志不嫁，不嫁的陈家姐姐在某种程度上代替了母亲的角色，也加强了雷种与陈家的渊源。中间一列强调的是姓氏的由来，由此才可以与陈氏系谱建立联系。而最外层的三位神明则是在朝廷祀典中承认的神明，也是陈文玉作为刺史统率雷州的体现。由内及外的三列神正好反映出雷祖陈文玉的三重身份：天神雷种、陈家祖先以及祀典神明。

在 2011 年访谈中，英山的长者陈先生多次提到他们与亿年等村的分歧，主要体现在两个方面：其一，亿年等村认为雷祖九月初一诞生，正月十五日升天；而英山正好相反，正月十五日诞生，九月初一升天。其二，亿年等村认为雷祖 63 岁任刺史，而英山则认为他 23 岁即任刺史。第一个分歧是决定性的，双方认可的雷祖宝诞与雷祖升天的时间正好相反。这意味着双方虽然同时举行庆典，但是一方在庆生祝寿的时候，另一方则在祭祀雷祖之死。可以说，英山村和亿年等村的故事正好是镜子的两面。

英山陈先生说，正因为他们和雷祖祠的活动时间正好相反，雷祖祠祝寿的时候，英山不会参与；雷祖祠正月出游的时候，他们会派一个代表去雷祖祠，但是也不会参加出游。老人说在解放前白院雷祖祠已有出巡活动，那时候他们就已经不参与其中。老人强调，亿年等村承认英山诞降地，并且，英山的故事有碑刻为证。

老人提到"碑刻为证"指的就是第四章所述的竖立在诞降处的乾隆八年《雷祖后裔族谱记》。碑记证明至迟从乾隆时起，英山就已有雷祖"九月初一日，白昼升天"的说法。碑记强调，陈文玉的子孙有两派，除了白院，还有乌仑山一支。白院是祠宇所在，而乌仑山是雷祖的源头。不仅如此，碑刻记录"海、遂、徐、石各地，老幼千有余丁"都是"一脉流衍"，也就是说都是雷祖后裔。碑记也点出了成为雷祖后裔的重点在于"历朝均免差役"。不过，碑记只留下"照旧管业"的含糊记录，没有明确说明"祠田"的运作制度。通过对当地 80

多岁老人的访问，了解到至少在他们的记忆中英山在白院雷祖祠的祠田中没有份额，也没有提到诞降处曾设有祠田。

比之于对祠田的暧昧态度，英山的碑记非常清楚地开列了"三房"所包括的村落。长房：亿年村、夏井村、调朗村。二房：白院大村、乌仑山村、浩发村、东井村、调罗村、海州新僚二村、调排村、山园村、井头园村、茅园村、石城（邑）那腮、那良村、迈岑村。三房：锦盘村、新安村、横罡村、足荣村、特朗村。

这个名单比巡游的四村范围大得多。与亿年等村的系谱相比，长房多了调朗村。英山所在的二房是村落最多的一房，亿年等村算作三房的井园村此时仍被记载在二房之列。三房的村落与雷祖祠周围的陈姓四村则毫无关系。

英山如何与这些村落建立关系？如上所述，亿年等村意图建立的是一个固定而稳定的乡村联盟，每年一次的雷祖巡城就是对这一联盟的强化。而英山却与之相反，英山建立的联盟一直处于变化之中，从乾隆年间到民国时期，参与其中的陈姓人不断扩充。同时，雷祖诞降处可以说是一个具有神迹的地点，通过它，英山可以与雷州所有自认为是雷裔的陈姓人建立关系。这是建立大范围联盟的优越条件。

诞降处保留下来的诸多历史遗迹说明了英山村建立联盟的过程。至咸丰三年（1853）英山村集资重修碑亭，以安置乾隆八年（1743）石碑，首事者是村人广增与广秩。落成之后，在庙中立碑记之，曰：

> 我始祖刺史乡贤公自陈发迹于此，历朝皆就其地以奉祀，未尝少废。国朝乾隆间加建一亭，年久堕坏，众裔孙等重而修之，恢而大之。沿乡题捐，择日兴工，兹以告竣，祖得凭依，合族量必踊跃兴起也。是为序。[1]

---

1 咸丰三年碑，无碑名，碑存雷州市附城镇英山村雷祖诞降处。

碑记记录，英山村集资采用"沿乡题捐"，没有提及是否有田产的支持。碑末所列"各乡创捐裔孙"显示当时的集资者大体分两类：一是陈姓的读书人以及低阶官员；二是各地陈姓祠堂，主要有白院西祠、迈岑祠、调排祠、特朗祠、石板平余祠、山园祠等。同年所立的另一块碑则专门列出英山村内捐款的"裔孙"，广增与广秩也名列其中。从当时的捐款记录来看，亿年、西边等村没有参与。至民国时期，捐款者的范围进一步扩大。庙内有一块未著年份的重修碑记录了当时的题捐者，涉及各地祠堂众多，也包括亿年村、西边村的刺史祠以及湛江的北月村。

英山村一方面联合雷州各处陈姓为雷祖诞降处捐款，另一方面则试图以诞降地为基础建立合族祠。《乌仑山村陈家族谱》清楚地呈现了英山村如何用血缘的语言与这么多的地点建立起联系。我所见的是1988年重修谱。该谱从始祖至二十五世元鼎系谱大体与亿年等村相同。元鼎公以降，英山村有自己的叙述方式。本章选取二十五世至三十六世的系谱，来说明族谱的结构。根据族谱，笔者绘制了世系简图（见图8-11）。[1]

从图8-11来看，英山村的族谱也认可三房分房从二十五世元鼎开始，"迄今三派子孙散住海、遂、徐、石各处，均属一脉流衍焉"。[2]对于元鼎第四子子宏公则注明"绝"，即绝嗣之意。说明英山其实并不属于雷祖祠附近陈姓三房的体系。英山把自己的开基祖追至次房子惠之嗣，二十九世恭选。如前文所述，西边村谱中二十九世确有恭选，谱中记录其"迁于廉江县斋堂角村住"。族谱通过恭选回迁英山的故事，将谱系与白院四村联系起来。

从恭选之嗣三十一世开始至三十四世，系谱的结构非常整齐：长子在英山继续传承，而次子或三子无一例外地成为另一个地点的开基祖。通过次子成为他处开基祖的方式，外地的陈姓人变成了雷裔的一

1　1988年《乌仑山村陈家族谱》，手抄本，谱存雷州市附城镇英山村。
2　1988年《乌仑山村陈家族谱》，手抄本。

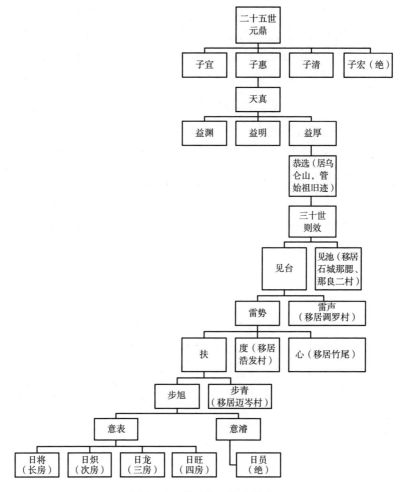

图 8-11 英山陈氏简略世系

说明：将英山村陈氏世系与亿年村比较，第二十六世均有子宜、子惠、子清三位祖先，另一位祖先则存在分歧。亿年村为宏甫，而英山村为子宏。

部分。包括石城那腮、那良二村，调罗村以及迈岑村，这些地点在乾隆八年的碑记中也都名列在二房之内。也就是说，碑记上二房所包括的村落，除了白院周边的乡村，其他乡村大都是被置于英山的分支的地位。这一批乡村最早进入这一联盟。

至三十六世，英山的陈氏分为四房，与这个地点本身的社会关系密切相关的世系才算开始。族谱记录，咸丰年间为庙修亭集资的广字辈处于四十二世，那么，乾隆八年立碑发生在一百年前，若以三十年为一代计算，中间相隔 3—4 代，也就是说乾隆时期的陈姓人在族谱中大致处于三十八世，他们以三十六世作为分房的起点。三十六世正是这群人的父辈或祖辈，是凭借记忆就可以记录的世系范围。可以推测编修族谱与建立石碑是在大致相同的时期进行的。

在诞降处旁的乡贤陈公祠内供奉的 52 块神主牌中半数以上是各个地点的开基祖。开基地涉及竹尾、河北、何昌、东边山子村、吴画村、调罗、石板、迈豪、香坑等，徐闻、廉江等多个地点的开基祖牌位也供奉于此。祠堂内开基祖的范围比民国时期的捐款范围更大，可见英山村一直持续着合族的努力。

乾隆至清末，英山能在如此大的范围进行合族并非仅凭借一村之力，这与雷祖陈文玉受到敕封，宗族组织的推广，甚至缉捕秘密会社的紧张气氛都有关系。有清一代，雷州的陈姓读书人都在为提升雷祖的地位而努力。从乾隆十九年雷祖受封，得授御书匾额，到嘉庆年间陈文玉的牌位放入府学与乡贤祠，卵生的雷种由"神"而成为"贤""儒"。在地方官员以及读书人历时长久为提升雷祖地位而努力的过程中，诞降之地必然成为关注的焦点。尤其是这个地点原本并没有力量强大的地缘联盟，更容易开放地接纳，或者主动争取大范围同姓人的支持。至嘉庆年间，官府稽查洋匪，指明对象是福建同安陈姓人。在官府紧锣密鼓的军事活动中，没有什么举动比宣称"雷裔"的身份更能轻而易举地与"匪"撇清关系了。大量的陈姓宗族就是在这个过程中建构出来的，并在远离白院却又与雷祖密切相关的新地点建立联盟。

清末雷州的多位文人和官员都在诞降处留下了墨宝，这说明官员，尤其是陈姓官员的参与也是其助力。康熙年间，福建巡抚陈瑸题写楹联赞颂神起英山。光绪末户部主事郡人陈乔森与雷州知府黄儒荃都曾题写楹联。"乌仑山"匾额出自陈乔森，他所题楹联意味深长：

　　降于乌仑，归于白院，显于擎雷，是多历代徽封号；

　　学则乡贤，政则名宦，报则神圣，惟有吾家老祖宗。[1]

　　陈乔森原是遂溪县人，同治初年才迁居雷州。但是英山的合族行动却可以将所有陈姓人都纳入"雷裔"的范围，因此陈乔森也视雷祖为集"乡贤""名宦""神圣"于一体的"吾家老祖宗"。

　　英山与亿年等村的根本分歧在于白院雷祠的财产由谁管业。第四章所引之乾隆二十六年（1761）《庙田租碑》详细记录了当时的运作情况。简而述之，雷祖祠乾隆二十六年的《庙田租碑》清楚地说明在雍正五年之前，雷祖祠的庙田就已经是由长房、次房、三房共同管业，尽管在乾隆二十六年转由异姓佃耕，但是"董理其事"者仍轮流由三房选出。因此对于雷祠周围的三房而言，拥有雷裔三房的身份是与对雷祠田产的控产权联系在一起的。但是，核心的问题是"三房"到底是由什么人组成，是指白院附近的雷祖后裔，还是以英山为主建立的广大范围的同姓联盟。在这块碑里同样没有清楚地说明。但是，从两个方面，我们可以推测这里的三房应当是指雷祠周边的乡村。其一，碑记说明租谷的目的在于"每年春秋、清明、冬至、宝诞，五祭出游安灯，修斋演戏"，也就是说这个群体重要的仪式之一是庆贺宝诞。嘉庆二十一年（1816）由海康县令所立的《竖石碑以杜侵蚀》碑更清楚地列明了"九月祝寿演戏"是从祭田中开支的项目。"九月祝寿"正说明了碑记所指的"雷祠后裔"，并不是主张雷祖九月升天的英山村。其二，嘉庆二十一年碑还提到管理田产的首事"居与庙相近"。[2] 亿年等村三房的结构从文字到仪式都是倾向于封闭与稳定。

　　对于英山村而言，几乎没有材料说明清代以前这里就已经有神庙的建设。在明末编修、嘉庆五年重编的《雷祖志》所绘的乌仑山图

1　陈乔森楹联，未著年份，存于雷州市附城镇英山村雷祖诞降处。

2　嘉庆二十一年《竖石碑以杜侵蚀》，碑存雷州市白沙镇白院雷祖祠。

（见图 4-7）中，这个地点有村名碑、卵窟（卵窟旁画有一只狗，对应雷祖诞降传说中的"异犬"）、九耳呈祥的牌匾以及乌仑山石坊，但是并没有诞降处的庙宇以及乡贤陈公祠。所以庙宇以及乡贤陈公祠是迟于嘉庆五年的建筑。诞降处没有多少田产，筹资的办法是"沿乡题捐"。这意味着，越多的人进入联盟，可募捐的范围就越大。英山所努力结合起来的群体类似于享受名誉的会员制的机构。英山已经获得了官府的认可，由此也更希望通过建立大的联盟获得地方上的认可。但是，这并非易事。

这样的分歧和亿年等村参与诞降地的重修并不矛盾。弗里德曼以血缘和地缘关系将宗族分三类：第一类是地方宗族，他们是居住在同一个村落或者相邻村落的群体；第二类是包括不同地方宗族的中层宗族，以追溯共同的始祖为基础，尽管居住地不同，但是归根到底还是以祠堂或者其他财产作为群体整合的核心；第三类宗族则是以相同姓氏为基础的更大范围的联宗。[1]我们需要追问的核心问题是究竟这些群体在什么层面称为一个族。白院四村可以说是以地方宗族为基础的中层宗族，归根到底它们是一个控产的团体。而英山的联盟则更倾向于是第三类的宗族团体。所以白院虽然愿意参与其中，但是并不开放自身的联盟。若从这个角度来看，英山发展出一套截然相反的叙事，可能正是雷祖巡城紧密的地缘性引致的结果。在亿年等举办巡城的村子，我没有听到人们有关于雷祖生死日期的讨论。也就是说，被排除在外的村落才需要发展出一套针锋相对的叙事来解释仪式上的这种弱势地位。

四　麻扶赛端阳

前文的讨论已经可以勾勒出雷州乡村空间的大致轮廓。从村内的空间结构来说，麻扶与之类似。那么，为什么还要谈麻扶的赛端阳仪

1　Maurice Freedman, *Chinese Lineage and Society: Fukien and Kwangtung*, pp.20-24.

式？讨论这个仪式的重要性在以下几个方面：其一，该村赛端阳的仪式是由杂姓村民组织的祭祀雷祖陈文玉的活动，从中我们可以窥见非陈姓的村民可以怎样建立与陈文玉的关系。其二，麻扶的仪式虽然经过恢复与重整，但是仍保留着唱歌颂神的传统，这有助于我们了解正在消失的神人沟通方式。其三，在前文所论各村，虽然建立了陈刺史祠，但是地头神是确立村落内部地缘关系的最重要的神明。在麻扶，虽然也有地头神，但是雷祖公馆却拥有特别的地位。地头神与雷祖祠四位神明之间的关系在赛端阳的仪式中展现得非常清楚。因此，本节的重点放在对一场地方仪式的讨论上。

麻扶村委会包括含头、麻扶、下北山三个自然村。据麻扶的人说，"麻扶"原名"墨府"，有六姓，黄、吴、林、邱、陈、卢，一共2000多人，黄姓人最多，有1000多人，吴姓700人，邱姓只有两家。

在访问中，麻扶的陈姓村民表示不知道自己属于陈氏的第几房，这与亿年等村的情况不同，说明麻扶不属于雷祖祠陈氏后裔的联盟；同时，麻扶也没有英山那样的条件，文献和传说也都没有与雷祖的诞降或者升天有关的内容。但是麻扶却建立了雷祖公馆，并且是雷祖巡城的首个必经之地（见图 8-12）。

麻扶村与雷祖祠的特殊关系在于水利。麻扶紧邻雷祖祠，村口即是雷州最重要的淡水河南渡河的分支河道，河道延伸两公里达南渡河。南渡河与雷祖祠之间一片沃壤，又称麻扶洋田。在雷州，洋田有东西之分。东洋田沿东部海岸分布，时时受到咸潮内涌的威胁，开发较迟，英山村属于东洋田的范围；西洋田面临南渡河，享灌溉之利，绝少堤溃田毁之忧，发展也较早。雷州老话"东洋的稻米只够给西洋做种"，就说明了西洋田产量远高于东洋田。雷祖祠所在的麻扶洋田就是西洋田范围内的良田。至迟清初，公馆前的河道就设有三道水闸，控制麻扶、白院以及周边洋田的灌溉。公馆内竖立着多块清代和民国时期由官员所立的讨论水闸事宜的碑刻。这个地点是水利体系中的关键。

当地人很清楚麻扶村建立的公馆不是陈刺史祠，所谓公馆是"雷

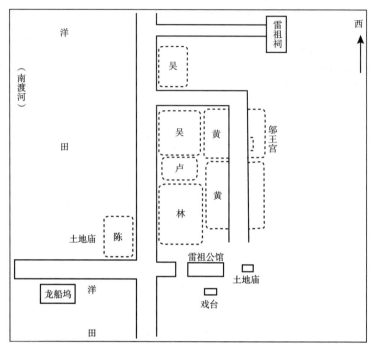

图 8-12　麻扶雷祖公馆与雷祖祠相对位置示意

祖的行宫"。正因为是"行宫"，这个地点又在雷祖祠的势力范围之内。平时，公馆内没有神像，供奉一块神主牌，写有雷祖祠四位神明的名号——郡主敕封老像阴兵忠顺侯、郡主敕封阴兵助应忠顺侯、郡主敕封康济光化昭德王、郡主敕封奋灵协应广佑侯。在雷祖巡城仪式中，雷祖的銮驾会在周围乡村中的陈刺史祠停驻，接受陈氏子孙的祭拜。除此之外，銮驾还会停留在麻扶雷祖公馆。在2006年的巡游中这里是銮驾停留的第一站。銮驾并不进入公馆，只是在门口稍做停留，接受信众的祭拜。仪式上的微妙差别，也说明当地人很清楚雷祖对于陈姓人以及非陈姓人采取的不同姿态。

　　麻扶雷祖公馆最重要的仪式是端午节的"赛端阳"（图8-13）。1996年的碑记记载，雍正十三年（1735）前这里举行龙舟竞渡，禁止后改唱姑娘歌，于是建立起麻扶歌台。可见，这个地点早期的仪式就是强调其与南渡河之关系。距离公馆百米之处还可见龙船坞的遗迹。

图 8-13　2012 年麻扶赛端阳

雍正年间的转变影响至今，现在赛端阳的仪式是围绕着姑娘颂神展开。

麻扶包括"四境六队"。四境是金宁、中正、塘北、乐南，六队则是一、二、三、四、五队以及塘北队。为期七天的仪式，前六天每天各由一队负责。每年农历四月初八，村民就会抽签决定当年负责仪式的各队顺序，初七送神则"由公家负责"。

2011 年 6 月 2 日（农历五月初一），即仪式的正日，我考察了麻扶。当日的程序是：（1）龙角穿新衣；（2）请神；（3）安神；（4）做忏（选缘首）；（5）安歌；（6）姑娘颂神，姑娘对唱，演雷剧。唱歌与演剧持续六天，至第七日送神。

村民强调请神过程中龙角的重要性，这与过去赛龙舟有关。虽然现在改为唱雷歌，但是龙角请神的规矩却延续了下来。整个仪式就是从龙角穿新衣开始。龙角用竹子和纸扎制，村民称现存的两只龙角是从清代流传而来。所谓"穿新衣"就是清洁并用五色花纸与金色花翎装饰纸扎的龙角。随后，穿戴白色清朝服饰的村民手捧龙角，带着仪仗前往雷祖祠迎神。队伍途经麻扶邬王宫。

迎神队伍一到，等候在雷祖祠的红头道士，立即在正殿内开始拜忏。随后，村民将雷祖、英山石神、李广新像与老像四尊行宫请上銮驾，返回麻扶。到达邬王宫的时候，邬王已经坐上銮驾在门口迎候。四神一到，邬王即开道引路，抵达公馆。此时公馆门口，也早已有其他几尊小神的銮舆在迎候，分别是北山墩和塘北村所供奉的邬王、白马将军及真武等神明。在这一活动中，麻扶内不同地点的"地头"齐聚一堂。在仪式上，雷祠三殿的神明显然比地头神尊贵。将到齐的众神迎入公馆，即所谓"安神"。

安神结束后，村民和道士会停下来吃早餐，大家分食奉神的熟鸡肉和米饭。请神与安神的参与者全部是男性村民。早餐之后，村民劓猪杀鸡；道士同时扎起红头颂神。道士说这一个环节叫作"血丹敬上"。猪血由众神同享，公鸡血则专门奉献给此处的地头麻扶邬王。血丹敬上之后，道士还会进行颂神仪式。前后两次颂神在供品上有生熟之别。村民将鸡、鸡血、猪血与内脏煮熟与背插屠刀的生猪一起奉献于神前。道士也更换法衣、法帽。麻扶邬王仍享有特别的供奉，独享一只熟鸡。颂神结束，道士用抛掷珓杯的方式和村民一起选出来年缘首。至此，仪式主要是围绕迎神以及颂神展开。

下午四点多以后，仪式的重点放在"歌"上。首先举行的是"安歌"。道士的科仪书专门有《安歌科》，结构和颂神部分类似。随后，姑娘歌手来到公馆，2011年共有七位，四女三男。"姑娘颂神、姑娘对唱"并不是指由女性来演唱，而是指雷州当地的特有音乐形式姑娘歌。夜色初临的时候，歌手们开始在公馆内用姑娘歌颂神。姑娘歌都是即兴而唱，歌手们从颂唱神明的威灵开始，接着颂唱雍正时期由龙舟竞渡改为麻扶歌台的故事，再接以颂神，颂雷祖。

颂雷祖开始以后，庙内的气氛逐渐紧张起来。忽然一位中年男子表情痛苦地飞奔入庙——雷祖降身了。降身者念念有词，老人们时而凑近与他交谈，时而紧张惊恐地低声耳语。同时，颂唱雷祖的姑娘歌仍在继续。整个降身过程大约持续了十分钟。随后男子应声倒地，老人们为他按摩四肢。他起身后，恢复常态，参拜众神，匆匆离开。雷祖降身是整个仪式的高潮。结束后，村里的人都涌入公馆上香。很快，姑娘对唱和演雷剧在庙外的戏台上上演，戏台前的空地聚满了来看戏的村民。

以上就是麻扶赛端阳的大致情况。村里老人说过去这个仪式年年都做，是麻扶最重要的活动。"文化大革命"的时候停顿了，1986 年以后开始恢复。这样的说法可以得到碑记的印证。同治十年（1871）的碑记记录了一个与赛端阳有关的官司：劳邓氏将瓦铺一座捐给雷祠公馆，"以为五月端午香灯之资"，但是劳家人觊觎铺租与麻扶村首事互控，经海康县令核断，"此铺归入雷祠公馆，永为神香灯之资"。当时立碑的"端阳首事"包括黄、吴、卢、林、陈五姓各一人。[1]

今天所见的仪式其实是 1998 年重整的结果。村民提供的科仪书《墨府村端午赛端阳规例程序》，详细地记载了重整的经过：

> 雍正十三年起，罢免龙舟，转作讴歌，古例频繁，靠忆意传说，只有原存醮忏科簿一本，记载神衔。据道士说及没顺序。于西元一九八八年首事黄发辉、吴学锦以古簿请人代抄四本，每在后面后载请神物品、牲仪财宝、年节常例及对联等项，但不详细。一百零捌门炮如何鸣法，老王三爷坐位忆意不清。正月歌楼对及《墨府存剧场》本由黄永葵撰题并注明来历，不知某人于簿上以刀刮掉姓名，手段恶劣，理所不该。邬王宫新加三副对联撰者无名且不适用，因此于公元一九九八年闰五月初九晚上召开新老首事、公馆文物理事会和村中贤老会议。决定：校对神衔秩序，注明正月对联歌楼名字来历，删去邬王宫不适用对联，端阳规例作程序后载。[2]

这段难得的资料清楚地写明了两次重整时，对仪式所做的改动。1988

1　同治十年《麻扶村雷祠公馆铺碑》，碑存雷州白沙镇麻扶村雷祖公馆。

2　《墨府村端午赛端阳规例程序》，手抄本，存于雷州白沙镇麻扶村。

年村民恢复仪式的时候依据的是"记载神衔"的醮忏科簿，并参照了道士的回忆。仪式的很多细节，包括请神物品、年节常例，都是1988年确定的。但是，当地人对于四个细节存在争议：如何鸣炮，老王李广的座次，邬王宫对联，以及黄氏题名。十年之后他们针对这四项进行了重整，并且把端阳的仪式用文字固定了下来。重整后的端阳仪式程序如下：

四月初八晚请道士开龙舟花，公鸡一对。道士启禀完周，各班首事抽签拾定禀牲拜忏日期。

五月初一日早，两位龙角将军加穿红、黄、蓝、白、黑五色衣套，往白院请神。备办公鸡一对，铁炮三门，将军令、锣鼓、笙、箫配套，竹旗一枝，请神对联一副。

首事四人，头戴清帽，身穿白袍。黄姓首事请左龙角将军，北山请右龙角将军，林姓请白院公印箱，吴姓请令旗。到祠，由道士禀凤启奏完周，装轿请神。鸣铁炮三门，雷祖启轿（雷祠三殿），一副头牌在首，老王行前，三二爷公在后，效古路所行进馆安座。

安坛完周，鸣铁炮三门，则由初一日班起禀牲。牲仪办妥，适道士醮忏。道士每天醮忏三次，将军令每天锣鼓三次，歌童、歌女晚上颂神，早上缴歌。初一至初六晚共演歌六本，初五日加演日歌一本。初七早歌毕，则接禀牲，醮忏完周，装轿请神，鸣炮三门。雷祖起轿，到雷祖祠英山胜境牌坊，鸣铁炮三门。安神坐定，道士禀举，拜神完周。于中厅绕阁左至右游锣三周，铁炮三门，复回公馆。出祠三门炮，回祠六门，则谓之出三入六。

五月初九日早备办猪脚一个，猪肉二方，财宝约量，供粿四碗，清粿清菜各四碟，茶酒各四盅。安排妥适，则由首事禀知，鸣炮安神。邬王亦按本例，安神完周。首事轮流点香，共作年节。

这一记录与仪式现场看到的情况基本吻合。只是由于参与仪式重整的是首事和道士，因此这一份资料主要记录的是村民和道士参与的部分，歌童、歌女的角色语焉不详，而对于雷祖降身则只字未提。

在村民抄录的旧版科仪书《五月端阳忏疏》中有这样的记录：

> 大清国广东省雷州府海康县第四都金宁、中正、塘北、乐南四村住奉道礼忏演歌保安。首事某某合众，即日诚心仰天丙监，伏以德厚功高，端阳醮典昭千古；恩深德重，弦歌雅颂庆万年。感罔极之恩深，赞无穷之福荫。言念众等，叩居靴下，世奉郡王，前设龙舟醮祝，蒙准弦歌演扬，逢年届期，鸠集诣词，接请王侯圣驾，临馆诵德歌功。

这段文字说明，今天的赛端阳仪式虽然有仪式重整的部分，但是并非完全新创。从"龙舟醮"转变为"弦歌演"以后，"弦歌雅颂"就是端阳礼忏中的重要部分。出自道士之手的科仪书同样也只是偏重于记录道士的角色。

但是，歌手并不属于道士的系统，他们的表现形式和传承方式与道士有很大的差别。"歌姑娘"的最大特色就是"即兴创作"，依靠的一方面是口传记忆，另一方面是歌手的自我发挥。所以，姑娘颂神的时候虽然根据科仪书所记录的神谱来颂唱，但是内容却由歌手们自行创作。这些歌手都是雷州本地人，他们对于神明的故事亦相当熟悉。公馆内贴出了六代姑娘歌传承人的名单，歌手也强调自己都是由"师傅"传下，并要经过多年的训练。仪式中的关键环节雷祖降身完全没有文字的记录，降身比姑娘歌更具有不确定性。但是，降身的过程与姑娘歌的颂唱是互动的。在我的观察中，双方都配合了彼此的节奏。

韩明士（Robert P. Hymes）注意到人与神的沟通中存在个人模式与官僚模式的分别。地方的礼仪原本是通过个人与神沟通，而宋代以后道士的影响，越来越深入民间，他们趋向于把这种个人化的沟通转变成制度性的科层礼仪。当然，他和多位研究者都注意到在村民的实际生活中，多种模式的并存。[1]在麻扶的例子里，我们同样看到了多层传统的互动。

麻扶的例子还提醒我们，赛端阳仪式的重点是要供奉雷祖祠的神，而非本地的地头。本地的地头对雷祠三殿的神表现出了特别的尊崇。这与前面所论乡村有较大的分别。显然，在赛端阳的仪式上，神明之间存在着等级关系。为什么其他乡村结合地缘的重要仪式都落在地头神之上，而麻扶却要寻求更高级的庇佑？讨论这种关系的形成，需要了解麻扶村与雷祖祠之间的关系。如前文所述，雷祖祠的田地原本由裔姓承种，拖欠累累，乾隆二十六年在官府的主持下改由异姓佃耕。嘉庆二十一年海康县又清点雷祖祠田产，并在祠内"树石碑以杜侵蚀"。[2]该碑所开列的雷祠大量田产中也包括麻扶的部分洋田。这些佃耕的"异姓"究竟是哪一些人？紧邻雷祖祠的麻扶村是否参与其中？仪式的展演是否就是这一类关系的投射？由于资料的阙如，笔者目前尚难以回答这些问题，需要留待日后的研究，到曾经建立但是不一定维持至今的社会经济与阶级关系中去探寻答案。

五　重构消逝的图景：一个大胆的猜测

不能忽略的是，今天我们见到的乡村图景是多年来经济发展的现象。在访问中，不少老人都提到直至 20 世纪 80 年代自己家才修建砖瓦房。湛江市博物馆陈馆长也多次强调茅草房在三十年前的雷州非常普遍。可以想象，在更为久远的历史时期，这片土地上的大部分房子不是砖瓦修葺，而是茅草房。

雷州乡村虽已大量地建筑新房，但是茅草房仍不时可见（见图8-14）。比如，在英山村吴氏居地就保留了不少茅草房。大的一间，

1　〔美〕韩明士:《道与庶道：宋代以来的道教、民间信仰和神灵模式》，皮庆生译，南京：江苏人民出版社，2007 年，第 289—299 页。

2　嘉庆二十一年《树石碑以杜侵蚀》，碑存雷州白院雷祖祠。

图 8-14　逐渐消失的茅草房

长约 9 米，横约 7 米，从地面至屋顶最高处约 5 米。屋顶处有皮绳将茅草固定住，皮绳子拴在地面的大石头上。也有几座用砖块垒砌而成的简陋房舍，配以竹篾编制的大门。

和茅草房一起逐渐消逝的，还有石狗（见图 8-15）。这二者原本是乡村图景中最主要的底色和点缀，却又几乎同时在人们的视野中黯淡。吴姓居地的环境给我们提供了一些线索，去思考从茅屋到砖房的转变对于整个雷州乡村图景的影响。

茅屋和砖房的分别不仅在于耐久性，更在于是否有一个牢固的地基。砖瓦建筑的房子即使遭遇火灾，根基还在；但是茅草房一旦遭遇火烛或者台风，可能荡然无存。那么，原来的屋主如何可以访求原来的地点，甚至说明自己在这块土地上的权利？不畏火烛的石狗是否是最好的证据？

在雷州，石狗原本无处不在。它被放置在屋顶、门边，甚至镶嵌在屋墙之内，与房子具有紧密的共生关系。当茅草房因为水、火、台风等灾害而毁坏，石狗可能就是证明茅草屋存在的地标。石狗也被放置在水井、坟地附近，显示村子与外界的边缘。石狗也是村庄图景中

图 8-15　夏井村石狗

重要的地缘符号。

　　但是，文献中几乎没有对石狗的记载，这与其司空见惯的时代是相关的。在道士的科仪书中，石狗不作为神祇科层中的成员。它的传播与道士的体系关系甚微。石狗甚至没有一一对应的名字，人们只能凭借形象上的特征对其加以区别。令人惊异的是，雷州博物馆所藏的千余座石狗竟然没有一座是相同的。

　　如果村民普遍依靠石狗来维持地标以及边界的感觉，那么，这种对地缘的感觉是比较含糊而广泛的。因为有的石狗即使重达几百斤，仍是可以搬动的。并且，茅草房若要维持，需要比砖石房子经历更多次的重建，在地基不能持久固定的条件下，随着房子的不断重建，乡村的地点也会处于不断的变动之中。如此，乡村的核心也就难以确定和维持。由于文献的缺乏，我们现在已经很难触摸几近消失殆尽的那个世界了。

砖瓦建筑的普遍化实在是一个非常漫长的历史过程。当大多数人还生活在茅草房的时候，并不是没有砖瓦建筑；有些神庙和祠堂是以砖瓦来修建的。随着建筑材料的改变，人们对于建筑、地点甚至地域的概念也会逐渐改变。石狗作为地域标识的意味淡化下来，由砖瓦修建的庙宇取而代之。

当然，与庙宇神明流布相关的，不仅仅是神的法力，还有诸多交织其中的历史因素，包括科仪专家之间的斗法、文字传统对于非文字传统的挑战以及国家处理祀典之神与淫祠的扬抑态度等。也正由于此，消失的不只是石狗，还有与祭祀石狗紧扣在一起的以茅草房为主要形态的雷州社会。可以说，有一层非常重要的雷州祭祀图景或已经消失。了解这种祭祀所维系的社会是一把钥匙，可以启发我们思考没有宗族甚至没有神庙的社会怎样运作。但是，文字资料的匮乏使得这样的问题尚无法解答，因此我只能提出一些猜测。

结　语

雷祖祠周围的乡村中，祠堂都比较简陋，但是系谱的流传却相当普遍。这里所见系谱与珠江三角洲、江西等地不同，很少存有年代久远的序言。在对于系谱的讨论中，本章以陈氏的故事为主，因为亿年等村与英山村正好展示出截然不同的合族的方式与结果。双方的族谱代际都是以陈文玉为核心确定的，亿年等村的族谱在结构上互相契合，组成一个稳定的房支结构，父子相承的血缘系谱就是四村之间的合约。与之比较，英山村的族谱呈发散状态，长子一系在英山繁衍，而其他儿子则分布到各地开基。通过这样的方式，英山陈姓在族谱结构上将自身确立为合族（除雷祖祠附近的陈姓村落）的中心。亿年等村之所以能长期维持其仪式的稳定，与雷祖祠的祭田管理相关。这些村庄至少在明末清初就在雷祖祠的田产管理中处于特殊的地位。因此，它们更倾向于将联盟的范围限制在四村之内。

而英山雷祖诞降处是清中期以后才日益凸显的一个地点。英山陈姓的祭祀点是开放的，他们的系谱、祠堂都是以大规模联合陈姓为主要目的。

在雷州的乡村，拜神比祭祖的仪式更为隆重。若简化来看，雷州的乡村最基本的核心单位是"境"，每一个境的范围与具体的一尊神建立关系。规模小的村子只有一个境，比如亿年、夏井、井园，它们供奉一座主要的庙宇；而大村则可能是几个境的联合，比如西边、麻扶、英山，村内的庙宇不止一座。当地人将这些与"境"相关的神又称为地头。作为"地头"的神似乎都具有浓厚的地方色彩，比如邬蛇大王、白马将军、兴武公；而各境共同供奉的则往往是受到王朝敕封的神明，比如天后和雷祖。当然，这并不是一个固定的模式，有些时候天后也作为某个境的地头神。很有可能，在某个时候，这些庙里的神，也只是一块石头，或一个有特征的地点，比如英山的卵窟。但是，随着砖瓦房的兴建，砖瓦的神庙变成了砖瓦建构的乡村的一个部分。房子的建筑一旦可以长期固定于同一个地点，乡村的核心也就相对可以确定下来。神庙成为乡村的核心，或是乡村中间具有不同意义的地点的象征。

乡村空间感的确定与调适往往就体现在礼仪活动中。在这些乡村中，祠堂陈设简单，香火寥寥。即使是亿年等村的雷祖巡城，在仪式进行的程序上，与其说是祭祖，不如说是主神的出游更为贴切。举行仪式的时候，道士、村民、神明降身者以及姑娘歌手等诸多因素决定着仪式的节奏。"给地头神做生日"是当地人常常提到的活动。境内的地头享有比其他神明更凸显的地位。但是麻扶的例子显示，这种模式也不是固定的，境或者村的范围可能需要境外的更高一级的神来承认。可见，宗族的语言是很表层的，雷州地方社会运作机制仍然是以神庙为核心。但是，宗族的语言又能熟练地被地方人士操弄。

总之，在雷州，雷祖陈文玉的历史与传说是一个共有的文化与象征的资源。不仅是陈姓四村、英山村、麻扶村与雷祖祠相关，甚至更大范围的陈姓或者非陈姓的乡村也根据自身在这个资源中所处的地位，发展出各自的叙事方式，并与他者建立联系。所以，若以雷祖祠为核心来看，这个祭祀的空间是重叠的，有分别，却没有边界。

在一个交错混杂的环境中，田野资料尤其是田野笔记表达出来的是研究者在田野中可以观察，可以通过访谈或地方文献了解，再通过自身所理解的理论，重新建构的地方社会。所以，运用这一类资料的时候，需要区别与比较至少三个层面的内容：研究者在田野所遇到的情况，祭祀地点与科仪展演的日常状态（往往也出自研究者的直接观察），以及地方人士运用家庭、宗族、乡村、祭祀等理念性的概念所描述的宗教与礼仪生活。当然，看似虚无的而又切实存在的还有研究者自身带入地方研究的观念。比如，研究者的"宗族"或"乡村"不一定等同于地方上的他们所使用的、所以为的能代表"宗族"或"乡村"的概念。所以，研究者在田野所观察到的、所访问出的时人记忆中的事实，或文字资料所见的某时期的记忆，都需要放在叙事结构的历史内，才可以成为历史的材料。当然，现在的历史材料，到某一天，也会变成以后的历史记忆。

总　论　大一统的殊途同归

近年来不少历史学者不约而同地提出要以当地人的眼光书写历史。[1]然而，在粤西南地区，很

1　从 20 世纪 60 年代开始，已经有诸多学者认为土地广袤、千差万别的中国社会需要进行区域的比较研究。并且，聆听当地人的声音越来越为学者所重视。施坚雅（William Skinner）建立了市场等级以及区域划分的模型，从经济联系的角度对传统中国的整合问题提出解释。他的研究说明中国可以有多个区域中心，并且相对不同的范围而言，中心的位置也可以相应改变。也可以说，他的研究直接挑战的是从一个中心看中国的神话。与此同时，华德英超越大小传统的二分法，提出动态的多重叠合的"意识模型"。近年来，学者希望对边疆地区，尤其是对少数民族地区进行研究时，超越"汉化"的眼光，希望书写当地的历史，也是这一趋势的发展。其中包括 Leo K. Shin，C. Patterson Giersch 等学者的最新研究。参见〔美〕施坚雅《中国农村的市场和社会结构》，史建云、徐秀丽译，虞和平校订，北京：中国社会科学出版社，1998 年；Leo K. Shin, *The Making of the Chinese State: Ethnicity and Expansion on the Ming Borderlands,* Cambridge: Cambridge University Press, 2006; C. Patterson Giersch, *Asian Borderlands*: *The Transformation of Qing China's Yunnan Frontier,* Camb.: Harvard University Press, 2006。

多研究依然难逃以汉人为本的窠臼。主要原因之一在于历史材料的缺乏，尤其在自身没有文字传统的土著社会，如何让"蛮人"自己说话，进而发掘出一个已经逐渐消失了的社会，是一个极富挑战性的问题。南宋理学名家张栻之祖父张绹初至雷州时，"长老诸生"对他谈到的民风，以及张绹的回应，是非常珍贵而难得的材料。海南宁济庙与雷州雷祖祠内放置的石人雕刻，由于不符合唐宋时代土酋的归服形象，反而引发我们探讨官方以至地方对土酋归服看法的长时段演变。地方祭祀礼仪遗留下来的传统，参照不同时期的历史记载，对重构地方风俗的分布也有一定的作用。长时间内的土俗不是一成不变的。对应张绹所见到的长老诸生，就不难发现，当地人向他表达的风俗，已经不是纯粹土著的风俗，很可能是这个地区早在隋唐时期与王朝接触后，中州礼仪对当地的影响。问题是，宋代的理学家以此为不合时宜的土俗。了解这个互动的历史过程，需要从制度的演变入手。

　　隋唐时代蛮酋社会的归化，依赖蛮酋的朝贡与朝廷的赏赐，以礼物的交换作为象征。在《隋书》的描述中，隋朝招降冼夫人，除了示以陈主的书信外，还出示冼夫人曾敬献给陈主的扶南犀杖，表示已经夺得陈的天下。"夫人见杖，验知陈亡。"冼夫人以地方豪酋，代表王朝的力量"乘介马，张锦伞，领毂骑"，行"刺史之仪"。同时，地方与朝廷的利害关系也体现在提供人质上。唐太宗时期，朝廷要求冯盎定期送爱子入侍，以表赤心。

　　在冯冼家族的时代，上层豪酋家族的向背是地方社会与朝廷关系的焦点所在。王朝利用牵制和笼络上层豪酋家族控御诸蛮，而这些家族则以护卫朝廷使臣或者拥有朝廷赐予的信物，在仪式上表现出他们是王朝的代表，同时又向朝廷臣服。其他的土著首领则通过拜谒这些王朝在土俗社会的代表和王朝联系起来。这个时期，基层社会没有建立和推行王朝制度，虽然上层豪酋的子孙出入宫廷，深受汉文化影响，但是豪酋社会原有的结构没有受到冲击和触动。

　　与明清时期朝廷在西南地区推行的改土归流相比，粤西南一带在冯盎的时代就已经出现了以官员取代土酋的端倪，冯氏家族的衰败就是这一变革的后果。只不过，当时并没有一个特别的名词来描述和定义这一对地方社会有长远影响的制度转变。唐朝的时候，在现在的广东境内设25个州，粤西一线即今天的高州、雷州、廉州到海南岛共设了15个州，而这一带就是文献记录冯冼家族统治的区域。文献中既留下了冼夫人的传说，也留下了几代冯姓豪酋的姓名。这些文献材料成为明中叶以后不同身份的人叙述神明传说与祖先故事的重要根据。

唐以后，短暂的南汉政权以南方为统治和开发的核心。宋代敕封的某些神明，最早进入祀典是在南汉，如雷州的雷祖祠以及海南儋州的儋耳夫人庙。这些庙宇受到关注，可能与采珠有关。

宋代，朝廷对于粤西南的统治理念与隋唐时代有根本的区别。侬智高起义以及横山寨买马等问题，使广东西南以至广西、越南、大理一线成为朝廷关注的"边地"。尤其是海南岛东南部位于长程贸易的路线上，西部则处于北部湾的内海贸易圈中。香料的出产将黎峒社会带入了奢侈品的贸易网络，而本岛对日用品的需求又吸引着来自高雷半岛的商人。在海南，豪酋的力量仍很强大，王二娘的故事就是集中体现。王二娘是熟黎的首领，在官府的认可下，治理地方，组织防卫。生黎的豪酋与官府的相处则更多地表现在仪式的层面。宋代敕封的儋州宁济庙（冼夫人庙），就是淳熙年间王仲期等生黎峒首歃血盟誓的地点。当时的官员李崇矩需要以己之财，买好峒首。这种种的状况都显示官员尚未以武力迫使豪酋屈服，地方的安靖主要依赖峒首之间仪式性的约束。

宋代还出现了一些重要变化。首先，官府开始在地方推行教化，移风易俗。这样的努力体现在制度上就是设立学校。学校的设立逐渐改变了当地社会与中州风气不接的局面，也建立起宣传王朝礼仪的固定机制。乾道年间，雷州变佛寺为学宫；绍兴年间，海南科考的人数达三百人，几十倍于前。其次，官府也开始对基层社会进行管理。在海南，官员整理版籍，编派差役。此时推行的不是明代的里甲制度，而是由官府出钱，雇人应役。在雷州，官府佥派负责筑堤修渠的统管与塘长。当然，我们不能据此认为，有一个新的阶层开始出现，也不能排除，海南的乡差与雷州的统管与原先基层社会的掌权群体可能多有重叠。但是，"吏"的权力毕竟来自为官府做事的身份。在海南官府的权宜之计下培养了一群乐于为"吏"的人。乡落大姓，甚至愿意交纳役钱，以取得为吏的资格。此时表达身份的语言已经悄然发生转变。

由于史料所限，本书对于元代着墨不多，这绝不代表元代的发展无足轻重。在海南，至元二十八年（1291）元世祖应琼州安抚使陈仲达之请，派兵麾师南征，历时三年。元代的征讨与其说是王朝势力大举南进，不如说是朝廷和地方土豪之间出于各自利益而达成的协议。朝廷以陈仲达派军队协助朝廷征讨越南为条件，同意了他征黎之请求，也就是说，这次征讨其实是一次本地土豪以朝廷的名义而进行的扩张。

对于南方土著社会来说，明代是基层社会大变革的时代。明初和明中叶的局面截然不同。明初，土酋和王朝的关系主要体现在朝贡和授予土官。成化以后，由于广西大藤峡瑶民起义，朝廷设了两广总督，直接管理此地的军事。在平息起义的过程中，韩雍扶植起一批从本地发迹的地方官员，比如孔镛。从成化到万历，高州瑶民起义、雷州海盗以及海南黎民起义成为他们关注的问题。可以说，粤西南的演变是此时两广社会变革的缩影。

在善后措施中，推行里甲制度是流官与土官矛盾的焦点。对于明朝而言，进入了王朝"版图"的标志不仅在于文化上接受教化，更在于行政上成为编户齐民。在重建社会秩序的过程中，"蛮"与"瑶"通过户籍登记变成了"民"的身份。但是，身份的变化不是单向度的。永乐至宣德年间，海南并存流官知府与抚黎知府，不少原来是"民"的身份的人为了逃脱赋役，投入抚黎知府名下，成为梗化黎人。正因为如此，王佐等官员反对恢复海南已经明文废除的土官制度，也就是反对将编入里甲的黎人重新恢复土舍管辖。

里甲制度触动了豪酋社会原有的根基。成化、弘治年间官府要求黎人各投里长，而实际上，七方等峒的黎人也出现了服从里长而不服从峒首的局面。同时，土官内部也存在分化。既有与官员过从亲密并表示仰慕儒家文化的土舍符节，也有长期与官府交恶的七方峒首领。土舍阶层的分化以及所辖的黎人的异志，都严重地挑战了土舍的权威，冲击着"非其宗不属"的土俗。

高州的历史在宋代相对沉寂。明代，高州作为瑶区被记录下来，并因其临近大藤峡和罗旁的地理位置，受到了官员的格外关注。成化年间，在"阖郡为贼"的局面下，高州的军政中心由旧电白迁移到茂名和沿海的神电卫。官员也在茂名的高州城新建了冼太庙。也就是说，旧电白是原来的权力中心，经历了成化年间的起义，这个地点丧失了作为府治和电白县县治的地位。万历四年大征罗旁之后，开辟了西山道路，由此，从广州至高州以及雷琼，可经过西江水道，大大缩短了行程。道路的开辟使得高州和西江水网的区域联系起来。从现存的族谱来推测，明中叶以后，已经有一群自称冯宝、冼夫人后裔的冯姓人在旧城（旧电白）一带居住，并且开始以家族的伦理编修族谱。同时，周边的冯姓也在不同时期和冯宝、冼夫人的故事建立联系。而雷峒等地的冼姓人自称冼夫人的娘家，但是其族谱更多地保留了原有的祖先谱系与神明谱系相混淆的状况。

并且，明代朝廷镇压海南黎民起义的军队时常驻扎雷州，而雷州也是重要的采珠地点，珠池又是盗薮，王朝在雷州区别民盗。在这个过程中，雷州莫氏家族，率先修建祠堂。同样值得注意的是，明代雷祖祠在雷州的地位举足轻重，来此任职的官员，尽人事与修神祠并重。至明末，有一群自称雷祖后裔的陈姓人开始在雷祖祠衣冠拜祭。明中叶所出现的新风气，改变身份，建立家族，移风易俗，到清代得到了完整的展现。尤其在文字材料上，这个区域的描述越来越呈现出儒家社会的图景。光绪《高州府志》列出了高州府修建的几百座祠堂。同治四年，陈金缸起义后，高州府的冼太庙旁修建了昭忠祠。而旧城的冼太庙则获得御赐匾额，由"冯宝嫡裔"负责香灯。在海盗与会匪群起的动荡中，雷州的陈姓家族则力图把卵生的雷种陈文玉提升到名宦与乡贤的地位。

在这长时段中，朝廷与地方的关系发生了关键性的改变。梁陈之际，土酋的家族归附了国家，以依附国家的制度显贵。从明到清，国家的制度渗透到乡村的层面。一方面越来越多的冯氏人／陈氏人以冯宝和冼夫人／雷祖为祖先通过文字以及依托文字为载体的制度（例如编修族谱），把地方的传统与中央联系起来；另一方面，地方历史的塑造者用中央对当地的政策，重构自己的传统。冯氏／陈氏联宗的不断扩充与土人受征服的形象创造是同一个过程的两面。

尽管立足于文人立场的文字材料，越来越使整个社会图景均质化，但是，在建筑、雕像以及仪式演绎里仍保留了土俗传统的痕迹。在高州，高州冼太庙在嘉靖年间由官员修建，是一座原本没有深刻地缘关系的庙宇。旧城冼太庙则是自称为冯宝后裔的冯姓人的核心。这两座庙在冼夫人诞和年例时举办的活动有所不同。冼夫人诞期间，高州冼太庙的祭祀主要由官员主持。而每逢年节，没有游神的惯例。旧城冼太庙除了分猪肉、祭祀冼太外，还举办劏牛会。这一仪式和苏轼所抨击的岭外风俗有诸多相似之处。年例的时节，以这座庙宇为中心，附近十社之人游神赛会。在雷州，在雷祖祠中，雷祖集祖先与神明的双重身份于一身。该祠既祭祀雷祖又供奉雷首的格局，将历史时空中复杂的神明演变凝固于非文字的历史载体上。而陈姓族人组织的"雷祖巡城"、乡村普遍举行的雷傩以及州城举办的民俗文化节也展示了不同传统下的礼仪所影响的地域。清末雷祖陈文玉完成了人格化的转变，成为创立雷州之雷祖，但是，今天雷祖巡城时，进城仍很具争议性。究其原因，一是州城内有自成体系的神明系统，二是巡城的路线是水利体系的重要地点，仪式上的冲突可能和长期以来的水利体系的矛盾有关。在广大乡村盛行的雷傩仪式中，非人形象的雷首是遣灾驱邪的主神。在海南，北部规模最大的冼夫人庙曾是梁沙婆庙。在士大夫的笔下，梁沙婆的影子消失了。但是在当地人的传说与记忆里，冼夫人成为梁姓人的干女儿，梁沙婆和冼夫人叠合在一起，成为跟梁姓人没有血缘关系的祖先。

　　由以上讨论可见，冼夫人与雷祖的身份都是祖先与神明的合而为一。明中叶开始，自称为冯宝、冼夫人后裔的冯氏和雷祖后裔的陈氏以宗族的伦理与规范建立宗族，但是，由于这一套礼仪是叠加在原有的神明祭祀传统和血缘谱系之上的，所以，呈现出了特殊的地域社会形态。

　　那么，如何来理解广东西南一带的宗族社会？

　　弗里德曼打破了宗族是血缘组织的神话，认为宗族其实是乡村的建构。他把控产的概念引进宗族研究，很独特地说明了宗族的地缘认同。此后，从社会科学的观点来看，控产、族谱、祠堂是宗族的共同点。但是，置于时间和空间的维度，在这些看似相同的话语和概念之后，隐藏着巨大的地域差异。更为重要的是，宗教与礼仪上看似细微的差别不仅源于区域间的地理与社会环境差异，更源于各个区域与王朝整合的过程也不尽相同。

　　讨论广东西南的宗族问题需要结合两个传统：一是理学规范下宗族伦理的发展与变化；一是土著社会的传统。南方宗族的发展是明中叶以后宗族伦理庶民化过程中的产物，同时也是庶民社会或者土俗社会士大夫化的表现。[1] 同时，祖先记忆以谱系关系来进行人群的定位与整合，不是儒家独有的传统。土著社会有自身记忆祖先的方式，如瑶的盘王歌，彝的父子联名，还有客家的郎名与法名。这些看似谱系的材料，包含的传统以及建立社会关系的原则和宗族是很不相同的，然而，当明中叶修谱建祠成为风尚，这些谱系很可能又成为族谱的一部分，两种传统嫁接了起来。不过，随着儒家伦理的渗透，原有的记忆逐渐被覆盖和遗忘，后人再来解释原有传统留下的现象时往往使用习以为常的宗族伦理语言，而忘记了儒家的礼仪曾经作为崭新意识形态进入土俗社会。

　　笔者相信要解释高、雷、琼亦神亦祖的现象，我们需要接受这一带在很长的时间里，大部分的人生活在家屋社会而非宗族社会之内。

1　郑振满：《明清福建家族组织与社会变迁》。

这个区域本身有根深蒂固的土俗传统，体现在信仰领域，就是神明的力量在明中叶以前很强大。在地方神祇的拜祭中加入祖先的祭祀，如高州冯氏和雷州陈氏在冼夫人庙或雷祖祠叠加上祖先的祠祭，是受外来影响的结果。而且，冯氏与陈氏接受这个影响的时间不一样。冯氏家族很可能在隋唐时期已经出现了雏形。虽然在正史中留下记录，其后在地方上并没有延续下去。但是，当明中叶宗族礼仪进入以后，当地土著意识到以神明作为祖先不合乎正统礼仪的规范。于是神明在人格化的过程中裂变，如雷祖与雷首，也例如在冯宝和冼夫人的合祠旁建冯氏宗祠。儒家化后的一套礼仪并没有完全消除过去的痕迹，所以我们看到了多重身份的神明，以及集祠堂与庙宇于一身的建筑。

对于从没有族谱、祠堂转化到有族谱、祠堂的历史过程，因为资料所限，我只有从水上人的经验，提出一个旁证。住在船上的人群，很可能也有谱系的概念，但是，因为没有文字，没有书写的族谱，以及浮生的环境，他们没有像陆上乡村，构建出固定的代表宗族社会的祠堂。所以，我们仍可以看到他们的祭祖，以家庭内摆设的小神像为拜祭对象。近年来，受到政府的推动，大部分水上人搬到岸上居住。上岸过程中的水上人，保留了不同的拜祭形式，这是可以理解的现象。大概不同的群体会受到周边不同地方的习惯的影响，也会受到教育、经济发展、上岸后社会地位变化的影响。再过来，某些已经上岸的族群，在祭祀礼仪上会逐步与其他地方的祭祖活动看齐。重建出来的印象，是追溯到比上岸过程更早的宗族故事，比浮动社会更稳固的记忆。我以为住在船上，没有书写族谱，没有宗族祠堂的族群单位，比较接近人类学者在东南亚沿海记录到的家屋社会。我大胆地推论，在高、雷、琼一带，长期以来，很多地方就是经历过从家屋社会变为家族社会的历程。

由此可见，不同区域的宗族社会，虽然在控制祖产、祠堂等概念上相似，但是，在具体的运作过程中却呈现出各自的形态。并且，传统中国也不全然是宗族社会。在地方社会的形成过程中，很多因素作用其间。只有对不同地域的宗族进行比较，分析差异，才能理解大一统的历史进程。本书的重点，不是笼统地以"王朝的制度如何在地方社会推行与落实"作为引子描述高、雷、琼的演变，而是希望说明在不同的朝代，不同的制度发展下，这些地区怎样建立起认同程度不同的地方社会。点出制度演变的关键历史时刻是至关重要的。大一统的历史，就是需要比较和联系以不同区域制度演变的历史转折点为基础而建立的年表。由此，"大一统"的历史才不是帝王将相的历史，也才不是历代权力所有者用文字建构出来的想象，而是大一统殊途同归的历史，是各地认同史的历史，这就是真正的"大历史"。

近年来讨论西南地区的学者往往从边缘与核心关系来书写地方的历史。他们认为明清时期，朝廷开发西南，当地矿、盐、米、木材等项商品向中原流通，而内陆的移民则越来越多地进入边缘地区。很多地区改土归流后，在行政方面与内陆相同。同时，由于朝野对西南民俗兴趣日增，在绘画和小说、笔记上塑造了西南民族奇风异俗的形象。本书也同样在处理边缘与核心的问题。但是本书没有特别讨论核心何在，因为核心只是一个概念，并非一个确定的地点。假如研究经济史，那么必须讨论从甲地到乙地的贸易；假如研究移民史，也需要确定移出地与移居地的范围。但是，本书研究的是认同的历史，需要超越的是地理意义上有确定范围边缘和核心的概念。如果把地方划为边缘，将历史说成开发，背后的意义就是将这个区域以外的地方视为不在朝廷——很多时候成为"文化"的代名词——管辖的范围。诚然，土司所管辖的地区，在朝廷的角度，就是在行政系统的范围的边缘。但是，西南的社会有西南社会的文化，西南社会与中央建立关系，所想象的核心，不一定是朝廷的所在地。假如真正要将边缘与核心社会进行对比，在方法上，不应该以边缘的平民生活与核心的上层社会比较。我们需要了解边缘社会，尤其是乡村生活演变，不应该是重构一张采风图或者一篇问俗记。

在海南澄迈的学宫，至今保留着一块残碑——《云南永昌府地山李公惠爱碑记》。这块碑记的可贵之处在于形象地描述了清末海南方言教育面临的问题。撰碑者描述了澄迈当山海之胜，却人文凋敝的状况：

> 县志邑城东耸独珠，西望大胜，澄江绕其南，沧海涵其北。山川之葱郁，人物之彪炳，科第蝉联，曾有一榜四人而唐发解者焉。何以近年来登贤书数十年始一见或十数年一见？非人才之不古，若以辟在海隅，无由观上国，也尝见有少年入泮，至老耄赴棘门者，良以程途一千七百里而□遥同年馆谷羊事俯育外，所余无存，是以裹足不前，况童生清贫居多，虽欲就考不能买卷应试，因而别业者有之。至书院为乐育人才之地也，尤宜加意，奈无膏火及束脩有限，不能别聘山长，多以任广文者兼之。余前忝主席，言语不通，阅文外，虽欲口讲，指画而无从。曾对各绅说须在琼属延师，求其学问渊博土音是操者，朝夕训诲，数年之后，必得大成，咸对以不逮为憾。[1]

碑记落款以及日期部分已残。不过，碑额提到的"云南永昌府地山李公"即李恒谦。李恒谦，字子益，号地山。道光二十六年任云南永昌府知府，主理京铜之转运。道光三十年"统计捐一万四千金以为各款经费，邑人赖之"。[2]因此，惠爱碑当立于道光三十年左右。

碑记提到澄迈科第不兴的原因：书院限于资金困乏，无法聘本地山长，而由外来做官者兼任，结果师生语言不通。当时，澄迈"语有数种"，"语类闽音者曰客语；土音者曰黎语；近海疍人，客黎音参半者，曰疍语。惟缙绅士夫及居城市者能官音，乡落莫晓"。[3]也就是说，能明白官音的人是少数。所以，外来的山长教学中，"阅文外，虽欲口讲，指画而无从"。撰碑者曾和当地士绅商议，"在琼属延师，求其学问渊博土音是操者，朝夕训诲，数年之后，必得大成"。在这样的背

1　《云南永昌府地山李公惠爱碑记》，立碑时间缺，碑存于海南澄迈县学宫。

2　光绪《澄迈县志》卷9《人物志·乡贤》，据光绪三十四年刻本点校，海口：海南出版社，2004年，第388页。

3　光绪《澄迈县志》卷1《舆地志·风俗》，第67页。

景下，李地山慷慨解囊，"恻然动念邮寄与族人等商议，情愿捐金合属公款生息"，用于文武童生应县岁科试卷金，书院添补膏火，以及赴省乡试宾兴。

细读此碑，字里行间，无不显示出地方社会与朝廷风气相接之艰难。宋代开始，海南兴学设教；直至清末，国家推广文教在基层社会仍面临口语不通的问题。因此，即使是在最集中表达王朝礼仪的场合——书院，也需要尊重当地的土音，否则，只有指画而教。

另外，从光绪二十三年（1897）开始，琼州府要求各地遵照上谕宣讲《圣谕广训》。昌化县知县对此做出安排。他列出了《十三图宣讲诸生名目》，要求该县十三图，各图择公正绅士于村庄稠密、市镇绵亘之处每日宣讲。宣讲时，恳切开导，"或加于譬喻，或杂以近事，要使人人动听，妇孺皆知"。[1] 我们无法考证宣讲的落实情形。但是，很显然儒学的教化培植了一群地方士子，并且王朝的行政体制也在当地社会建立，县官在进行风俗改革之时已经可以动员这支力量。

但是，实际上，当时昌化县的社会是怎样的？从以下县官的示谕可得出一些印象：

> 夺耕牛以图勒索，卖生妻以绝伦常。嫁女索聘金，婚姻因以失正。处女学养子，廉耻亦复何存？甚至俗近黎风，妇人而不着裤。事由习惯，历久遂以为常。

该县官甚至以行政的指令要求妇女着裤，颁布《禁妇女不着裤示》：

> 示谕阖邑妇女，你本是个女流。访闻多不穿裤，人道同乎马牛。父母遗体不顾，自是淫乱根由。我今谆切告诫，你们各自知羞。倘敢仍蹈恶习，责罚家主母尤。[2]

1　光绪《昌化县志》卷11《纪事》，冯俊华点校，海口：海南出版社，2004年，第356页上—下。
2　光绪《昌化县志》卷11《纪事》，第463页上—464页下。

昌化，因苏轼等人贬谪于此，逐渐被塑造为海南最早泽被王朝礼教之地。但是该知县的行政命令则显示出清末官员虽然组织圣谕宣讲，但面对的依然是一个黎风与土俗根深蒂固的社会。历史学者常用的史料，记载宣讲圣谕的居多，而记载当地日常习惯的则寥寥无几。

长期以来，历史学者与人类学者承认在中国社会的大整体性下，地区之间呈现出千差万别的社会与文化形态。要了解这个既有极大共同性，也同时有区域之别的中国文化，必须承认中国很多地区，是经历了长期而曲折的历史过程后，才与王朝的礼教风俗整合。置于大历史的层面而言，不同的区域有着各自从"化外"走向"化内"的过程。因此，我们需要比较和分析各地不同的经验，需要探讨区域社会形成的历史过程，需要对民众对于不同传统的持续认同与情感怀有"同情之理解"，才能解释同中有异的多元化的中国社会。

征引史料及参考书目

一 正史政书类

《后汉书》，北京：中华书局，1965 年。

《北史》，北京：中华书局，1974 年。

（唐）李肇:《唐国史补》，台北：世界书局，1959 年。

《隋书》，北京：中华书局，1973 年。

《旧唐书》，北京：中华书局，1975 年。

《资治通鉴》，北京：中华书局，1956 年。

（宋）徐松辑《宋会要辑稿》，北京：中华书局，1957 年。

（宋）李焘:《续资治通鉴长编》，据浙江书局本影印，上海：上海古籍出版社，1986 年。

《新唐书》，北京：中华书局，1975 年。

《宋史》，北京：中华书局，1977 年。

《元史》，北京：中华书局，1976 年。

（明）徐一夔等：《明集礼》，《四库全书》版，上海：上海古籍出版社，1987 年。

（明）申时行等重修《明会典》，台北：商务印书馆，1968 年。

《明史》，北京：中华书局，1974 年。

《明实录》，台北：中研院历史语言研究所，1962—1968 年。

《清史稿》，北京：中华书局，1977 年。

《清实录》，北京：中华书局，1986 年。

二　方志

（宋）范成大：《吴郡志》，《丛书集成初编》版，北京：商务印书馆，1939 年。

（明）应槚修《苍梧总督军门志》，据明万历九年广东部政司刊本影印，北京：全国图书馆文献缩微复制中心，1991 年。

万历《广东通志》，据明万历二十九年刻本影印，北京：中国书店，1992 年。

万历《雷州府志》，据日本尊经阁文库藏明万历四十二年刻本影印，北京：书目文献出版社，1991 年。

万历《儋州志》，据日本尊经阁文库明万历四十六年刻本影印，北京：书目文献出版社，1991 年。

万历《高州府志》，据日本尊经阁文库藏明万历刻本影印，北京：书目文献出版社，1991 年。

万历《琼州府志》，据日本国会图书馆藏明万历刻本影印，北京：书目文献出版社，1991 年。

嘉靖《广东通志》，据嘉靖刊本影印，香港：大东图书公司，1977 年。

嘉靖《广东通志初稿》，据明嘉靖刻本影印，北京：书目文献出版社，1996 年。

乾隆《琼山县志》，故宫珍本丛刊版，海口：海南出版社，2001 年。

乾隆《琼州府志》，故宫珍本丛刊版，海口：海南出版社，2001 年。

嘉庆《雷州府志》，据清嘉庆十六年刻本影印，上海：上海书店，2003 年。

嘉庆《海康县志》，据清嘉庆十七年刻本影印，上海：上海书店，2003 年。

道光《琼州府志》，据道光二十一年刊本影印，台北：成文出版社，1967 年。

咸丰《琼山县志》，据咸丰七年刊本影印，台北：成文出版社，1974 年。

光绪《茂名县志》，据光绪十四年刊本影印，台北：成文出版社，1967 年。

光绪《高州府志》，据光绪十五年刊本影印，台北：成文出版社，1967 年。

光绪《澄迈县志》，据光绪三十四年刻本点校，海口：海南出版社，2004 年。

三　文集、笔记

（唐）裴铏：《传奇》，台北：世界书局，1962 年。

（唐）沈既济：《雷民传》，收入《龙威秘书》四集，乾隆五十九年石门马氏大酉山房刊本，广东省立中山图书馆藏。

（唐）许敬宗：《文馆词林》，收入《适园丛书》，据 1913—1917 年刊本影印，扬州：江苏广陵古籍刻印社，1986 年。

（宋）司马光：《涑水记闻》，《四库全书》版，上海：上海古籍出版社，1987 年。

（宋）周去非：《岭外代答》，《四库全书》版，上海：上海古籍出版社，1987年。

（宋）张栻：《南轩集》，《四库全书》版，上海：上海古籍出版社，1987年。

（宋）朱熹：《晦庵集》，《四库全书》版，上海：上海古籍出版社，1987年。

（宋）李光：《庄简集》，《四库全书珍本初集》，上海：商务印书馆，1934年。

（宋）李纲：《梁溪集》，《四库全书》版，上海：上海古籍出版社，1987年。

（宋）苏轼：《东坡全集》，《四库全书》版，上海：上海古籍出版社，1987年。

（宋）苏轼：《居儋录》，新会刘凤辉、瑞五重辑，广东省立中山图书馆藏。

（宋）苏过：《斜川集》，《丛书集成初编》版，上海：商务印书馆，1935年。

（宋）赵汝适：《诸蕃志》，《四库全书》版，上海：上海古籍出版社，1987年。

（宋）陈敬：《陈氏香谱》，《四库全书》版，上海：上海古籍出版社，1991年。

（宋）范成大：《桂海虞衡志》，《四库全书》版，上海：上海古籍出版社，1987年。

（宋）余靖：《武溪集》，《四库全书珍本六集》版，台北：台湾商务印书馆，1976年。

（宋）王象之：《舆地纪胜》，据咸丰庚申粤雅堂刻本影印，台北：文海出版社，1962年。

（明）霍韬：《渭厓文集》，《四库全书存目丛书》版，据北京图书馆藏明万历四年霍与瑕本复印，台南：庄严文化事业有限公司，1997年。

（明）丘濬、海瑞：《丘海二公文集合编》，《四库全书存目丛书》版，据中央民族大学图书馆藏清康熙二十八年氏可继堂重刻本影印，台南：庄严文化事业有限公司，1997 年。

（明）丘濬：《重编琼台稿》，《四库全书珍本四集》版，台北：商务印书馆，1973 年。

（明）张鳌：《交黎剿平事略》，据嘉靖辛未刊本影印，台北：正中书局，1981 年。

（明）王佐：《鸡肋集》（新订本），王中柱校注，广州：中山大学出版社，1995 年。

（明）王弘海：《太子少保王忠铭先生文集天池草重编二十六卷》，《四库全书存目丛书》版，据上海图书馆藏清康熙刻本影印，台南：庄严文化事业有限公司，1997 年。

（明）顾可久：《琼管山海图说》，光绪十六年刻本，中国国家图书馆藏。

（明）顾岕：《海槎余录》，《四库全书存目丛书》版，据上海图书馆藏明正德嘉靖闲阳山顾氏家塾刻顾氏明朝四十家小说本影印，台南：庄严文化事业有限公司，1996 年。

（明）郭棐：《粤大记》，广州：中山大学出版社，1998 年。

（清）屈大均：《广东新语》，北京：中华书局，1974 年。

（清）杜臻：《闽粤巡视纪略》，《四库全书珍本四集》版，据文渊阁手抄本影印，台北：商务印书馆，1973 年。

（清）许汝韶编辑《高凉耆旧文钞》，广东省立中山图书馆藏。

（清）陈瑸：《陈清端公文集》，《四库全书存目丛书补编》版，据中山图书馆藏乾隆三十年兼山堂刻本影印，济南：齐鲁书社，2001 年。

四　族谱

《代州冯氏世谱》，乾隆五十二年刻本，上海图书馆藏。

《窦氏族谱》，编纂年份不详，藏于湛江市硇洲岛。

《高凉冯氏谱记》，手抄本，编纂年份不详，藏于高州市长坡镇旧城低垌村。

《高州雷垌冼氏族谱》，未刊稿，1991 年修订，藏于高州市雷垌村。

《冯氏族谱》，未刊稿，2000 年修订，藏于高州市长坡镇旧城村。

《广西崇左冯氏族谱》，手抄本，编纂年份不详，藏于高州市长坡镇旧城村。

《海康县白沙社一年村陈姓族谱》，手抄本，编纂年份不详，藏于雷州市海康县一年村。

《海康县白沙社一年村陈文玉公长房族谱》，手抄本，编纂年份不详，谱存雷州市白沙镇亿年村。

《海康县白院西边村陈文玉神祖裔孙谱》，手抄本，1984 年，谱存雷州市白沙镇西边村。

《乌仑山村陈家族谱》，手抄本，1988 年，谱存雷州市附城镇英山村。

《莫氏族谱》，手抄本，编纂年份不详，藏于雷州市东岭村莫氏宗族。

《石浪杨氏族谱》，编纂年份不详，藏于高州市平江街杨氏家族。

《冼氏年庚流水簿》，手抄本，编纂年份不详，藏于高州市雷垌村。

《州村冯氏族谱》，手抄本，编纂年份不详，藏于高州市长坡镇旧城村。

五　碑（按照立碑年代顺序排列）

绍兴二十八年《重修威德王庙碑》，碑存于雷州市英山村雷祖降诞处。

元泰定三年《大元宣封雷祠记》，碑存于雷州市白院雷祖祠。

元至正十一年《雷祠富有利用碑记》，碑存于雷州市白院雷祖祠。

弘治十四年《施田记》，碑存于雷州市白院雷祖祠。

嘉靖二十年《奉雷祠香灯田记》，碑存于雷州市白院雷祖祠。

嘉靖三十一年《钦典镌记》，碑存于雷州市白院雷祖祠。

嘉靖四十三年《重修谯国冼氏庙碑》，碑存于高州市高州冼夫人庙。

万历十五年《重修天妃龙应宫记碑》，碑存于雷州市夏江天后宫。

万历二十五年《莫亚崖祠田跋碑》，碑存于雷州市东岭村莫氏宗祠。

万历二十八年《莫亚崖祠田记》，碑存于雷州市东岭村莫氏宗祠。

万历二十九年《莫氏世祖祠自序碑》，碑存于雷州东岭村莫氏宗祠。

万历三十四年《重修雷神庙记》，碑存于雷州市白院雷祖祠。

万历四十年《重修雷庙记碑》，碑存于雷州市白院雷祖祠。

崇祯二年《雷祠田记》，碑存于雷州市白院雷祖祠。

隆武二年《雷祠田碑记》，碑存于雷州市白院雷祖祠。

乾隆元年《张邑侯重修迎春桥碑》，碑存于雷州城东关外天福庙迎春桥。

乾隆八年《雷祖后裔族谱记》，碑存于雷州市英山村雷祖诞降处。

乾隆十四年《捐租记事碑》，碑存于高州市高州冼夫人庙。

乾隆十五年《重建那耶闸碑》，碑存于雷州市麻扶雷祖公馆。

乾隆十九年《大清敕封碑》，碑存于雷州市白院雷祖祠。

乾隆二十六年《庙田租碑》，碑存于雷州市白院雷祖祠。

乾隆四十九年《汪邑侯讯详庙田碑》，碑存于雷州市榜山村石牛庙。

嘉庆元年《复回名目事碑》，碑存于高州市高州冼夫人庙。

嘉庆元年《门港碑权利记》，碑存于雷州市白沙镇井园村白马庙。

嘉庆二年《捐租碑》，碑存于高州市高州冼夫人庙。

嘉庆二十一年《竖石碑以杜侵蚀》，碑存于雷州市白沙镇白院雷祖祠。

道光二年《记事碑》，碑存于高州市高州冼夫人庙。

道光六年《记事应亲碑》，碑存于高州市高州冼夫人庙。

道光二十三年《告示碑》，碑存于高州市高州冼夫人庙。

同治二年《修复旧城冼庙神像引》，碑存于高州市长坡镇旧城村冼夫人庙。

同治十年《麻扶村雷祠公馆铺碑》，碑存于雷州白沙镇麻扶村雷祖公馆。

光绪七年《重建迎春桥路闸记》，碑存于雷州城东关外天福庙迎春桥。

《雷祖公馆碑记》，1996年，碑存于雷州市麻扶雷祖公馆。

《重建石牛庙记》，碑存于雷州市榜山村石牛庙，立碑年份不详。

《云南永昌府地山李公惠爱碑记》，立碑时间缺，碑存于澄迈学宫。

《仙桥寺历史简介碑》，碑存于雷州市特侣塘仙桥寺。

六 科仪书

《神明谱》，手抄本，编纂年份不详，藏于高州市雷垌村。

《敕船雷歌》，手抄本，编纂年份不详，笔者于雷州市松竹镇山尾村收集。

《冼太真经》，1915年高州前大街茹文阁藏版，手抄本，藏于高州市雷垌村。

《墨府村端午赛端阳规例程序》，手抄本，编纂年份不详，存于雷州白沙镇麻扶村。

七 其他文献

（明）庄元贞初修《雷祖志》，嘉庆五年重编版，无出版地点，原书注明板藏雷祖祠，广东省立中山图书馆藏。

（清）陈梦雷：《古今图书集成》，台北：鼎文书局，1977 年。

《全唐文补遗》，西安：三秦出版社，1994 年。

《石刻史料新编》第 3 辑，地方类（广东省），台北：新文丰出版公司，1977 年。

《三教源流搜神大全（外二种）》，据清郎园刻本影印，上海：上海古籍出版社，1990 年。

吴道镕原稿，张学华增补，李棪改编《广东文征》，香港：香港中文大学出版部，1973—1979 年。

八　民族地区社会调查与资料集成

《高雷文献专集》，香港：高雷旅港同乡会编印，1985 年。

《海南岛黎族社会调查》，南宁：广西民族出版社，1992 年。

高雷历史资料选编纂委员会编《高雷历史资料选》，香港：未注出版者，1989 年。

黄朝中、李耀荃主编《广东瑶族历史资料》，李默校补，南宁：广西民族出版社，1984 年。

谭棣华、曹腾騑、冼剑民编《广东碑刻集》，广州：广东高等教育出版社，2001 年。

中国少数民族社会历史调查资料丛刊广东省编辑组编《黎族社会历史调查》，北京：民族出版社，1986 年。

谢国诚主编《雷祖古庙史料汇编》，未刊稿，2004 年。

广东省民族研究所编《广东疍民社会调查》，广州：中山大学出版社，2001 年。

九　研究论著（按音序排列）

《历史人类学学刊》第 6 卷第 1、2 期合刊，2008 年，"国家建构与地方社会"专号。

〔日〕滨岛敦俊:《明清江南农村社会与民间信仰》,朱海滨译,厦门:厦门大学出版社,2008年。

蔡志祥:《打醮:香港的节日和地域社会》,香港:三联书店,2000年。

岑仲勉:《唐史余渖》,上海:上海古籍出版社,1960年。

曾一民:《唐代广州之内陆交通》,台中:国彰出版社,1987年。

常建华:《明代宗族研究》,上海:上海人民出版社,2005年。

陈春声、陈树良:《乡村故事与社区历史的建构——以东凤村陈氏为例兼论传统乡村社会的"历史记忆"》,《历史研究》2005年第5期。

陈春声:《正统性、地方化与文化的创制——潮州民间神信仰的象征与历史意义》,《史学月刊》2001年第1期。

陈梦飞:《雷州雷祖信仰》,硕士学位论文,中山大学,2001年。

陈雄编著《冼夫人在海南》,广州:中山大学出版社,1992年。

陈序经:《蛋民的研究》,台北:东方文化书局,1971年。

程美宝:《地域文化与国家认同:晚清以来"广东文化"观的形成》,北京:生活·读书·新知三联书店,2006年。

冯守伦:《冯姓考略》,未刊稿,1990年。

复旦大学文史研究院编著《"民间"何在,谁之"信仰"》,北京:中华书局,2009年。

〔日〕冈田宏二:《中国华南民族社会史研究》,赵令志、李德龙译,北京:民族出版社,2002年。

高州市社会科学联合会、高州市长坡镇人民政府合编《冼太故里:雷垌》,未刊稿,2005年。

〔美〕韩明士:《道与庶道:宋代以来的道教、民间信仰和神灵模式》,皮庆生译,南京:江苏人民出版社,2007年。

何天杰:《雷州与雷神传说考》,《北方论丛》2002年第1期。

胡守为:《岭南古史》,广州:广东人民出版社,1999年。

黄慈博:《珠玑巷民族南迁记》,广州:广东省中山图书馆,

1957 年。

黄海妍：《在城市与乡村之间：清代以来广州合族祠研究》，北京：生活·读书·新知三联书店，2008 年。

黄友贤：《海南"蕃客"——中国最早之穆斯林考》，《海南大学学报》2008 年第 6 期。

姜樾、董小俊主编《海南伊斯兰文化》，广州：中山大学出版社，1992 年。

蒋竹山：《宋至清代的国家与祠神信仰研究的回顾与讨论》，《新史学》（台北）第 8 卷第 2 期，1997 年。

〔日〕井上彻：《魏校的捣毁淫祠令研究——广东民间信仰与儒教》，《史林》2003 年第 2 期。

〔日〕井上彻：《中国的宗族与国家礼制：从宗法主义角度所作的分析》，钱杭译，上海：上海书店出版社，2008 年。

科大卫、刘志伟：《宗族与地方社会的国家认同——明清华南地区宗族发展的意识形态基础》，《历史研究》2000 年第 3 期。

科大卫：《祠堂与家庙——从宋末到明中叶宗族礼仪的演变》，《历史人类学学刊》第 1 卷第 2 期，2003 年。

科大卫：《明嘉靖初年广东提学魏校毁"淫祠"之前因后果及其对珠江三角洲的影响》，周天游主编《地域社会与传统中国》，西安：西北大学出版社，1995 年。

连瑞枝：《隐藏的祖先：妙香国的传说和社会》，北京：生活·读书·新知三联书店，2007 年。

（清）梁廷枏：《南汉书》，林梓宗校点，广州：广东人民出版社，1981 年。

林天蔚：《宋代香药贸易史稿》，香港：中国学社，1960 年。

刘永华：《道教传统、士大夫文化与地方社会：宋明以来闽西四保邹公崇拜研究》，《历史研究》2007 年第 3 期。

刘正刚、刘军：《明清冼夫人崇拜与地方经济变迁》，《海南大学学报》2006 年第 2 期。

刘志伟：《地域社会与文化的结构过程——珠江三角洲研究的历史学与人类学对话》，《历史研究》2003 年第 1 期。

刘志伟：《神明的正统化与地方化——关于珠江三角洲地区北帝崇拜的一个解释》，中山大学历史系编《中山大学史学集刊》第 2 辑，广州：广东人民出版社，1994 年。

刘志伟：《在国家与社会之间——明清广东里甲赋役制度研究》，广州：中山大学出版社，1997 年。

卢方圆、叶春生主编《岭南圣母的文化与信仰——冼夫人与高州》，哈尔滨：黑龙江人民出版社，2001 年。

卢苇：《历史上的海南在国内外贸易中的地位和作用》，《广东社会科学》1989 年第 4 期。

罗一星：《明清佛山经济发展与社会变迁》，广州：广东人民出版社，1994 年。

吕春盛：《陈朝的政治结构与族群问题》，台北：稻香出版社，2001 年。

马建钊：《海南回族的历史来源与社会变迁——对海南省三亚市羊栏镇两回族村的历史学与人类学考察》，《回族研究》2001 年第 4 期。

明泽桂：《飞山庙》，《靖州文史资料》第 2 辑，1986 年。

〔美〕穆黛安：《华南海盗（1790—1810）》，刘平译，北京：中国社会科学出版社，1997 年。

皮庆生：《宋代民众祠神信仰研究》，上海：上海古籍出版社，2008 年。

钱杭：《宗族建构过程中的血缘与世系》，《历史研究》2009 年第 4 期。

秦璞、徐桂兰：《河疍与海疍珠疍》，哈尔滨：黑龙江人民出版社，2009 年。

全汉昇：《宋代广州的国内外贸易》，收入全汉昇《中国经济史研究》中册，香港：新亚研究所，1976 年。

〔日〕桑原骘藏：《蒲寿庚考》，陈裕菁译，北京：中华书局，

1954 年。

　　〔美〕施坚雅:《中国农村的市场和社会结构》，史建云、徐秀丽译，虞和平校订，北京：中国社会科学出版社，1998 年。

　　万绳楠整理《陈寅恪魏晋南北朝史讲演录》，台北：知书房出版社，1995 年。

　　汪明辉:《Hupa：阿里山邹族传统的领域》,《师大地理研究报告》第 18 期，1992 年。

　　王明珂:《华夏边缘：历史记忆与族群认同》，台北：允晨文化事业公司，1997 年。

　　王兴瑞:《冼夫人与冯氏家族：隋唐间广东南部地区社会历史的初步研究》，北京：中华书局，1984 年。

　　温春来:《从"异域"到"旧疆"——宋至清贵州西北部地区的制度、开发与认同》，北京：生活·读书·新知三联书店，2008 年。

　　吴永章:《黎族史》，广州：广东人民出版社，1997 年。

　　伍瑞麟:《三水疍民调查》，台北：东方文化书局，1971 年。

　　萧凤霞、包弼德等:《区域·结构·秩序——历史学与人类学的对话》,《文史哲》2007 年第 5 期。

　　萧凤霞:《传统的循环再生——小榄菊花会的文化、历史与政治经济》,《历史人类学学刊》第 1 卷第 1 期，2003 年。

　　萧凤霞:《廿载华南研究之旅》，收入华南研究会编《学步与超越：华南研究会论文集》，香港：文化创造出版社，2004 年。

　　张均绍:《冼夫人考略》，广州：广东省地图出版社，1996 年。

　　张磊主编《冼夫人文化与当代中国——冼夫人文化研讨会论文集》，广州：广东人民出版社，2002 年。

　　张小军:《史学的人类学化和人类学的历史化——兼论被史学"抢注"的历史人类学》,《历史人类学学刊》第 1 卷第 1 期，2003 年。

　　赵世瑜:《狂欢与日常：明清以来的庙会与民间社会》，北京：生活·读书·新知三联书店，2002 年。

　　赵世瑜:《小历史与大历史：区域社会史的理念、方法与实践》，北京：生活·读书·新知三联书店，2006年。

郑振满：《明清福建家族组织与社会变迁》，长沙：湖南教育出版社，1992年。

郑振满：《乡族与国家：多元视野中的闽台传统社会》，北京：生活·读书·新知三联书店，2009年。

周伟民主编《琼粤地方文献国际学术研讨会论文集》，海口：海南出版社，2002年。

周一良：《南朝境内之各种人及政府对待之政策》，收入周一良《魏晋南北朝史论集》，北京：中华书局，1963年。

朱海滨：《祭祀政策与民间信仰变迁——近世浙江民间信仰研究》，上海：复旦大学出版社，2008年。

朱鸿林：《丘濬与成化元年（1465）大藤峡之役的关系》，《中国文化研究所学报》（香港）第47期，2007年。

庄昭、高惠冰：《巾帼英雄第一人：冼夫人》，广州：广东人民出版社，2005年。

十　外文文献

Anderson, James, *The Rebel Den of Nùng Trí Cao: Loyalty and Identity Along the Sino-Vietnamese Frontier*, Seattle, University of Washington Press, 2007.

Cahill, James F., *The Confucian Persuasion,* Stanford, Calif.: Stanford University Press, 1960.

Carsten, Janet & Hugh-Jones, Stephen, eds., *About the House: Lévi-Strauss and Beyond*, Cambridge: Cambridge University Press, 1995.

Carsten, Janet, *The Heat of the Hearth: The Process of Kinship in a Malay Fishing Community*, New York: Oxford University Press, 1997.

Crossley, Pamela Kyle, Siu, Helen F., Sutton, Donald S., eds., *Empire at the Margins: Culture, Ethnicity and Frontier in Early Modern China*,

Berkeley: University of California Press, 2005.

Csete, Anne Alice, "A Frontier Minority in the Chinese World: The Li People of Hainan Island from the Han through the High Qing," Ph. D. thesis, Buffalo: State University of New York, 1995.

Csete, Anne, "The Li Mother Spirit and the Struggle for Hainan's land and legend," *Late Imperial China*, Vol. 22, No.2, December 2001, pp. 91–123.

Dean, Kenneth, "Transformations of the She (Altars of the Soil) in Fujian," *Cahieers d' Extrême-Asie,* 10 (1998), pp.19–75.

Dean, Kenneth, *Lord of the Three in One: The Spread of a Cult in Southeast China,* Princeton, N.J.: Princeton University Press, 1998.

Dean, Kenneth, *Taoist Ritual and Popular Cults of Southeast China,* Princeton, N.J.: Princeton University Press, 1993.

Faure, David & Siu., Helen F., eds., *Down to Earth: The Territorial Bond in South China,* Stanford, Calif: Stanford University Press, 1995.

Faure, David, "The Lineage as a Cultural Invention: The Case of the Pearl River Delta," *Modern China*, Vol.15, No.1, January 1989, pp.4–36.

Faure, David, "The Yao Wars in the Mid-Ming and Their Impact on Yao Ethnicity," in Pamela Kyle Crossley, Helen F. Siu, Donald S. Sutton, eds., *Empire at the Margins: Culture, Ethnicity and Frontier in Early Modern China,* Berkeley: University of California Press, 2006, pp. 171–189.

Faure, David, "What Made Foshan a Town? The Evolution of Rural-Urban Identities in Ming-Qing China," *Late Imperial China*, Vol.11, No.2, December 1990, pp. 1–31.

Faure, David, *Emperor and Ancestor: State and Lineage in South China,* Stanford: Stanford University Press, 2007.

Feng Chongyi, "Seeking Lost Codes in the Wilderness: The Search for a Hainanese Culture," *The China Quarterly*, No. 160, December 1999, pp. 1036–1056.

Feuchtwang, Stephan, *The Imperial Metaphor: Popular Religion in China,* London: Routledge, 1992.

Freedman, Maurice, *The Study of Chinese Society*, Stanford, Calif.: Stanford University Press, 1979.

Freedman, Maurice, *Chinese Lineage and Society: Fukien and Kwangtung,* London: Athlone Press, 1966.

Freedman, Maurice, *Lineage Organization in Southeastern China,* London: Athlone Press, 1958.

Giersch, C. Patterson, *Asian Borderlands: The Transformation of Qing China's Yunnan Frontier,* Camb.: Harvard University Press, 2006.

Hansen, Valerie, *Changing Gods in Medieval China, 1127–1276,* Princeton, New Jersey, Princeton University Press, 1990.

Herman, John E., *Amid the Clouds and Mist: China's Colonization of Guizhou, 1200–1700,* Cambridge, Mass.: Harvard University Asia Center, 2007.

Hymes, Robert P., *Way and Byway: Taoism, Local Religion, and Models of Divinity in Sung and Modern China*, Berkeley Calif.: University of California Press, 2002.

Kleeman, Terry F., *A God's Own Tale: The Book of Transformations of Wenchang, the Divine Lord of Zitong*, Albany: State University of New York Press, 1994.

Lagerwey, John, *Taoist Ritual in Chinese Society and History*, New York: Macmillan, 1987.

Lagerwey, John, *China: A Religious State*, Hong Kong: Hong Kong University Press, 2012.

Lévi-Strauss, Claude, "Social Structure," in A. L. Kroeber, ed., *Anthropology Today*, Chicago: University of Chicago Press, 1953, pp. 526–527.

Lévi-Strauss, Claude, *Anthropology and Myth: Lectures 1951–1982,*

Oxford: B. Blackwell, 1987.

Lewis, Gilbert, *Days of Shining Red: An Essay on Understanding Ritual*, Cambridge: Cambridge University Press, 1980.

Nivison, David S. & Wright, Arthur F., eds., *Confucianism in Action*, Stanford, Calif.: Stanford University Press, 1959.

Schafer, Edward H., *Shore of Pearls*, Berkeley: University of California Press, 1970.

Schafer, Edward H., *The Vermilion Bird: Tang Images of the South*, Berkeley: University of California Press, 1967.

Schipper, Kristofer, "Vernacular and Classical Ritual in Taoism," *The Journal of Asian Studies*, Vol.45, No.1, November, 1985, pp. 21–57.

Scott, James C., *The Art of Not Being Governed: An Anarchist History of Upland Southeast Asia*, New Haven: Yale University Press, 2009.

Shahar, Meir & Weller, Robert P., eds., *Unruly Gods, Divinity and Society in China*, Honolulu: University of Hawaii Press.

Shin, Leo K., *The Making of the Chinese State: Ethnicity and Expansion on the Ming Borderlands,* Cambridge: Cambridge University Press, 2006.

Siu, Helen F. & Liu Zhiwei, "Lineage, Market, Pirate and Dan: Ethnicity in the Pearl River Delta of South China," in Pamela Kyle Crossley, Helen F. Siu, Donald S. Sutton, eds., *Empire at the Margins*, Berkeley, Los Angeles, London: University of California Press, 2006, pp.285–310.

Stevens, Keith, "The Popular Religion Gods of the Hainanese," *Journal of the Hong Kong Branch of the Royal Asiatic Society*, Vol. 41, 2001, pp. 43–93.

Sutton, Donald S., "Special Issue: Ritual, Culture Standardization, and Orthopraxy in China: Reconsidering James L. Watson's Ideas," *Modern China*, Vol. 33, No.1, January 2007.

Sutton, Donald S., "Transmission in Popular Religion: The Jiajiang

Festival Troupe of Southern Taiwan," in Meir Shahar & Robert P. Weller, eds., *Unruly Gods, Divinity and Society in China*, Honolulu: University of Hawaii Press, 1996, pp. 212–249.

Sutton, Donald S., "Myth Making on an Ethnic Frontier: The Cult of the Heavenly Kings of West Hunan, 1715–1996," *Modern China*, Vol. 26, No. 4, October 2000, pp. 448–500.

Szonyi, Michael, *Practicing Kinship: Lineage and Descent in Late Imperial China*, Stanford, Calif.: Stanford University Press, 2002.

Teiser, Stephen F., *The Ghost Festival in Medieval China*, Princeton: Princeton University Press, 1988.

Turner, Victor Witter, eds., *Celebration, Studies in Festivity and Ritual*, Washington, D. C.: Smithsonian Institution Press, 1982.

Von Glahn, Richard, *Sinister Way: The Divine and the Demonic in Chinese Religious Culture,* Berkeley Calif.: University of California Press, 2004.

Ward, Barbara E., "Varieties of the Conscious Model: The Fishermen of South China," in Barbara E. Ward, *Through Other Eyes: An Anthropologist's View of Hong Kong*, Hong Kong: The Chinese University Press, 1985.

Watson, James L., "Standardizing the Gods: The Promotion of T'ien Hou ('Empress of Heaven') along the South China Coast, 960–1960," in David Johnson, Andrew J. Nathan, Evelyn S. Rawski, eds., *Popular Culture in Late Imperial China*, Berkeley: University of California Press, 1985, pp. 292–324.

Wolf, Arthur P., "Gods, Ghosts and Ancestors," in Arthur Wolf, ed., *Religion and Ritual in Chinese Society*, Stanford: Stanford University Press, 1974.

原版后记

　　这本小书，既浓缩了我五年的学术探险，也凝聚了五年来我对自己的发现之旅。我要感谢的人真的很多，我也明白他们期待的并不是我口中的"感谢"二字，而是我能在不断的探索中成长、痛苦并快乐。

　　我的老师是一群被称为"华南学派"的学者。虽然这个带着赞美意味的称号常常被他们所否认，但是一提到"华南学派"，大家都会不由自主地想到这群学者：科大卫、刘志伟、陈春声、赵世瑜、郑振满、萧凤霞。他们认为学术从来是自由与开放的，囿于学派无异于自取灭亡。我是在这样的环境里成长。从来他们都告诉我，对老师最好的尊重，就是"叛师"。也因为此，我常常在破与立中徘徊。他们给予我的一切，非文字可表达，那是我一路前行的力量。

本书是在我的博士学位论文的基础上修改充实而成。论文评阅人朱鸿林、梁元生、庄英章、张瑞威等教授曾给予宝贵意见。在书稿撰写的过程中，程美宝、蔡志祥、曹树基、何翠萍、廖迪生、张兆和、连瑞枝、常建华、丁荷生、宋怡明、蒋竹山、叶涛等教授也曾给予无私指导。滨下武志教授一直关心本书的进展，并拨冗查找关于海南的资料。2005 年 10 月和 2006 年 2 月，邓聪教授、邱立诚所长两次和我前往雷州地区进行考察，以考古学视野启发我从更为广阔的时空去思考地域的发展。多年来，周伟民、唐玲玲教授让我在满室书香中，尽情地翻阅他们搜集的海南族谱。两位长者还曾头顶烈日陪伴我到海南文昌、澄迈、定安等地考察。他们对后学的扶持与鼓励，让我深深感动。在中山大学和香港中文大学求学期间，我还得到了许多良师的指点，在此无法一一尽数。唯师者的教训，常铭记于心。犹记得蔡鸿生教授说，治史要跨越三重距离——时的距离、空的距离和心的距离。这种境界，虽不能至，心向往之。

这一段年轻岁月，我和一群志同道合的师兄弟并肩同行。黄国信教授是我的入门老师，但是我宁愿称他为我们的大师兄。在我刚进大学之时，他就让我明白历史除了苍凉悠远的美感，还可以如此充满活生生的乐趣。柯丽莎是我的大姐姐，她曾让我在异国他乡的日子里有一个家。张应强、黄志繁、吴滔、鲍炜、陈永升、黄海妍、邓智华、卜永坚、黄永豪、马木池、胡海峰、杜正贞、陈丽华、谢晓辉、黎丽明、林欣宜、罗丹妮、邓庆平、谢湜、陈贤波、宋永志、杨培娜、石坚平等同门，待我亲如手足。温春来兄曾经非常细致地通读了书稿，并提出建设性的建议。韦锦新、吕永升诸兄也曾伴随我走访高州、北海各地。2007 年开始，我和唐晓涛、麦思杰、杜树海、邓永飞、江田祥、刘焱鸿等西江项目团队的成员定期开展讨论和考察，从中获益良多。这份深厚的同门情谊和学术默契，是我最可宝贵的财富。因为我们共同体验与分享的不仅是学术的甘苦，更有生命的过程。

多年来，刘虹、陈玉环、颜礼恭、杜汉文等师长的关怀与支持，让我倍感温暖。陈顺坤老师是我的小学启蒙老师，至今她还关心着我的学业与生活。陈亚宗伯伯曾给予我的爱护，我已无法回报了，这是我永远的遗憾。

我与殷小平、罗兴连、杜洁菡、郭岸喆、吴珊等挚友的相识相知都已超过十年。每逢我站在演讲台上，我总是习惯去寻找曾玲玲的目光，那会让我坚定。毕业之际，李鹏宇兄将他十分珍视的老师的赠书，转送于我。书中的纸条上，他写着："我将责任与老师的期望也一并转赠予你。"他们是我的镜子，我在他们的身上能看见自己的影子。

光阴如隙驹，从 2002 年我第一次和老师们对海南和雷州进行考察，不知不觉八年过去了。八年间，我多次到雷州、高州、海南、遂溪、北海等地进行田野工作。湛江市博物馆、高州市博物馆、雷州市博物馆、遂溪县博物馆、北海市博物馆、海南大学的许多工作人员都成了我的良师益友。冯兆平、陈志坚、叶彩萍、陈冬青、钟莹、陈成、詹长智等馆长以及陈宙兄、邹信诚兄，视我如家人，不辞辛劳，甚至在病中，仍协助我到各地考察。海南琼中、白沙县委，雷州市白院雷祖祠、榜山村雷祖古庙、东岭村莫氏宗祠、乌石天后宫，高州市高州冼太庙、旧城冼太庙，湛江市硇洲津前天后宫等机构和有关人士也热情地提供了帮助，在此一并致谢。

在田野考察的过程中，我得到过许许多多不知名的乡亲的接待。我不会忘记，大雨中的端午节，海南澄迈县石矍村村民端来的热腾腾的粽子；不会忘记，湛江企水港的海岸边，满头白发的阿婆吟唱着咸水歌在暮色中为我送行；不会忘记，一次又一次，一双双朴实的手，一块又一块地为我翻转移动那些沉甸甸的石碑……我是不喝酒的人，但是我常常醉在了一个个平凡人的故事里。每一次走入田野，我寻找着文字内外的历史，也寻找着在历史与现实中穿梭的自己。

我的外公、外婆是我人生最初的老师，他们已经走远，曾给我的教诲，将伴我一生。我的父母和亲人，给予我的爱与期待，如海如山。常年求学在外，不能常伴左右，我深感内疚。谨以此书作为致送

图书在版编目（CIP）数据

小神仙传：魏晋南地区信仰构建的社会史 / 郭鼐慕著
. -- 北京：北会科学文献出版社，2023.8
（九色鹿）
ISBN 978-7-5228-1529-9

Ⅰ.①小… Ⅱ.①郭… Ⅲ.①信仰－民间文化－研究
－广东 Ⅳ.①B933

中国国家版本馆 CIP 数据核核字（2023）第 060754 号

· 九色鹿 ·

小神仙传：魏晋南地区信仰构建的社会史

著 者 / 郭鼐慕

出 版 人 / 王利民
责任编辑 / 郑庆寰
文稿编辑 / 李赛赛
责任印制 / 王京美

出 版 / 北会科学文献出版社·历史学分社（010）59367256
地址：北京市北京西三环中路南29号京广航空大厦 邮编：100029
网址：www.ssap.com.cn

发 行 / 北京社会科学文献出版社（010）59367028

印 装 / 三河市东方印刷有限公司

规 格 / 开本：787mm×1092mm 1/16
印张：21.5 字数：309千字

版 次 / 2023年8月第1版 2023年8月第1次印刷

书 号 / ISBN 978-7-5228-1529-9

定 价 / 78.80元

客服服务电话：4008918866

于父母的礼物。

　　这本小书是研究的起点，错漏之处，我当负责。这本小书也是一段年轻岁月的见证。历史在继续，我的脚步也将继续。

　　　　　　　　　　　　　　2010 年 3 月 2 日于香港新界粉岭